BEIHAIREN
WEIXIAN JIESHOU ZUQUE GUIZE
WENTI YANJIU

高丽丽　著

被害人危险接受阻却归责问题研究

法律出版社
LAW PRESS · CHINA
北京

图书在版编目（CIP）数据

被害人危险接受阻却归责问题研究 / 高丽丽著.

北京：法律出版社，2025. -- ISBN 978 - 7 - 5244 - 0223 - 7

Ⅰ. D924.04

中国国家版本馆 CIP 数据核字第 2025CD0825 号

被害人危险接受阻却归责问题研究
BEIHAIREN WEIXIAN JIESHOU ZUQUE GUIZE WENTI YANJIU

高丽丽 著

策划编辑 张 岩
责任编辑 张 岩 程鹏瑶
装帧设计 李 瞻

出版发行 法律出版社
编辑统筹 重大项目办公室
责任校对 杨锦华 李景美
责任印制 吕亚莉
经　　销 新华书店

开本 A5
印张 13.25 **字数** 242 千
版本 2025 年 6 月第 1 版
印次 2025 年 6 月第 1 次印刷
印刷 北京新生代彩印制版有限公司

地址：北京市丰台区莲花池西里 7 号（100073）
网址：www.lawpress.com.cn
投稿邮箱：info@lawpress.com.cn
举报盗版邮箱：jbwq@lawpress.com.cn

销售电话：010 - 83938349
客服电话：010 - 83938350
咨询电话：010 - 63939796

书号：ISBN 978 - 7 - 5244 - 0223 - 7　　**定价**：88.00 元

凡购买本社图书，如有印装错误，我社负责退换。电话：010 - 83938349

目录

绪　论

一、研究背景与意义

在法益侵害结果的实现中介入了被害人的行为，由此对归责走向产生的影响，是近年来大陆法系和英美法系刑法理论的重要研究方向之一，这一理论研究动向是呼吁"重视被害人主体地位"的被害人教义学持续发酵的理论产物。传统的刑法责任承担体系以行为人为中心构建，官方起诉制度的确立使得被害人的角色被简化为诉讼活动中的证人，[①]被害人长期游弋在归责关系外。犯罪人对被害人造成的法益

① 参见[德]伯恩特·许乃曼：《刑事制度中之被害人角色研究》，王秀梅、杜澎译，载《中国刑事法杂志》2001年第2期。

侵害,被认定为是对国家和社会法益的破坏,是“对国民生活基本价值的腐蚀”①,因此,一旦行为人的行为与法益侵害结果间存在因果关系,行为人就要承担相应刑事责任;反之,则无须追究行为人的刑事责任。对被害人在犯罪成立中的作用,我国犯罪学领域已经进行了较为积极的研究,②但是我国刑法对被害人在归责作用中的研究一直不足。被害人视角的提出,曾在学界遭遇无情排斥,其根本缘由即在于传统刑法学体系以行为人为中心构建,衍生的各种理论体系也均沿袭了以行为人为中心的惯势,被害人视角无法实现与现有刑法理论体系的契合。这样的理论障碍在我国刑法理论发展中多次上演,且并未有实质性改观。即使在被害人教义学获得较快发展的当下,我国仍不断有学者质疑被害人教义学及其衍生理论的合理性,号召回归被告人视角解决答责问题。③ 事实上,行为人与被害人处于刑法关系的对立面,同时也构成了认识刑法责任承担问题的一体两面,④只有行为人视角与被害人视

① 韩忠谟:《刑法原理》,北京大学出版社2009年版,第12页。

② 代表性作品,参见郭建安主编:《犯罪被害人学》,北京大学出版社1997年版;白建军:《金融骗局的被害现象和要因分析》,载《华东政法学院学报》2001年第3期;张宝义:《暴力犯罪中犯罪人与被害人的关系特征及过错责任分析》,载《河南公安高等专科学校学报》1999年第2期。

③ 参见何立荣:《论刑法中被害人自我答责理论的不科学性》,载《社会科学家》2015年第8期。

④ 参见何庆仁:《犯罪人、被害人与守法者——兼论刑法归属原理中的人类形象》,载《当代法学》2010年第6期。

角的结合才能全面认知刑法责任承担体系。

被害人危险接受阻却归责问题的提出是对被害人在刑法中主体地位归位理念进行贯彻的产物,是尊重被害人的行为对行为人刑事责任的影响这一事实,并合理划定责任承担的理论实践。在我国,对被害人危险接受阻却归责问题的研究仅停留在学术层面的探讨,立法与司法实践皆未对其产生足够的重视;遗憾的是,在现有的国内学术研究中,也并未对被害人危险接受阻却归责问题进行独立、深入、全面的研究。事实上,对被害人危险接受阻却归责问题的研究具有如下重要的理论与实践价值:

其一,为被害人危险接受阻却归责问题的解决提供理论支持。现有的被害人危险接受阻却归责解决路径存在偏狭性与局限性,无法为被害人危险接受阻却归责问题的解决提供理论支持;这一局面由多种原因导致,其中对被害人危险接受的错误理论定位以及理解偏差是造成这一困局的最重要的原因。具体而言,妄视被害人危险接受独立的理论定位与特殊的内容构造,将其作为被害人同意等其他理论的附属理论,无法为被害人危险接受阻却归责问题的解决提供独立的研究语境。本书在对被害人危险接受进行独立的理论定位的基础上,根据被害人危险接受的内容特质与阻却归责的理论需要,构建一套独立的危险接受阻却归责理论,为被害人危险接受归责问题提供最贴切、最实用的解决路径。

其二,为被害人危险接受阻却归责的司法适用提供规范指引。对被害人危险接受的研究最终仍要回归归责领域,即被害人的危险介入对行为人刑事责任承担的影响,刑事责任承担的实现要诉诸司法实践活动。在我国当前的司法实践中,被害人危险接受阻却归责并未获得规范的理论适用。对同一类型的被害人危险接受案件,在国外裁判中排除行为人责任,在我国则被认定为行为人的过失犯罪。即使在国内的司法裁决中我国也未形成统一的处理思路:国内有些法院对被害人危险接受类案件排除行为人责任,有些则将行为人认定为过失犯罪。这样混乱的裁判状态给我国司法公正裁决制造了严重困扰。本书通过对被害人危险接受阻却归责问题系统的理论研究,构建独立的危险接受阻却归责理论,为被害人危险接受阻却归责问题的司法适用提供全面的规范指引。

其三,为被害人危险接受阻却归责的刑法立法提供依据。我国刑法并未对被害人危险接受阻却归责作出明确的法律规定,这与我国刑法理论对被害人危险接受阻却归责问题理论研究深度不足有直接关联。对被害人危险接受阻却归责刑法立法规定的缺失不利于被害人危险接受阻却归责问题的解决与应用,且无法为刑事司法裁判提供明确的法律规范依据,由此导致被害人危险接受阻却归责研究与应用陷入恶性循环。

本书通过对被害人危险接受阻却归责问题的全面研究，在尊重被害人危险接受特殊的内容构造的立场下，形成独立的危险接受阻却归责理论，为被害人危险接受阻却归责纳入刑法立法规定提供理论依据。

二、国内外研究基础

（一）国外研究现状

对被害人危险接受阻却归责问题的研究已经成为近年来大陆法系和英美法系的热点研究问题之一。凭借深厚的教义学传统与发达的司法裁判制度，以德国、美国为代表的域外国家对被害人危险接受阻却归责问题进行了深入、系统的理论研究，提出了多个具有深远影响的阻却归责解决路径。

在德国，以罗克辛、诺依曼、韦尔普、乌尔里希·韦伯等为代表的刑法学者们对被害人危险接受阻却归责问题进行了较为深入的研究，并奠定了大陆法系对被害人危险接受阻却归责问题研究的理论基调。尽管具体的理论适用路径各异，但均将被害人危险接受视为一类重要的理论研讨对象。罗克辛教授将被害人危险接受内嵌于其客观归责理论的第三阶层，即构成要件效力范围理论内展开研讨。罗克辛教授的研究方法深刻影响了一批学者的研究思路，除罗克辛教授外，还有一些学者也主张运用客观归责理论解决被害人危险接受阻却归责问题，如适用被害人自我答责、允许的危险、保护信赖原则等具体的客观归责理论解决被害人危险接受阻却归责问题。诺依曼教授和韦尔普教授即其中的代表，他们均主张用被害人自我答责理论解决被害人危险接受阻却归责问题。乌尔里希·韦伯将被害人危险接受作为被害人同意的一类情形，认为对危险行为的同意在一定情形下可以视为结果被正当化，由此排除行为人责任；由于在阻却归责认定中对危险行为的重视，乌尔里希·韦伯的学说又被称为行为说。另外，不可忽视的是，在德国的被害人危险接受阻却归责问题研究过程中，发达的裁判制度为阻却归责解决路径的挖掘提供了实务补给。通过对被害人危险接受案件的审理，德国司法实务部门积累了丰富的实务经验，这些经验与刑法学者们提出的解决路径相互借鉴，对被害人危险接受阻却归责问题解决路径的完善发挥了重要作用。

在美国，被害人危险接受并未形成独立的阻却归责适用体系，但这并不妨碍其对被害人危险接受阻却归责问题进行的良好理论适用。阿隆·哈雷尔（Alon Harel）和维拉·柏格森（Vera Bergelson）两位教授是美国刑法学界以被害人为视角展开阻却归责问题研究的代表性学者。哈雷尔教授的代表论文《刑法中的效率与公平：以刑法比较过错原则为例》(*Efficiency and Fairness in Criminal Law：The Case for a Criminal Law Principle of Comparative Fault*)以及柏格森教授的代表性论文《被害人与犯罪人：刑法中比较责任的论证》(*Victims and Perpetrators：An Argument for Comparative Liability in Criminal Law*)对美国刑法中因被害人介入所引发的责任承担走向的探讨产生了深远影响；特别是柏格森教授的研究成果，成为美国近年来以被害人为视角展开的阻却归责问题研究中广受关注的理论。除此之外，道格拉斯·胡萨克(Douglas Husak)教授的论文《刑法中的比较过错：概念和规范的困惑》(*Comparative Fault in Criminal Law：Conceptual and Normative Perplexities*)、海蒂 M. 赫德(Heidi M. Hurd)教授的论文《谴责被害人：对刑法承认共同责任的一般抗辩的建议的回应》(*Blaming the Victim：A Response to the Proposal that Criminal Law Recognize a General Defense of Contributory Responsibility*)等也对该议题展开了深入探讨。这些理论研究成果基本反映了美国刑法学中被害人危险接受阻却归责问题的适用走向，具体而言，将被害人危险接受置于被害人自陷危险类案件的整体体系，根据案件的具体情况决定适用具体的阻却归责方法。

(二)我国的研究现状

当被害人与行为人共同作用导致危险结果发生时,就刑事责任的分担问题,我国刑法理论及司法实务并未给予充分的重视。这一在大陆法系及英美法系已获深入研讨的理论,在我国刑法体系中却处于浅尝辄止的阶段,始终未对其予以正面回应。作为该体系中的一种理论类型,被害人危险接受阻却归责问题在大陆法系及英美法系国家已获较成熟的理论探讨与应用,但我国刑法学界与司法实务界对被害人危险接受阻却归责问题仍未展开系统的理论研究与应用。

一般认为,我国刑法学界对被害人危险接受阻却归责问题的理论关注始于冯军教授在2006年发表于《中国法学》第3期的《刑法中的自我答责》一文,在论及被害人自我答责的理论范畴时,被害人危险接受阻却归责问题作为理论主角登场。冯军教授的这篇论文不仅完成了我国被害人危险接受的理论引介,还直接影响了一些学者对被害人危险接受阻却归责问题的研究视域,即将被害人危险接受阻却归责问题置于被害人自我答责理论体系下展开研究,这样的研究路径被一些学者所承继,如马卫军、王海桥、马渊杰等。张明楷教授发表于《法学研究》2012年第5期的论文《刑法学中危险接受的法理》,是对我国被害人危险接受阻却归责问题研究影响较为深远的一篇论文。在该论文中,张明楷教授将被害人危险接受与被害人同意进行了理论区分,并赞同将被害人危险接受区分为自己危险化的参与和基于合意的他者危险化;在阻却归责适用上,以共犯从属性理论出发,认为自己危险化的参与可排除行为人责任,而基于合意的他者危险化原则上行为人应成立过失犯罪,仅例外情形下可排除行为人责任。张明楷教授的这篇论文是我国近年来对被害人危险接受阻却归责问题研究的理论总结与提升。车浩教授以被害人同意理论为研究基础,对被害人同意与被害人自陷风险的关系、自我决定权与刑法家长主义等问题予以了深度解构,为被害人危险接受理论的研究提供了诸多启发。此外,王俊、蔡颖、靳宁、王焕婷等学者的学术论文皆对被害人危险接受阻却归责问题进行了研究。

我国现有的刑法教科书和学术著作中囿于研究重点和篇幅所限,并未对被害人危险接受阻却归责问题展开系统性研究,仅对被害人危险接受的概念、类型、阻却归责适用作一简单性介绍。如张明楷教授的《刑法学》(第五版)中将被害人危险接受区分为自己危险化的参与和基于合意的他者危险化,并以这两个理论类型为论证体系,分别阐释、论证两种类型下的阻却归责路径与效果。黎宏教授的《刑法学》(第二版)将被害人危险接受表述为被害人自冒风险;在具体的阻却归责适用上，黎宏教授主张用被害人同意理论解决被害人危险接受阻却归责问题。李波博士在其专著《过失犯中的规范保护目的理论研究》中对被害人危险接受阻却归责问题有所涉猎，他认为自己危险化的参与和注意规范保护目的有关，而基于合意的他者危险化在阻却归责认定上要实质认定行为人是否享有事态的实际支配权，避免公式化的阻却归责思路。王俊博士在其专著《客观归责体系中允许风险的教义学重构》中指出，对被害人自负风险的情形应适用允许风险的法理予以解释，排除归责的理由应该是未创设法所不允许的风险。尽管这些教科书或学术专著对被害人危险接受阻却归责问题有所涉猎，但并未对被害人危险接受阻却归责问题展开深入、系统的研究。

值得注意的是，对于被害人危险接受阻却归责问题的研究，我国一些学者的译著和专门介绍域外被害人危险接受阻却归责问题解决路径的论文发挥了重要作用，尤其以江溯、[①]周子实、[②]王焕婷[③]为代表。江溯教授在其论文中分别对日本

① 参见江溯：《日本刑法上的被害人危险接受理论及其借鉴》，载《甘肃政法学院学报》2012 年第 6 期；江溯：《过失犯中被害人自陷风险的体系性位置——以德国刑法判例为线索的考察》，载《北大法律评论》2013 年第 1 期。

② 参见周子实：《危险接受理论的历史考察与概念界分——以德国为镜评我国的研究现状》，载《东南法学》2016 年第 2 期。

③ 参见王焕婷：《Vera Bergelson 的比较责任理论及批判》，载《中国刑事法杂志》2016 年第 2 期。

和德国的被害人危险接受阻却归责问题进行了较为详细的梳理和介绍，为我们了解日本和德国的被害人危险接受阻却归责问题提供了客观资料。周子实博士对德国的被害人危险接受阻却归责问题进行了归纳性介绍，从概念界定、类型区分、理论发展等角度较为全面地呈现了德国的被害人危险接受制度。王焕婷博士对维拉·柏格森教授提出的适用比较责任原理解决被害人行为影响行为人刑事责任问题的理念进行了较为翔实的介绍，文中还对其他学者对柏格森教授的质疑以及柏格森教授对此的回应进行了梳理，客观地呈现了柏格森教授的理念。上述理论研究成果为我国学者了解域外国家先进的被害人危险接受阻却归责问题解决路径提供了研习资料和素材，对我国被害人危险接受阻却归责问题的研究意义重大。

通过上述内容可知，我国对被害人危险接受阻却归责问题主要集中在以下几个方面进行研讨：

其一，被害人危险接受阻却归责问题有什么解决路径？在现有的解决路径中哪一种解决路径更为可取？

其二，被害人危险接受的类型划分与理论定位，不同类型的被害人危险接受应分别适用何种解决路径？

其三，域外对被害人危险接受阻却归责问题的研究与应用情况，域外研究与应用经验可为我国被害人危险接受阻却归责问题的研究与应用提供何种反思与借鉴?

三、研究方法、本书结构与创新点

(一)研究方法

第一,文献分析法。作为基础性、本源性研究方法,文献分析法通过对现有的文献资料进行整理归纳,为刑法理论问题的研究提供丰富的文献资料与理论素材。本书拟依托丰富的学术藏书资源与数据库电子期刊资源,对与被害人危险接受阻却归责问题相关的文献资料进行阅读、吸收、归纳、探究,以期认知被害人危险接受阻却归责问题的研究现状与理论沿革,归纳理论不足与研究动向,在对既有的被害人危险接受阻却归责解决路径展开客观述评的基础上规范构建危险接受阻却归责理论体系。

第二,比较分析法。被害人危险接受阻却归责问题在大陆法系与英美法系国家和地区已经展开了广泛研讨,在德国、日本、美国、英国等国家,更是取得了丰硕的理论研究成果。在不同法律背景下,对被害人危险接受阻却归责问题的分析思维、阻却归责模式对我国的阻却归责理论体系构建有着重要的参考价值。通过对域外刑法理论与司法实践中被害人危险接受阻却归责问题处遇的比较借鉴,全面掌握该问题的理论沿革、发展走向与理论前沿,为本书的研究提供理论参照。理论的比较借鉴是一个“取其精华,去其糟粕”的过程,在对其他国家和地区的被害人危险接受阻却归责问题解决路径进行借鉴与移植的过程中,要坚持包容但理性的理论引鉴立场,不宜盲目迷信域外理论,要结合我国的刑法理论体系,植根于理论的适用语境,深化对被害人危险接受阻却归责问题的理解。

第三,案例分析法。司法实务案例往往是理论与立法的先导,被害人危险接受阻却归责问题的提出、发展与完善,皆得益于理论与司法案例裁决的良性互动。阻却归责问题天然地具有理论实践品格,阻却归责中的理论争点与适用缺陷也需要借助具体案例才能发现,通过司法实务中的具体案例,才能对阻却归责问题形成直观的、全面的认知。这为我们客观地呈现了被害人危险接受阻却归责问题的实际应用图景,为理论研究提供了重要的实务依据和不可替代的制度观察视角。理论与实务互为补给,通过对相关案例判决的分析、总结,可以归纳、构建最趋于科学的被害人危险接受阻却归责理论体系,而阻却归责理论体系的搭建也最终为司法实务工作提供有效的指引。

(二)本书结构

被害人的介入对行为人刑事责任的影响是近年来刑法理论研究的重要发展动向,被害人危险接受阻却归责问题即该理论动向下的重要内容。被害人危险接受阻却归责问题具有重要的理论与实践价值,在引入被害人视角,实现被害人刑法归位的基础上,它可以公平划定行为人与被害人之间的责任承担,合理实现刑事责任分配。但是被害人危险接受阻却归责的理论价值在我国刑法学界尚未被引起重视,有鉴于此,本书对被害人危险接受阻却归责问题予以全面审视与解构。除去绪论,本书一共六章。

第一章,被害人危险接受阻却归责问题概述。首先,对危险接受中的“危险”、被害人危险接受以及危险接受中“阻却归责”的概念进行了界定。被害人危险接受中的“危险”是一种指向被害人法益的、具有盖然性与被排斥性,需要进行主客观相结合的事前判断,不包含结果的行为危险。被害人危险接受,是指过失行为中的被害人认识到危险并自愿决定冒险,在被害人的支配下危险实现,被害人的法益受损。被害人危险接受与被害人过错、自损行为以及正当业务行为等概念均存在差异,不能混同。被害人危险接受中的“阻却归责”是指对应由行为人承担的刑事法律后果的排除,申言之,排除行为人的刑事法律后果。其次,被害人危险接受是三阶层犯罪体系中的阻却构成要件该当性事由,在我国的四要件犯罪构成体系中被害人危险接受应属于超法规正当化事由,这两种理论位阶存在本源性贯通。在被害人危险接受的类型划分上,学界存在区分说与区分否认说的论争。区分说立场下的将被害人危险接受区分为自己危险化的参与和基于合意的他者危险化是学界通说。关于这两个理论类型的划分依据,存在犯罪事实支配说、危险来源说、制造法不容许的危险说以及行为时间顺序说的论争,其中应予提倡的是危险来源说。被害人危险接受具有对风险社会刑法扩张的限缩、对超法规正当化事由体系的完善以及对刑罚正当化根据实现的助推这三个层面的价值。最后,被害人学的兴起为被害人危险接受阻却归责问题的源起提供了理论准备,而被害人危险接受与其他被害人理论的剥离则为被害人危险接受阻却归责问题的源起提供了契机。

第二章,危险接受阻却归责问题的现有解决路径及缺陷。关于被害人危险接受的阻却归责问题,学界已经发展出了多种解决路径,以这些路径的发展进程以及影响力作为双重标准,过失犯注意义务排除理论、被害人同意理论以及被害人自我答责理论这三个理论基本勾勒了被害人危险接受阻却归责问题解决路径的发展脉络;而其中被害人同意理论与被害人自我答责理论更是当下大陆法系解决被害人危险接受阻却归责问题的两个最主要路径。在这三个理论之外,共犯从属性理论、溯责禁止理论、构成要件的保护范围外理论、保护信赖原理、刑法相对责任原理等理论在大陆法系以及英美法系学界均占据一定的影响力,对被害人危险接受阻却归责问题的解决路径研究走向产生了实质性影响。但现有的解决路径无视被害人危险接受的复杂化情境和独立的理论构造,导致阻却归责情形的片面性和理论本身的矛盾,均无法妥善解决被害人危险接受阻却归责问题。

第三章,危险接受阻却归责理论的建构及其阻却归责根据。首先,建构一套具有针对性的、具体化的危险接受阻却归责理论具有现实必要性与适用必要性。该理论体系将实现被害人自我答责与阻却归责的贯通作为理论内核,在体系外观上呈现出:以阶层式组织为理论布局,以递进式阻却归责内容为要素,以整体性为面向的运行特征。其次,自我决定权原理是危险接受阻却归责理论的阻却归责根据之一。被害人危险接受是被害人自我决定权行使的结果,其为危险接受阻却归责理论提供主体身份支持、限定理论适用的主观条件、提供阻却归责的理论基础等三个层面功能。再次,弱刑法家长主义是危险接受阻却归责理论的阻却归责根据之二。通过确立尊重被害人选择自由的理念,弱刑法家长主义为危险接受阻却归责理论提供全面的阻却归责指引。最后,被害人教义学是危险接受阻却归责理论阻却归责根据之三。被害人教义学的诞生才真正贯通了被害人学与危险接受阻却归责理论的互动,刑事需保护性与保护可能性分别从不同角度为危险接受阻却归责理论的阻却归责适用提供依据。

第四章,认识危险中的阻却归责。被害人对危险的认识情况是危险接受阻却归责理论的应用中必须首先回答的问题,因为这是被害人是否作出危险接受的前提。对认识危险的判断,应从被害人和行为人两个维度展开。从被害人维度而言,应采纳危险充分认识说的主张,即被害人需要对危险有充分认知。从行为人维度出发,行为人对危险的认知情况不能优越于被害人,即行为人不能具有优势认知。在认识危险阶段,以被害人对危险的充分认知以及行为人不具有认知优势为理论前提;不符合这两个条件的,不能适用危险接受阻却归责理论排除行为人责任。

第五章,接受危险中的阻却归责。接受危险是危险接受阻却归责理论的第二个阶段。在通过了危险接受阻却归责理论第一阶段(认识危险)的阻却归责限定考察后,如果被害人充分认识危险且行为人不具备优势危险认知时,则可以进入下一阶段,即被害人是否作出了接受危险的判断。在接受危险阶段的阻却归责认定中需要考察四个方面的要素:危险接受的权限以个人法益为限；危险接受必须是被害人自愿、有效地作出；危险的内容需具有社会相当性；被害人危险接受需要被表示、被认识。这四个方面的条件缺一不可，不符合其中任何一个条件的都不能适用危险接受阻却归责理论排除行为人责任。

第六章，实现危险中的阻却归责。实现危险是被害人危险接受的最后一个阶段。在实现危险阶段采取类型化阻却归责的思路并不可取，因为将被害人危险接受区分为自己危险化的参与和基于合意的他者危险化仅具有理论类型化区分的形式意义，无法与阻却归责问题直接对应。实现危险阶段应该以危险支配为阻却归责准据。作为危险支配的主体，被害人享有危险实现阶段对危险的实质支配权；行为人将危险支配权转移至自己管辖范围的将发生责任认定的转移；被害人的行为不再充足危险接受阻却归责理论要件，不能再适用危险接受阻却归责理论排除行为人责任。

（三）创新点

第一，本书坚持对被害人危险接受进行独立的理论定位的立场下对其阻却归责问题进行研究，具体而言，被害人危险接受作为三阶层犯罪体系下的阻却构成要件该当性事由与四要件犯罪构成体系下的超法规正当化事由。该研究立场的确立，澄清了将被害人危险接受作为被害人同意、被害人自我答责等其他理论的附属理论进行研究的误区，保障在独立而准确的理论定位下对被害人危险接受阻却归责问题进行研究。

第二，本书在对现有的被害人危险接受阻却归责问题解决路径进行全面述评的基础上，根据被害人危险接受的内容特征与理论需要，建构了独立的危险接受阻却归责理论。该理论根据被害人在危险接受中认识、接受以及支配危险实现的不同阶段，以自我决定权原理、弱刑法家长主义以及被害人教义学为阻却归责理论依据，建构一套以阶层式、递进式和整体性为理论外观的危险接受阻却归责理论体系，在被害人认识危险、接受危险以及危险实现的每个阶段分别赋予其独立的阻却归责功能，通过对每个阶段的阻却归责条件进行严格限定的方式保障该阻却归责理论体系的高效运转与阻却归责功能的实现，充分尊重被害人危险接受的理论性质与功能定位，保障被害人危险接受阻却归责问题的合理解决。

第三，在危险接受阻却归责理论建构中，本书贯通了被害人自我答责与阻却归责的关系，为被害人危险接受阻却归责问题的解决消除了理论障碍，实现了责任划分的内部融通。在法教义学视野中，若行为是犯罪人最重要的特质，则法益就是被害人的最重要特质，“行为”与“法益”构成了阻却归责与被害人自我答责贯通的桥梁。行为人对法益侵害结果的担责以行为人的行为造成被害人法益受损为要件,被害人对自己法益受损的自我答责以被害人造成自己法益的受损为要件。被害人危险接受中行为人的行为并未对被害人法益构成侵犯,被害人的法益受损由其自己所致,由此行为人的行为与法益受损结果间的责任关联被切断,被害人自己的危险接受行为导致其法益受损。通过这样的理论转换,行为人的行为与被害人的法益实现了理论贯通。

第四,本书廓清了被害人危险接受的类型区分与阻却归责解决路径之间的关系。在阻却归责问题解决路径的选择上,应以被害人危险接受的内容本质为出发点,围绕被害人在不同阶段的行为特征去实质认定是否符合阻却归责要件,否定了将被害人危险接受类型划分与阻却归责路径适用直接关联的错误理论关照,证成了危险接受阻却归责理论的合理性。

第一章　被害人危险接受阻却归责问题概述

第一节　被害人危险接受阻却归责的界定

对相关概念进行界定是解构理论问题的前提和基础。鉴于此,在对被害人危险接受阻却归责问题展开理论研讨前,有必要先对“被害人”“危险”“被害人危险接受”以及危险接受中“阻却归责”的概念作出界定,在厘清了基础概念的前提下才能对相关问题展开理论研讨。

一、被害人危险接受中“被害人”的语义框定

被害人(victim),又被称为“被害者”“受害

人”。作为“被害人危险接受”概念的主体,“被害人”的语义确定至关重要。被害人概念的诞生语境是祭祀活动,即祭祀仪式中作为牺牲品的人或动物。① 对应于当前的法律语境,被害人是法律关系中受到伤害的一方,具体是指犯罪行为所造成的损失或损害的担受者。被害人的概念先于给一种行为下的犯罪定义,因为若没有被害人,便不可能产生刑法。

官方对“被害人”语义的界定,当前在国际范围内获普遍认同的是联合国大会1985年11月29日第40/34号决议通过的《为罪行和滥用权力行为受害者取得公理的基本原则宣言》(以下简称《宣言》)中的界定。根据该《宣言》,“受害者”一词系“指个人或整体受伤害,包括身心损害、感情痛苦、经济损失或基本权利的重大损害的人,这种伤害是由于触犯会员国现行刑事法律,包括那些禁止非法滥用权力的作为或者不作为造成的”。《宣言》对被害人的界定方式,较为全面地涵盖了被害人权利受损的原因、对象、范围等概念组成要素;但作为一个法律概念,这样的表述方式又存在表达繁赘、用语不凝练、欠缺理论性等诸多问题,因此,仍需对被害人概念予以进一步规范与完善。

① 参见[美]安德鲁·卡曼:《犯罪被害人学导论》(第六版),李伟等译,北京大学出版社2010年版,第1页。

被害人的语义框定需要把握三个向度,具体而言:(1)被害人概念的发生或研讨领域,泛指一切领域,还是限定于犯罪学、刑法学等特定领域,不同领域的界限该如何廓清。(2)被害人的载体。被害人仅限于自然人,还是亦包括法人、国家;是仅包括利益直接受损者,还是也包括因为与利益直接受损者存在密切关联,进而导致利益间接受损的主体,如被害人的近亲属。(3)被害人的利益对象或范围,是仅包括生命、身体、财产等法益,还是也包括抽象的道德伦理等。把握准被害人语义的这三个理论向度,才能准确界定被害人的概念。

首先,本书研讨的被害人专指刑法学领域的被害人。从被害人的语义范域来看,最广义的被害人概念,泛指一切因各种原因遭受侵害的个人、法人、国家,不仅指法律关系中的被害人,还包括自然灾害、意外事故中的被害人。例如,被害人学创始人之一门德尔松,提出了被害人的五种分类:(1)犯罪被害人;(2)自我伤害行为被害人;(3)社会环境被害人;(4)技术被害人;(5)自然环境被害人。[①] 最广义的被害人界定一般在犯罪学领域出现,犯罪学中的被害人强调被害人的社会属性。作为整体犯罪谱系的一个角色,犯罪学对被害人的研究与界

---

① See Benjamin Mendelsohn, *Victimology and Contemporary Society's Trends*, Victimology 1, 1976, p. 8 – 28.

定旨在通过对被害人特质的分析进而更清晰地认知犯罪、降低犯罪率。由此,犯罪学中的被害人界定几乎最大限度地囊括了因各种原因权利受损的主体;但这种界定方式概念外延过于宽广,使概念的界定流于形式化,淡化了被害人的核心语义,与本书的研讨目标相悖。广义的被害人一般指违法犯罪中的被害人,即因违法犯罪活动合法利益遭受侵害的一方主体,不仅包括刑法中的被害人,还包括行政法、民法以及相关程序法等法律中的被害人。特别需要厘清的是刑法领域的被害人与刑事诉讼领域的被害人的关系。刑事诉讼程序中的被害人作为整体诉讼程序的一方当事人,其法益受损是诉讼的发生原因,其法益诉求直接决定了诉讼内容;由此,刑事诉讼程序中的被害人是诉讼程序推进与程序完整的保障。刑法学将被害人置于刑法关系中,作为法律关系的一方当事人,不仅在形式上打造了“行为人—被害人”的双重主体视角,更撼动了传统刑法责任承担路径,因此,刑法学中的被害人研究旨在发掘被害人的作用对刑事责任认定的影响。狭义的被害人概念,专指刑法中因犯罪行为而使人身或财产遭受损害的人,本书研讨的被害人即专指刑法中的被害人。

其次,被害人的载体仅指作为利益直接受损者的自然人与法人。可从两个角度过滤刑法中的被害人载体:其一,主体必须有权对该法益作出处理。如果主体无权对该法益作出处理，那么即便该法益受损会导致主体利益受到损害，也不能将其界定为刑法中的被害人；因为该主体并未被纳入此法律关系，成为一方当事人。例如，被害人同意行为人切断其一根手指，即便该行为的实现会导致被害人的家人遭受一定的物质或精神损害，但是其家人仍不能被界定为该法律关系的被害人，因为其家人无权对被害人专属的身体法益作出处分。其二，刑法中的被害人必须是因为犯罪行为致使其法益直接受损的人。如果法益的间接受损者也被界定为被害人，则会导致被害人团体的无限膨胀，不仅无益于更好地保护被害人，反而会导致被害人保护制度形同虚设。例如，被害人遭受故意伤害，终身残疾，尽管给其近亲属带来了严重的物质和精神损害，但我们仍不能将其近亲属界定为该故意伤害法律关系中的被害人。正如有学者所言，“刑法学中的被害人，不能包括由于犯罪行为而遭受间接物质或精神损害者，刑法学中的被害人仅指因犯罪行为直接侵害具体权利进而承受物质或精神损害的自然人和单位”①。结合上述两个考核标准，没有任何一个主体能对国家或社会公共法益作出处分，且从广义而言，任何犯罪都是对国家和社会公共法益的挑战与威胁，都会致

① 高铭暄、张杰：《刑法学视野中被害人问题探讨》，载《中国刑事法杂志》2006年第1期。

使其受到间接损害，因此，国家与社会不能成为刑法中的被害人。刑法中的被害人仅指作为利益直接受损者的自然人与法人。

最后，被害人受到的侵害必须可以还原为特定的法益，而不能是抽象的感觉或感受。刑法中的被害人法益必须具有特定指向性和具体性，不能过于宽泛和抽象；该法益的内容必须被固定下来，进而与特定主体的利益产生实质关联。抽象的道德伦理、危惧感等抽象的内容受到侵犯的，不能作为相关主体被评价为被害人的依据。如危害公共安全的犯罪，可能会使普通公众产生一定的危惧感，但不能因此将普通公众都界定为刑法关系中的被害人。将抽象的权利内容作为认定被害人的依据，不仅会导致被害人体系的肥大，还会逐渐销蚀法益的内涵，因此，必须将被害人受到侵犯的对象限定为具体的法益内容。

综上，被害人危险接受中的“被害人”，是指刑法中因犯罪行为导致具体法益受到直接损害的自然人与法人。

二、被害人危险接受中“危险”的界定

对“危险”的概念作出界定是一件重要但又“危险”的事

情。它的重要性在于它被多个刑法理论提及,如危险犯、人身危险性、行为危险等;[①]如何界定"危险",对刑法理论的规范应用具有重要价值。而对"危险"进行界定又是一件极其复杂(或者说是"危险")的事情,因为在不同的理论语境下,"危险"具有不同含义;特别是随着风险社会到来所引发的关于刑法前置化倾向、积极刑法观等理论争议的背景下,如何厘定"危险",在很多情形下关乎犯罪圈的收缩或者扩张态势,这使得刑法学者对"危险"的界定极为谨慎。在被害人危险接受理论中,"危险"是一个核心语词,对"危险"的准确界定直接决定了被害人危险接受理论的规范适用;因此,厘清被害人危险接受中"危险"的概念,是研究被害人危险接受理论的基础与前提。

(一)危险的指向对象是被害人的法益

由于在法益侵害结果的实现中介入了被害人的行为,改变了责任归咎的轨迹,因此被害人危险接受影响行为人的刑事责任承担结果,即阻却行为人对法益受损结果的责任承担,而由被害人对法益侵害结果自我答责。自我决定权原理为被

---

① 参见肖中华、陈洪兵:《"危险概念是一个危险的概念"——关于狭义危险犯的理论及立法检讨》,载《中国刑事法杂志》2005 年第 6 期。

害人危险接受理论提供法理支持；自我决定权赋予被害人自由支配自己行为的权利，被害人自愿将法益陷于危险之中的行为选择应被尊重。然而，自我决定权并非意味着被害人权利的无限行使：自我决定权要求被害人仅能对自己的法益作出处分，超个人法益不在被害人支配的范围，被害人对超个人法益的处分不能以自我决定权作为免责依据，换言之，被害人危险接受中被害人所认识的危险必须是一种指向被害人法益的危险。[①] 超出了被害人支配范围的对超个人法益的处分不再符合被害人危险接受理论构造，不能再由被害人自我答责。

（二）危险的发生具有盖然性与被排斥性

从危险发生的概率来看，被害人危险接受中的危险是一种不确定的、具有法益侵害可能性的危险，这种危险并非必然实现并对法益造成侵害。正是由于危险的实现具有盖然性或不确定性，被害人才选择去冒险；如若被害人已经预知危险必然发生，而仍选择陷入危险，则不再符合被害人危险接受的理论构造，而可能符合被害人同意等其他理论。从被害人对危险实现的主观态度来看，被害人危险接受理论中被害人并不

---

① 需要厘清的是，危险的指向对象是被害人的法益，并不代表危险接受中的“危险”包括被害人法益受损的结果，这是两个不同层面的问题。

希望危险转化为实质性法益侵害,即被害人排斥危险的现实化。危险发生的盖然性是被害人对危险作出接受的前提,也是被害人对危险具有排斥性心态的基础;正是由于危险的实现具有不确定性,被害人自愿陷入危险的行为才可称为"冒险",这一特殊构造是被害人危险接受理论与被害人同意等相关理论区别的重要标志。因此,危险发生的盖然性与被害人对危险实现的排斥性是被害人危险接受中"危险"的重要特质。

(三)对危险的判断要坚持主客观相结合的标准

被害人危险接受中由于介入了被害人对危险的自愿接受、自愿选择冒险行为,因此,被害人对法益侵害的实现应承担一定的责任,进而对行为人的刑事责任承担产生了影响。正是由于被害人危险接受特殊的理论构造区别于一般的刑事责任归咎逻辑,被害人危险接受中不仅要考虑行为人的行为对实现法益侵害的作用,更要考量被害人的危险接受对刑事责任归咎的作用力。鉴于此,对被害人危险接受中危险的评价既要考量行为人的判断,也要考量被害人的判断。换言之,被害人危险接受对危险判断的主观标准既包括行为人的判断也包括被害人的判断,是双方判断的统一;这就要求双方对危险的存在以及法益侵害可能性的判断结论必须一致。当一方主体认为该行为中蕴含着危险,而另一方否认危险的存在时,双方对危险的判断并未达成一致,而对危险的判断直接影响被害人危险接受中的责任归咎路径,因此此种情形下不能成立被害人危险接受。

被害人危险接受中危险判断的客观性意味着还要考量行为人与被害人之外的一般人对危险的判断情况。如果一般人不认为存在危险,而行为人和被害人认为存在危险,不能成立被害人危险接受;否则将导致对被害人危险接受理论的滥用,不利于保护被害人法益。反之,如果一般人认为存在危险,而行为人与被害人不认为存在危险,也不能成立被害人危险接受;因为被害人对危险的判断至关重要,对其不认为存在危险的情境,根本不会产生所谓被害人对危险的认识、接受以及对危险的支配,也就不可能符合被害人危险接受的理论构造。

(四)危险的评价是一种事前评价

事前评价发生在法益侵害结果实现前,即被害人对危险作出接受前,对危险形成的一种评价。在被害人危险接受理论中,被害人对危险进行评价的过程就是被害人认识危险的过程。在对危险形成认识的基础上,被害人对危险的发生情况进行评估与权衡,决定是否陷入危险之中,是否对危险作出接受。之所以排除法益侵害结果发生后被害人对危险的评价

(对危险的事后评价),是因为此时危险已经转化为现实法益侵害,被害人法益已经受损,再去评价被害人是否认识了危险,是否接受了危险,对刑事责任的认定与归咎已经没有实质意义。在被害人危险接受理论构造中,对危险形成事前的认识与判断是影响刑事责任归咎的重要考量因素。鉴于此,被害人危险接受中对危险的评价应是一种事前评价。

(五)危险的性质是一种“不包含结果的行为危险”

现代刑法理论以行为危险为原点理解“危险”,广义的行为危险可被划分为不包含结果的行为危险与结果的危险。不包含结果的行为危险又被称为狭义的行为危险,其仅指作为行为属性的危险;结果的危险则是指“行为的作用已进入被害人的法益范围”①。以此分类为基准,被害人危险接受中的危险显然是一种不包含结果的行为危险。在被害人危险接受中,尽管被害人对危险作出了接受,危险的实现由被害人支配所完成,但被害人并不希望该危险现实化为法益侵害,其排斥法益侵害结果的出现,这种危险在性质上是一种作为行为属性的危险,最终出现的法益侵害结果并不在该危险的评价范

① 陈家林:《论刑法中的危险概念》,载《云南大学学报(法学版)》2007 年第 2 期。

围内,因此,被害人危险接受中的“危险”仅是一种狭义的行为危险。

综合上述对被害人危险接受中“危险”特质的分析,被害人危险接受中的“危险”是一种指向被害人法益的、具有盖然性与被排斥性,需要进行主客观相结合的事前判断,不包含结果的行为危险。

三、被害人危险接受的概念

作为被害人危险接受阻却归责问题的核心概念,被害人危险接受的概念界定直接关乎被害人危险接受阻却归责问题的理论本质与适用场域,因此被害人危险接受的概念界定至关重要。

(一)“被害人危险接受”的概念确定

“危险接受”一词起源于德国,最早由齐普夫(Zipf)在1970年出版的《刑法中的承诺与风险接受》一书中提出,在该书中作者使用的是“风险接受”(Risibkoübernahme)这一表述。不过“风险接受”在德国较少使用,一般被“自己危险化”“合意的他者危险化”所替代。我国刑法学界普遍使用的“危险接受”这一表述深受日本刑法学界的影响,“风险接受”在日本刑法学界多被译为“危险引受”。[①] 此外，还存在“被害人自冒危险”“自陷危险”等不同表述。关于被害人危险接受的概念，中外刑法学界存在多种界定方式，代表性概念界定如下：

观点一，日本学者盐谷毅教授认为，所谓被害人危险接受，是指被害人认识到危险并积极参与危险，或被害人仅单纯认识到危险，是被害人与行为人的共同作用导致侵害结果发生。我国学者江溯教授采纳了盐谷毅教授的观点。[②]

观点二，黎宏教授将被害人危险接受表述为被害人自冒风险，是指法益主体即过失犯的被害人在事前就对所存在的危险具有认识，但仍然决定冒险，结果由行为人的行为使得该种危险成为现实。[③]

观点三，雷续博士认为，危险接受，是指被害人明知自己实施某种行为或者参与他人实施的某种行为存在对自己造成损害的危险，但仍然自愿实施或者参与。[④]

观点四，车浩教授从归责角度对被害人危险接受进行界定。明知自己实施或者参与他人的某种行为存在风险，但仍

---

① 参见周子实：《危险接受理论的历史考察与概念界分——以德国为镜评我国的研究现状》，载《东南法学》2016 年第 2 期。

② 参见江溯：《日本刑法上的被害人危险接受理论及其借鉴》，载《甘肃政法学院学报》2012 年第 6 期。

③ 参见黎宏：《刑法学总论》（第 2 版），法律出版社 2016 年版，第 158 页。

④ 参见雷续：《论危险接受的处理模式》，载《河北法学》2017 年第 8 期。

自愿实施或参与其中，最终对出现的结果如何归责的问题在刑法理论上被称为被害人自陷风险（或危险接受）。[①] 采取相同界定思路的还有岛田聪一郎教授，他认为被害人危险接受主要研究当被害人参与危险行为并促成结果发生时，对制造危险或促进被害人实施危险行为的行为人，在何种条件下可免除罪责。[②]

观点五，山口厚教授从与被害人同意的对象相类比的角度，对被害人危险接受作出界定：在行为人基于被害人的意思对其实施了危险的行为，却违反了被害人（法益主体）的意思而招致结果的场合，就该结果来说，并不存在被害人的同意，这被称为危险接受的事例。[③] 佐伯仁志教授也采取了这种界定思路，他认为对危险行为的实施表示同意，却不同意法益侵害结果，在这种情况下，不能承认被害人同意，而是危险接受的问题。[④]

观点六，王俊博士将观点四和观点五的思路相融合，即从

---

① 参见车浩：《过失犯中的被害人同意与被害人自陷风险》，载《政治与法律》2014 年第 5 期。

② 参见［日］岛田聪一郎：《被害人的危险接受》，王若思译，载《刑事法评论》2013 年第 1 期。

③ 参见［日］山口厚：《刑法总论》（第 3 版），付立庆译，中国人民大学出版社 2018 年版，第 182 页。

④ 参见［日］佐伯仁志：《刑法总论的思之道 · 乐之道》，于佳佳译，中国政法大学出版社 2017 年版，第 195 页。

与被害人同意的对象相类比的角度以归责问题为切入点对危险接受进行界定，他认为危险接受理论是为了解决被害人对行为表示同意，但对结果持拒绝态度时，对行为人如何归责的问题。①

上述对被害人危险接受的概念界定几乎囊括了当前学界的主流观点，但这些概念界定均存在不同层面、程度的问题。在对被害人危险接受进行概念界定时，既需要以上述概念为借鉴，同时要结合被害人危险接受的内容特征，又需要把前文对“危险”的界定内含于其中。具体而言，被害人危险接受的概念界定需要厘清如下要素：

1. “危险接受”不同于“自冒(自陷)风险”

上述观点二黎宏教授和观点四中车浩教授的界定，均将被害人危险接受与被害人自冒(自陷)风险视为同义词，这样的界定方式显然不够严谨；因为“危险接受”与“自冒(自陷)风险”具有不同的法律内涵与外延，不能将其等同视之。其一，从词源考察来看，正如前文所述，我国刑法学界的被害人危险接受这一概念来源于日本刑法学界广泛使用的“危险引受”这一表述。作为被害人危险接受理论的发源地，德国刑法学界一般是将被害人危险接受类型化为“自己危险化的参与”

① 参见王俊：《危险接受理论的法理思考》，载《刑事法评论》2009年第1期。

“合意的他者危险化”分别适用,即对被害人危险接受的概念界定分散于具体的被害人危险接受类型中,通过对被害人危险接受的具体适用情形作出界定,诠释被害人危险接受的概念。而“自冒风险”这一表述更多被用于德国民法领域,且常被认为是“自己危险化”的同义词。[①] 因此,从词源来看,自冒(自陷)风险与危险接受来源于不同的法律领域,且前者常被视为后者的下位概念。其二,从语义表述精确性来看,自冒风险或自陷风险的语义外延较为模糊:如果将其界定为被害人的一切自愿冒险行为,则其外延要宽于被害人危险接受;如果仅在“自己危险化”的层面理解自冒(自陷)风险,则其外延又明显窄于被害人危险接受。同时,危险与风险的语义内涵并不相同:危险是法益侵害的可能性或盖然性,[②]而风险是做某事或不做某事产生的危险。[③] 因此,不论从词源考察还是从语义表述来看,“危险接受”与“自冒(自陷)风险”都不能等同视之;而从概念使用的传承性与精确性来看,“被害人危险接受”这一表述无疑更可取。

---

① 参见周子实:《危险接受理论的历史考察与概念界分——以德国为镜评我国的研究现状》,载《东南法学》2016年第2期。

② 参见[日]山口厚:《危险犯总论》,王充译,载何鹏、李洁主编:《危险犯与危险概念》,吉林大学出版社2006年版,第11页。

③ 参见[日]高桥则夫:《规范论和刑法解释论》,戴波、李世阳译,中国人民大学出版社2011年版,第71页。

2. 被害人危险接受适用于过失行为场合

被害人危险接受存在于过失行为中，被害人与行为人共同的不注意导致危害结果的发生，双方对危害结果的发生均持排斥态度。当被害人基于过失心态，行为人对危害结果的发生持故意态度时，不能认定为被害人危险接受。在过失行为中行为人实施的危险行为是被害人危险接受的成立条件；而故意行为中行为人的实行行为无法满足这一要件，这是因为故意的成立以行为人“明知自己的行为会发生危害社会的结果”为要件。但是在被害人危险接受中，行为人和被害人任何一方对危害结果的发生都不能确定，都是持冒险的心态。如果行为人明知危害结果会发生，而被害人对此并不知情，根本无法成立被害人危险接受；因为在这种情形下只会出现两种结果：要么被害人在得知行为人明知结果会发生的情形下不会做出危险接受；要么被害人得知行为人明知结果会发生而仍进入危险时，转化为被害人同意。此外，危害结果如果是在行为人故意心态的支持下实现的，尽管其在危害结果的发生中并未处于支配地位，但行为人积极追求或放任危害结果的实现，完全符合故意犯罪的构成要件，行为人应对最终发生的危害结果负责。例如，某几种药物的混合会达到致人死亡的后果，行为人知道这一事实，被害人只知道这几种药物的混合具有一定的危险性，但对致死的后果并不清楚，行为人知道被害人会食用这几种药物的混合物。当被害人还欠缺其中一种药物,要求行为人提供时,行为人欣然同意,行为人明知自己的行为会导致被害人死亡,但仍选择提供被害人欠缺的药品,导致被害人死亡的,对被害人死亡的结果应追究行为人相应的刑事责任。因此,被害人危险接受的成立必须发生在过失行为的语境下。观点一、观点三、观点四、观点五和观点六皆未释明被害人危险接受必须发生于过失行为场合,行为语境指涉不清,此为其不足之处。

3. 危险接受中法益侵害的支配主体是被害人

虽然从具体形态来看,法益侵害结果由被害人、行为人或两者共同行为实现,但是从本质来讲,被害人危险接受以排除行为人刑事责任为责任认定结局,其成立以被害人实质性支配法益侵害结果的实现为要件;在对其概念进行界定时,应体现这一要素。上述概念界定皆对被害人危险接受的具体形态作出了形式化归纳,并未反映危险接受的实质。其中,观点一、观点三、观点四对两种危险实现的形态作出了规定,但并未界定危险接受的实质;而观点二中黎宏教授和观点五中山口厚教授更是将被害人危险接受界定为行为人的行为导致的危险实现,不仅未能在形式上对被害人危险接受的形态作出全面归纳,反而更明显偏离了被害人危险支配的要旨;观点五中佐伯仁志教授和观点六中王俊博士的概念界定更是忽略了对这一特征的体现。因此，上述概念界定均未反映出被害人危险接受中被害人作为法益侵害实质支配主体的特质。

4. 对危险接受要进行完整且独立的界定

被害人危险接受是一个完整的内容体系：被害人认识危险，自愿决定冒险，尽管其排斥法益侵害结果的出现，但最终仍在其支配下实现危险，任何一个环节和特征都是不可或缺的。被害人危险接受以被害人法益受损为归责问题的探讨缘由，如果被害人自愿决定冒险的行为并未对其法益造成任何损害，则根本无须探讨责任承担问题。因此，在被害人危险接受的概念界定中，被害人法益受损的内容必须被规定在其中。而观点三只对被害人自愿参与危险及之前的行为作出了规定，对法益受损的事实并未提及，这界定明显是不完整的。而所谓对被害人危险接受进行独立的界定，这不仅是危险接受概念本身独立的理论定位所决定的，更是对任何概念进行界定时应遵守的原则，即从该概念本身的内容出发，不能作为其他概念的参照物。观点五和观点六都从与被害人同意的对象相类比的角度对危险接受进行界定，这不符合概念界定的要求，危险接受被剥夺了独立的理论话语体系，危险接受的内涵与外延并未被明确表述，无法从其中找到危险接受的构成要素，这样的概念界定方式并不可取。

5. 应放弃以归责为导向的概念界定

被害人危险接受与被害人危险接受归责问题并不能等同，归责问题仅是被害人危险接受的一个研究面向或者危险接受所引发的效果。在对被害人危险接受的概念界定中，有些学者选择以归责为导向对危险接受进行界定，这样的概念界定方式并不可取。尽管归责问题是被害人危险接受的重要组成内容，是解构被害人危险接受的一个重要切入点；但是归责并不能代表危险接受的全部内容，它仅是危险接受的一部分内容。以归责为导向的概念界定将导致混淆危险接受与危险接受归责问题，不利于对两个概念分别形成正确的认识；更为严重的是，这样的概念界定还将影响对被害人危险接受概念内容的全面认识和解构，导致对被害人危险接受的认知停留在归责层面。

综上，上述对被害人危险接受的概念界定均存在不同程度的问题与缺陷，无法为被害人危险接受的理论适用提供理想的概念。在对上述概念界定加以客观评述的基础上，本书认为，被害人危险接受，是指过失行为中的被害人认识并自愿决定冒险，尽管其排斥法益侵害结果的出现，但仍在被害人的支配下实现危险，被害人的法益受损。

（二）"被害人危险接受"与相关概念的辨析

被害人危险接受与其他类似概念经常发生纠葛；厘清其与其他概念的关系，有助于对被害人危险接受形成更规范的理论定位。

1. 与被害人过错的辨析

被害人过错在刑法中具有特定的内涵，是指被害人基于故意或过失，所实施的行为侵害了行为人或社会公共利益，进而诱发犯罪行为人的犯罪意识、激化犯罪行为人行为的否定性评价。[①] 被害人危险接受与被害人过错都可被涵摄于被害人教义学体系下的宏大理论架构，但是两个概念存在本质性区别。其一，被害人的行为性质不同。被害人过错中被害人的不正当讳法过错是诱发行为人故意实施犯罪行为的原因，被害人过错促成或激化了行为人的故意犯罪行为。既然是过错，就意味着被害人实施的行为是非正当的。而被害人危险接受中，行为人实施危险行为的原因不是被害人的过错，而是基于被害人对危险的接受；危险接受只是一种选择，不能解释

① 参见王新清、袁小刚：《论刑事案件中的被害人过错》，载《中国刑事法杂志》2008 年第 2 期。

为过错,[①]也不能被评价为不正当。其二,被害人与危险情境的关系不同。被害人危险接受存在一个有待被害人作出是否介入选择的客观危险情境,这个危险情境并非全然由被害人积极创设,其往往是一种客观存在,被害人可自由选择是否介入该危险情境;在被害人过错导致的犯罪中,也存在一个危险情境,但此情形下的危险情境则由被害人自己的过错创设。其三,二者的适用效果不同。一般认为,被害人危险接受阻却行为人刑事责任的成立;而被害人过错一般不影响行为人刑事责任的成立,仅影响量刑。一些国家的刑法典明文将被害人过错作为减轻刑罚的依据。我国并未在刑法典中明文规定被害人过错对量刑的影响,但在司法实践中愈加重视被害人过错对量刑的影响,被害人过错作为酌定量刑情节在司法实践中获得广泛应用;[②]特别是在死刑案件中,2010 年 6 月 13 日最高人民法院、最高人民检察院、公安部等印发的《关于办理死刑案件审查判断证据若干问题的规定》中第 36 条规定,在对被告人作出有罪认定后,人民法院认定被告人的量刑事实,除审查法定情节外,还应审查被害人有无过错及过错程度,是

① 被害人危险接受进而导致危险结果实现,也可被评价为一种过错,但此过错是一种事后的整体性评价,作出危险选择本身并无过错。

② 参见彭新林:《被害人过错与死刑的限制适用》,载《法学杂志》2017 年第 11 期。

否对矛盾激化负有责任及责任大小。其四,行为人的主观方面不同。在被害人危险接受中,行为人对危害结果的发生持过失心态;但是在被害人过错中,由于被害人的行为促成或激发了行为人的犯罪行为,行为人对犯罪结果一般持故意态度。

2. 与自损行为的区别

自损行为,即法益主体自己侵害自己法益的行为,[①]如法益主体自杀、自残、毁坏自己所有的财物等行为。与被害人危险接受类似的是,在自招损害情形下,被害人同样掌握着是否进入危险的决定权,被害人完全可以主动避离危险,但均选择将自己置身于危险境地。此外,自损行为与被害人危险接受的范域皆限于被害人个人法益;因此,从表面来看,被害人危险接受与自损行为似乎存在一定的相似性。但自损行为与被害人危险接受仍存在本质性差异:其一,自损行为中的被害人对危害结果的发生持积极追求心态,其不仅认识到了危险实现的可能,而且努力创造条件实现危险,危害结果的发生契合其行为目标。而被害人危险接受中,被害人对危害结果的发生持排斥态度,其基于冒险心态进入危险,但并不希望危险实现,危害结果的出现背离了其行为目标。其二,自损行为中危

① 参见张明楷:《外国刑法纲要》(第2版),清华大学出版社2007年版,第178页。

害结果的实现一般由被害人自己完成，并未介入其他主体的行为，因此法律关系中一般并不存在被害人与其他主体互动的情形，是一种单向度的行为，这种单向度的行为并不是刑法评价的对象，亦不会引起所谓的归责问题。① 但被害人危险接受中，存在被害人—行为人双向互动的法律关系结构，危害结果的实现介入了双方因素，这也是归责问题在被害人危险接受中占据重要理论位置的缘由。其三，自损行为中如果介入了行为人的帮助或教唆行为，那么行为人主观方面多为故意，而被害人危险接受中的行为人在主观方面为过失。

3. 与正当业务行为的区别

正当业务行为，是指从事一定业务的人正当地执行其业务的行为。② 常见的正当业务行为包括医疗行为、律师辩护活动、新闻报道、体育竞技等。③ 在从事正当业务行为的过程中存在相关主体虽然认识到了危险，但仍选择接受危险的情形，这在理论外观上与被害人危险接受具有一定的相似性。如在拳击、自由搏击等身体对抗性很强的竞技性体育比赛中，参赛运动员都可能成为被害人，受到来自参赛他方造成的身体伤

① 参见[英]安德鲁·冯·赫尔希：《法益概念与“损害原则”》，樊文译，载《刑事法评论》2009 年第 1 期。

② 参见田宏杰：《刑法中的正当化行为》，中国检察出版社 2004 年版，第 543 页。

③ 参见王政勋：《正当行为论》，法律出版社 2000 年版，第 346 ~ 358 页。

害,运动员对此危险也明知,但是仍选择进行比赛(陷入危险),这与被害人危险接受存在一定的理论相似性。但是即使存在一定的相似性,正当业务行为与被害人危险接受仍存在诸多差异。其一,被害人危险接受的主体是被害人,除此之外并无职业或业务限定。正当业务行为具有特殊的主体限定,尽管业务并不要求一定是职业,[①]但执行正当业务的人必须是从事一定业务的专业人员,且具有从事特定业务的专业资质,如取得医疗业务执照的医生。此外,参与正当业务的人,如病人、运动员等也不能被界定为刑法意义上的被害人。其二,被害人危险接受的行为类型非常广泛,没有业务范围的限定。正当业务行为要求所从事的行为内容必须是业务范围内的行为,与正当业务行为无关的行为不在正当业务行为的评价范围。其三,被害人危险接受的实施不受行业规范所限;但是正当业务行为的执行受到行业规章制度的限制,行为人的行为不能违反行业规章制度。其四,被害人危险接受不以业务的开展为目的,对行为实施的环境与条件也不存在业务性要求;但是正当业务行为中行为人实施行为必须是为了执行正当业务,所从事的活动也必须符合从事正当业务所要求的条件,如

---

① 参见[日]大谷实:《刑法总论》,黎宏译,中国人民大学出版社 2008 年版,第 232 页。

适合开展医疗活动的医疗场所。其五,被害人危险接受与正当业务行为在刑法体系的功能位阶不同。具体而言,在三阶层犯罪论体系中,被害人危险接受在构成要件符合性阶层发挥功能,下文将对此展开详述,而正当业务行为一般作为违法阻却事由发挥作用。也正是基于这样的理论定位,以医疗行为、竞技体育为代表的正当业务行为一般多与被害人同意理论发生交叉。①

四、被害人危险接受中"阻却归责"的界定

"阻却归责"是被害人危险接受的应用效果。在刑法理论中关于"归责"以及"责任"的用法有多种。在不同的语境下,"阻却归责"会被赋予不同的理论内涵,因此,厘清"阻却归责"的内涵才能在正确的语境下解读被害人危险接受阻却归责问题。

"阻却"在刑法中的含义较为明确,即阻止、排除。阻却归责,顾名思义,是指对"归责"的阻止或排除。在"阻却归责"这一词组中,需要进行理论解读的是"归责","归责"是被害

① 参见杨春然:《论被伤害权对同意效力范围的限制——兼论被害人同意在三阶层犯罪论体系中的位置》,载《清华法学》2013 年第 3 期。

人危险接受的重要内容。“归”即划归、承担与确认，“责”即责任，“归责”即对责任的划归、承担与确认。刑法中“责任”的含义有多种，在不同的刑法语境下，“责任”一词具有不同的功能；因此，“责”是“归责”一词的核心语义，“归责”一词的界定，关键是要确定“责任”在该词组中的内涵。在 452 个刑法条文中，“责任”一词在条文中共出现了 100 多次。根据条文语境，责任的含义可以分为以下四类：

其一，应承担的法律后果。这个含义在《刑法》条文中以三种表述形式存在。第一种表述形式是“刑事责任”，如《刑法》第 14 条规定“故意犯罪，应当负刑事责任”。第二种表述形式是“民事赔偿责任”，《刑法》第 36 条中规定“承担民事赔偿责任的犯罪分子，同时被判处罚金，其财产不足以全部支付的，或者被判处没收财产的，应当先承担对被害人的民事赔偿责任”。第三种表述形式是“相应赔偿责任”，《刑法》第 276 条之一中规定“……尚未造成严重后果，在提起公诉前支付劳动者的劳动报酬，并依法承担相应赔偿责任的，可以减轻或者免除处罚”。这些刑法条文中的“责任”均是指应当承担的法律后果。

其二，对犯罪结果的发生发挥重要作用。在我国《刑法》条文的罪状表述中，这种含义以“直接责任人员”和“负有直接责任”这两种形式出现，如《刑法》第 139 条对“直接责任人员”作出了规定,“违反消防管理法规,经消防监督机构通知采取改正措施而拒绝执行,造成严重后果的,对直接责任人员,处……”第133条之一对“负有直接责任”作出了规定,“机动车所有人、管理人对前款第三项、第四项行为负有直接责任的,依……”这些条文中的“责任”对结果的发生起着决定、指挥、批准、授权等重要作用,因此单独成为责任的一种内涵。

其三,承担的相应职责或义务。这个含义的“责任”在刑法中存在三种表述方式。第一种表述方式是“负有特定责任”,《刑法》第21条规定,“第一款中关于避免本人危险的规定,不适用于职务上、业务上负有特定责任的人”。第二种表述方式是“严重不负责任”,如《刑法》第167条规定,“国有公司、企业、事业单位直接负责的主管人员,在签订、履行合同过程中,因严重不负责任被诈骗,致使国家利益遭受重大损失的,处……”第三种表述方式是“负有追究责任的”,如《刑法》第414条规定,“对生产、销售伪劣商品犯罪行为负有追究责任的国家机关工作人员,徇私舞弊,不履行法律规定的追究职责,情节严重的,处……”

其四,对事故发生的过失心态。这一含义在刑法条文中以“责任事故”的表述存在,具体出现在《刑法》第436条中,“违反武器装备使用规定,情节严重,因而发生责任事故,致人重伤、死亡或者造成其他严重后果的，处……”将责任解释为“对事故发生的过失心态”是非常少见的用法，关于过失心态与责任的关系，汉斯·韦尔策尔的界定较为合理，过失心态“可以具有责任，但不可能是责任本身”①。

与我国刑法对责任的多语义应用相比，大陆法系刑法中，对责任的界定一般从三阶层犯罪构成出发，②责任一般是指意志形成的非难可能性（有责性），③是犯罪成立的要件之一，是主观上可以对行为人进行刑法谴责的法律性质。④

被害人危险接受中的“归责”，是为了解决刑法中被害人自愿介入行为因果流程，导致结果归责走向发生变动的一类存在争议的事实类型；这个事实类型体由具有相似特质的不同案由组成，统称为被害人危险接受归责问题。这个问题的核心是何时何种情形下由行为人承担或不承担犯罪后果；这并非一个经验问题，而是规范的问题。⑤ 因此，危险接受归责

---

① ［德］汉斯·韦尔策尔：《目的行为论导论：刑法理论的新图景》（增补第4版），陈璇译，中国人民大学出版社2015年版，第53页。

② 参见赵秉志主编：《外国刑法原理（大陆法系）》，中国人民大学出版社2000年版，第142～143页。

③ 参见［德］汉斯·海因里希·耶塞克、托马斯·魏根特：《德国刑法教科书》（下），徐久生译，中国法制出版社2017年版，第549页。

④ 参见黎宏：《日本刑法精义》，法律出版社2008年版，第177页。

⑤ 参见［德］托马斯·魏根特：《客观归责——不只是口号？》，王静译，载梁根林、［德］埃里克·希尔根多夫主编：《刑法体系与客观归责：中德刑法学者的对话（二）》，北京大学出版社2015年版，第96页。

中的“责任”显然不是行为人对犯罪结果的发生所起的重要作用,或者承担的相应职责,或者对事故发生的过失心态,或者意志形成的非难可能性,而是为了确定在被害人介入因果流程的情形下行为人的刑事法律后果。在以行为人为主体视角构建的刑法体系中,责任的主体当然是行为人;因此,归责是解决法律后果与行为人之间的对应关系。[①] 相应地,“归责”是指对行为人承担法律后果的确认;阻却归责,是指对应由行为人承担的刑事法律后果的排除,申言之,排除行为人的刑事法律后果。

第二节　被害人危险接受的定位、类型与价值

被害人危险接受阻却归责问题的解决以对被害人危险接受理论的全面认知为前提;理论的应用必须要厘清其定位,释明其具体类型以及在理论体系中的价值或作用。因此,有必要对被害人危险接受的定位、类型、价值作一细致探讨,在此基础上才能对被害人危险接受阻却归责问题的解决提供全面的理论基础。

---

① 参见马克昌主编:《外国刑法学总论(大陆法系)》,中国人民大学出版社 2009 年版,第 221 页。

一、危险接受的定位：三阶层与四要件下的分别认定

被害人危险接受的定位，即被害人危险接受在刑法体系中的理论位阶。被害人危险接受在三阶层犯罪论体系下与四要件犯罪构成体系中分别被赋予不同的理论位阶，有必要对其分别展开讨论。

（一）被害人危险接受在三阶层犯罪论体系下的定位

当前，我国刑法理论研究深受大陆法系影响。被害人危险接受理论诞生、发展、成熟于大陆法系，因此，欲厘清被害人危险接受理论定位必须澄清其在大陆法系的理论位阶。以德国、日本刑法学界为代表，从事相关研究的刑法学者围绕被害人危险接受在理论体系中的位阶展开了讨论，并形成了以下三种代表性观点：（1）视为构成要件符合性问题；（2）将其作为违法阻却事由；（3）作为责任问题对待。尽管这三种观点对被害人危险接受的适用结论一致，即阻却行为人刑事责任，但不同观点反映了不同学者对被害人危险接受的理论基础存在不同认识，这直接影响了被害人危险接受的概念界定以及具体理论应用逻辑，甚至还会影响对其与其他理论的关系认定。鉴于此，厘清被害人危险接受在三阶层犯罪论体系中的定位

甚为必要。

1. 三阶层犯罪论体系下的被害人危险接受定位之争

其一,在构成要件符合性阶层的讨论。主张采纳因果关系或客观归责理论解决被害人危险接受阻却归责问题的学者一般持此观点,该观点目前是德国刑法学界通说,罗克辛教授就是该观点的代表性学者。[①] 雅各布斯教授也主张,原则上自负风险行为排除行为人的构成要件符合性。[②] 弗里希教授认为,在被害人自行决定自陷风险时,不存在作为行为前提的"制造法不容许的风险",而排除了行为的构成要件该当性。[③] 日本学者林幹人教授也赞同上述主张,并指出被害人危险接受是构成要件符合性阻却事由,不是违法阻却事由。

其二,违法性阶层的讨论。该观点也获得了一些学者的青睐,目前是日本刑法学界通说。持此主张的学者一般提倡适用被害人同意理论解决被害人危险接受阻却归责问题,并认为被害人危险接受与被害人同意有着相似的理论位阶,均

① 参见[德]克劳斯·罗克辛:《德国刑法学总论》(第1卷),王世洲译,法律出版社2005年版,第271页。

② 参见周维明:《雅各布斯的客观归责理论研究》,载《环球法律评论》2015年第1期。

③ 参见[德]埃里克·希尔根多夫:《因果关系和客观归责理论:原理与问题》,载梁根林主编:《当代刑法思潮论坛:刑法体系与犯罪构造》(第1卷),北京大学出版社2016年版,第206页。

应作为违法阻却事由对待。日本学者佐伯仁志[①]和我国学者张明楷教授均将被害人危险接受主要作为违法阻却事由进行探讨。[②]

其三,有责性层面的探讨。提倡采纳过失犯注意义务排除理论解决被害人危险接受阻却归责问题,且认为过失犯处于有责性阶层的学者会采纳该观点。曾根威彦教授认为被害人危险接受不是客观的排除违法论或构成要件论,而是应根据主观的过失责任论加以解决。[③] 日本学者神山敏雄教授也支持将被害人危险接受作为责任阻却事由,他以体育竞技活动为例,认为在体育竞技中发生死亡或重伤的结果时若要追究行为人的刑事责任,则不利于体育竞技活动的开展推广。[④] 认为被害人危险接受处于有责性阶段的论断当前已少有学者采纳。

2. 作为三阶层犯罪论体系中的阻却构成要件该当性事由的提倡

结合上文德国、日本刑法学界主流观点对被害人危险接

---

① 参见[日]佐伯仁志:《刑法总论的思之道·乐之道》,于佳佳译,中国政法大学出版社2017年版,第195~196页。

② 参见张明楷:《刑法学》(上),法律出版社2016年版,第228页。

③ 参见[日]曾根威彦:《刑法学基础》,黎宏译,法律出版社2005年版,第66页。

④ 参见吴荣富:《危险接受中行为人刑事责任研究》,中南财经政法大学2017年硕士学位论文,第19页。

受理论定位的差异性，探究其缘由，客观归责理论是德国主流观点。较多学者主张用该理论解决被害人危险接受阻却归责问题，而客观归责理论的本质是要为构成要件行为找到实质的判断依据，[①]因此，被害人危险接受应被置于构成要件符合性阶层。在日本，处于通说地位的是相当因果关系理论，[②]根据该理论，应在违法性阶段定位被害人危险接受，将其作为超法规违法阻却事由。以三阶层犯罪论体系为背景，被害人危险接受应在构成要件符合性阶层发挥作用，其应被定位为阻却构成要件该当性事由，原因如下：

其一，将被害人危险接受定位为违法阻却事由的观点，主要是参考被害人同意的理论定位，认为应类比被害人同意理论定位被害人危险接受；这种观点显然抹杀了被害人危险接受的理论独立性，将其作为被害人同意的附属理论。事实上，这两个理论的内涵并不一致，因此所具有的排除行为人刑事责任的逻辑或路径也并非一致。例如，虽然这两个理论中的被害人都“自愿”陷入危险情境；但被害人危险接受中的被害人排斥法益侵害结果的发生，被害人同意中的被害人对法益侵害结果的实现则持希望或放任态度。此外，两个理论中行

---

① 参见许玉秀：《当代刑法思潮》，中国民主法制出版社2005年版，第408页。

② 参见陈兴良：《从归因到归责：客观归责理论研究》，载《法学研究》2006年第2期。

为人的主观态度也存在差异性：被害人危险接受中，行为人对法益侵害结果主观持过失态度；被害人同意理论中行为人对法益侵害结果的实现一般持故意态度。因此，类比被害人同意理论去定位被害人危险接受，无法实现逻辑证成。

其二，将被害人危险接受视为阻却责任事由的观点难以成立。该观点认为被害人危险接受具有不法性，其之所以能排除行为人刑事责任是因为其不具有非难可能性。该观点看似严谨，但事实上忽视了被害人危险接受的理论构造，在被害人危险接受中被害人一直处于主导、支配地位，被害人在对危险有着充分认知的前提下，自愿陷入并支配危险的实现，实现法益侵害的支配主体并非行为人，因此，认为被害人危险接受具有不法性的观点已少有学者采纳。

其三，被害人危险接受应被置于构成要件符合性阶层。解构被害人危险接受的理论构造，被害人自愿陷入危险之中是基于对危险的充分认知；在此前提下，由被害人支配行为发展走向，最终导致的法益侵害结果虽然背离了被害人意志，但被害人应对这一结果自我答责，因为这是其自由意志的产物，排除行为人刑事责任承担。换言之，在被害人危险接受中，行为人的行为并未实质性导致法益侵害，行为人的行为没有充实犯罪构成要件，发生的法益侵害结果溢出了构成要件保护范围。根据三阶层犯罪论体系的阶层划分，被害人危险接受在构成要件符合性阶段就阻却了行为人的刑事责任。基于此,被害人危险接受是阻却构成要件该当性事由。

(二)作为四要件犯罪构成理论下的超法规正当化事由

当前,四要件犯罪构成体系在我国刑法学界仍具有主流影响力,三阶层犯罪论体系对被害人危险接受的理论解构路径显然与四要件犯罪构成体系存在较大差异。鉴于此,在四要件犯罪构成体系中厘清被害人危险接受的定位尤为重要。

四要件犯罪构成体系中犯罪客体、犯罪客观方面、犯罪主体、犯罪主观方面这四个方面的要件之间不是层级或位阶关系,而是一种相互依存的关系;[①]换言之,四个要件处于同一层级,聚集起来才能实现理论应用效果。而更为特殊的是,排除犯罪成立的事由在四要件体系之外,作为正当化事由或超法规的正当化事由发挥作用。显然,在四要件犯罪构成体系中,被害人危险接受是一种超法规的正当化事由。

以三阶层犯罪论体系为代表的阶层式犯罪论体系中也有超法规的正当化事由的概念;但同一概念所在的理论体系不同,其概念往往也会存在偏差。超法规的正当化事由正是面

---

① 参见陈兴良:《刑法阶层理论:三阶层与四要件的对比性考察》,载《清华法学》2017年第5期。

临这样的问题，其在不同法系中有着不同的理论内涵和理论定位；为避免理论应用歧义，需要对超法规的正当化事由在不同法系中的应用予以廓清。

在大陆法系，超法规的正当化事由是指该当于构成要件，但属于刑法明确规定的违法阻却事由之外的其他违法阻却事由。从概念定位来看，超法规的正当化事由就是超法规的违法阻却事由，其与超法规的责任阻却事由并列，[①]在阶层式犯罪论体系的不同阶段分别发挥出罪功能。超法规的正当化事由在大陆法系的概念定位契合大陆法系阶层式犯罪论体系的理论逻辑。然而，我国刑法理论体系中的四要件犯罪构成理论是一种平面耦合式犯罪构成体系。在这种犯罪构成体系内部并没有超法规的正当化事由的容身之地，超法规的正当化事由只能在四要件犯罪构成体系之外发挥出罪功能，因此，难免有学者感慨"四要件是没有出罪事由的犯罪构成"[②]。基于不同的犯罪构成理论模式，超法规的正当化事由在大陆法系被作为超法规的违法阻却事由的定位显然无法在四要件犯罪构成理论体系中实现理论对应。回归四要件犯罪构成理论的结构特征，超法规的正当化事由应在四要件犯罪构成体系外

---

① 参见储陈诚：《出罪机制保障论》，法律出版社2018年版，第108页。

② 方鹏：《出罪事由的体系和理论》，中国人民公安大学出版社2011年版，第1页。

发挥出罪功能;因此,四要件犯罪构成理论中的超法规的正当化事由又称超法规的正当化行为,是指刑法虽未予以明文规定,但从法秩序整体精神出发,应当为法律所宽容的正当化行为。[①] 结合我国刑法规定,我国法定正当化行为仅指正当防卫和紧急避险,除此之外的被害人危险接受、法令行为、自救行为等,都是超法规的正当化事由。这一概念界定模式契合四要件犯罪构成理论的平面式理论构造,同时回避了超法规的正当化事由游离在四要件犯罪构成体系之外的难题,是在既有理论框架下较为温和、合理的概念界定模式。

(三)被害人危险接受在三阶层与四要件下的定位贯通

经过上文论证得知,被害人危险接受在不同的犯罪构成理论模式下具有不同的理论定位。厘清被害人危险接受在三阶层犯罪论体系以及四要件犯罪构成体系中不同理论定位的内容关联性属实必要,换言之,三阶层犯罪论体系中的阻却构成要件该当性事由与四要件犯罪构成体系中的超法规的正当化事由之间如何实现理论转化与对应,对深刻理解被害人危险接受在四要件犯罪构成体系中的功能定位与价值甚为重要。而解决该问题必须化解的症结是正当化事由以及超法规

① 参见田宏杰:《刑法中的正当化行为》,中国检察出版社2004年版,第85页。

的正当化事由无法被四要件犯罪构成体系所涵摄的难题。[①]

对这一理论难题的关注、讨论已久，学界目前大致存在两种解决路径。其一，改革路径。该路径认为应彻底放弃四要件犯罪构成体系，因为该体系割裂了违法性判断，导致正当化事由以及超法规的正当化事由始终无法在犯罪构成体系内部"安身"，按照四要件犯罪构成体系的适用逻辑，非常容易推导出正当化事由以及超法规的正当化事由是完全符合犯罪构成的，因而构成犯罪的结论，[②]这一推论显然不科学。主张采取改革路径的学者往往还结合四要件犯罪构成体系的其他理论不足，例如对共同犯罪领域部分情形适用失当等，来论证四要件犯罪构成体系的缺陷，进而主张在我国引入三阶层或二阶层犯罪论体系。改革路径虽然消解了四要件犯罪构成体系的一些理论适用障碍，但是对刑法理论而言，对犯罪构成理论模式的改革是"牵一发动全身"的大事，在阶层式犯罪论体系仍有诸多理论缺陷[③]的背景下，贸然废除四要件犯罪构成理论不

---

① 关于这一问题的探讨，参见陈兴良：《犯罪构成论：从四要件到三阶层一个学术史的考察》，载《中外法学》2010 年第 1 期；李洁：《中国通论犯罪构成理论体系评判》，载《法律科学》2008 年第 2 期；周光权：《犯罪论体系的改造》，中国法制出版社 2009 年版，第 71 ~ 73 页；付立庆：《犯罪构成理论：比较研究与路径选择》，法律出版社 2010 年版，第 64 ~ 68 页。

② 参见张明楷：《刑法学》（上），法律出版社 2016 年版，第 102 页。

③ 参见牛忠志、曲伶俐：《犯罪构成四要件的"立体化"修正》，载《政法论丛》2019 年第 1 期。

可谓妥当。其二,解释路径。相比于改革路径,解释路径对理论的改造较少,适用更偏于缓和。解释路径在遵循四要件犯罪构成体系的背景下,通过法教义学方式对理论进行解释,扫清横亘在理论间的障碍,以实现理论的衔接。从可行性角度而言,显然,解释路径更具有优势,可以用"最小的成本"化解理论适用难题,应成为我国当下的理论首选。然而,新的问题又出现了,即如何通过解释路径实现理论适用目标。

学界更熟悉的被害人同意理论也存在同样的理论困境。面对这一难题,一些学者分别提出了应对方案,其中车浩教授提出的解决方案具有较好的参照意义。车浩教授认为被害人同意因不存在法益侵害而排除对法益(犯罪客体)的侵害,以及得到被害人同意的行为不再符合构成要件而排除犯罪的客观方面,通过这两方面的理论适用,可以认定被害人同意具有排除四要件犯罪构成的效果。① 这一理论解构模式将四要件犯罪构成体系与三阶层犯罪论体系中的理论要素进行了转化与衔接。具体而言,三阶层犯罪论体系中的"不存在法益侵害"转化、对应到四要件犯罪构成体系中的(排除)犯罪客体部分,同时,三阶层犯罪论体系中的"行为不再符合构成要件"又

---

① 车浩:《论被害人同意的体系性地位——一个中国语境下的"德国问题"》,载《中国法学》2008 年第 4 期。

可以转化、对应到四要件犯罪构成体系中的(不满足)犯罪客观方面部分。通过理论间的衔接与转化妥当解决了两大问题:其一,巧妙回应了正当化事由以及超法规的正当化事由与四要件犯罪构成体系的关系,正当化事由以及超法规的正当化事由游离在四要件犯罪构成体系外的指摘已获得合理解释,因为作为超法规的正当化事由的被害人同意的出罪机能在四要件犯罪构成体系中即已实现,因此,不存在所谓游离在体系外的障碍。其二,实现了四要件犯罪构成体系与三阶层犯罪论体系中理论要素的衔接与对应,解决了横亘在超法规的正当化事由和阻却构成要件该当性事由之间的理论藩篱。

从理论定位及应用效果而论,被害人危险接受与被害人同意皆属超法规的正当化事由,被害人同意面临的理论困境也正是被害人危险接受亟待破解的难题。因此,被害人危险接受在三阶层犯罪论体系与四要件犯罪构成体系中面临的适用难题可以参照被害人同意理论的解决方案予以创造性解决。

其一,法益主体有权对其个人法益作出处分,对个人法益作出处分的行为是法益主体对自我决定权的行使。被害人危险接受是被害人对自我决定权的实践。在被害人危险接受中,对法益的实质支配权一直由被害人掌控,由此,对出现的法益侵害结果当然应由被害人自我答责。换言之,在被害人危险接受中,行为人的行为并未导致被害人法益受损,行为人的行为无法充实四要件犯罪构成体系中的犯罪客体要件。主体的支配权决定责任承担走向,每个主体都仅需对其可支配的行为担责;[①]被害人危险接受中,不论是被害人亲自实施危险行为导致法益受损,还是行为人根据被害人授意实施相应危险行为导致被害人法益受损,这两种情境下对危险的实质支配权皆由被害人掌握。总之,被害人危险接受中行为人的行为并未充实犯罪客体要件,并未对被害人法益造成损害。

其二,被害人危险接受可被划分为被害人认识危险、接受危险以及支配危险实现(或实现危险)三个阶段,三个阶段皆由被害人主导,行为人并未掌握法益支配权。在被害人危险接受中,被害人在对危险形成充分认知的前提下,自愿接受危险并在其支配下实现法益侵害结果。通观被害人危险接受的整个过程,行为人并未实施侵害被害人法益的行为,行为人的行为不具备(三阶层犯罪论体系中的)构成要件该当性、不符合构成要件,不满足(四要件犯罪构成体系中的)犯罪客观方面要件。

综上,通过这一系列复杂的理论转化、联结,三阶层犯罪

---

① 参见蔡圣伟:《重新检视因果关系偏离之难题》,载《东吴法律学报》2008 年第 1 期。

论体系下的被害人危险接受与四要件犯罪构成体系中的被害人危险接受并非截然不同、格格不入,而是存在本源性贯通。

二、被害人危险接受的类型区分

被害人危险接受的类型区分,即根据不同的分类标准,将被害人危险接受区分为不同的类型;不同的类型具有形式性差异,能为我们了解被害人危险接受的具体形态提供直观指引。

(一)区分说与区分否认说

关于被害人危险接受的具体类型,学界存在区分说与区分否认说之争。区分说主张对被害人危险接受进行类型化归类,不同的危险接受类型间既有理论共性,也存在理论差异,对其进行理论分类有助于对被害人危险接受建立结构化认知,甚至为阻却归责路径的选取提供理论支持。与此相反,区分否认说则反对将被害人危险接受类型化区分的观点,认为类型化区分没有意义,应对其进行一体化理解。

1. 区分说:三类型说与二类型说

在坚持区分说的立场下,学界主要存在三类型说与二类型说的论争。

(1)三类型说

日本学者吉田敏雄先生将危险接受分为三种类型:①狭义的自发的自己危险化。在此类型中,被害人认识到自己的行为对自己的法益具有危险,仍然实施该行为,进而给自己造成了实害。例如,被害人认识到去水库游泳可能面临溺水的危险,仍选择去水库游泳并溺亡。在该情境中,危险由被害人自己选择、创设并实现,被害人法益遭受侵害的结果由被害人自己的行为导致,与其他人无关。从不法角度来看,发生于被害人权利范围内的这种自损行为仅对被害人自己的法益构成侵害,并未对其他人的法益产生损害,这种危害后果应由被害人自己承担,不构成刑法上的不法,此类案件不具有刑法意义。②自己危险化的参与。被害人认识到并实施了危险行为,且使自己遭受了侵害结果,但被告人的参与行为与被害人的侵害结果之间存在物理的或心理的因果性。申言之,虽然该危险情境由被害人自己创设,但被告人的参与行为构成了该侵害结果发生的因素。③基于合意的他者危险化。虽然给被害人造成侵害结果的是他人的行为,但被害人认识到并且同意(但被害人的同意范围仅限于危险,并未对侵害结果作出同意)被告人给自己带来的危险。

由于狭义的自发的自己危险化不具有刑事追责意义,不应作为刑法中危险接受的一种类型,因此,吉田敏雄教授所划分的危险接受的三种类型实质上仅包括两种，即自己危险化的参与和基于合意的他者危险化，与二类型说并不存在本质性差异。

(2)二类型说

将被害人危险接受区分为自己危险化的参与和基于合意的他者危险化已成为学界通说，这种分类方式也是“二类型说”的主流。除此之外，还有一些学者尝试着提出其他分类方式，在此一并介绍。

第一，当前学界已基本确定，被害人危险接受由自己危险化的参与和基于合意的他者危险化这两种类型组成，但这两个理论并非同时被关注。在被害人危险接受被提出之初，自己危险化的参与几乎是危险接受理论的全部内容，基于合意的他者危险化被湮没于其中。将基于合意的他者危险化从自己危险化的参与中提炼出来，实现理论分化的任务是由罗克辛教授在 1973 年完成的。[①] 罗克辛教授完成了理论分立后，基于合意的他者危险化并未迅速在德国司法界实现全面应用，而是随着争议案例的不断涌现，实务界才逐渐意识到，基于合意的他者危险化不能被评价为自己危险化的参与，这两

---

① 参见周子实:《危险接受理论的历史考察与概念界分——以德国为镜评我国的研究现状》，载《东南法学》2016 年第 2 期。

种类型的行为样态存在明显差异;基于此,基于合意的他者危险化理论才最终被德国司法界所确立,被害人危险接受的两种类型体系也由此成型。

第二,以法律有无明文对危险行为作出禁止为依据,可将被害人危险接受分为两种。第一种是对法律没有明确禁止危险行为的接受。当法律没有明文禁止时,依社会经验法则对危险行为进行判断。第二种是对法律明文禁止危险行为的接受。如刑法、相关行政法对酒驾、吸毒等危险行为的规制。[①]这种分类方式希望以罪状的表述为依据,对被害人危险接受作出类型化区分,为被害人危险接受的类型区分提供了一种新思路。但是与自己危险化的参与和基于合意的他者危险化的分类方式相比,该分类方式并未把握被害人危险接受的本质特征,因为对一些法律明文禁止的行为,被害人根本无权作出危险接受。

2. 区分否认说

该学说认为自己危险化的参与和基于合意的他者危险化并没有区分的必要,基于合意的他者危险化完全可被纳入自己危险化的参与体系中。持区分否认说的学者的一个重要理

① 参见吴荣富:《危险接受中行为人刑事责任研究》,中南财经政法大学 2017 年硕士学位论文,第 4 页。

由是，在具体案例中，对自己危险化的参与和基于合意的他者危险化很难进行辨别，行为人的追责问题将取决于这种难以确定的主观判断，这对行为人不利。以普珀(Puppe)为代表的区分否认说学者指出："根本无须对自己危险化的参与和基于合意的他者危险化进行辨别，判断行为人是否承担刑事责任，只需通过考察被害人是否充分认识、是否完全自由来确定行为人是否尽到了注意义务。"① 西班牙学者 Manuel Cancio Meliá 也支持区分否认说，他认为"这种区分往往只是一种空谈，不能提供适当的解决办法"②。

(二)自己危险化的参与和基于合意的他者危险化

当前，区分说仍是学界的主流观点，而将被害人危险接受划分为自己危险化的参与和基于合意的他者危险化是学界通说。

1. 区分标准的论争

关于自己危险化的参与和基于合意的他者危险化的划分标准在学界仍存在诸多争议。

---

① 周子实：《危险接受理论的历史考察与概念界分——以德国为镜评我国的研究现状》，载《东南法学》2016 年第 2 期。

② Manuel Cancio Meliá, *Victims and Self-Liability in Criminal Law: Beyond Contributive Negligence and Foreseeability (without Blaming the Victim)*, 28 Pace Law Review, p. 756(2008).

(1)犯罪事实支配说

该说目前是德国学界和实务界的通说;在德国 2008 年的“加速测试案”中,犯罪事实支配说在被害人危险接受的司法层面得以确立。犯罪事实支配说以支配犯罪事实的主体是被害人还是行为人,将被害人危险接受区分为自己危险化的参与和基于合意的他者危险化。根据该理论,造成危险的行为若由被害人自己实施,则为自己危险化的参与;如果造成危险的行为由被告人完成,则是基于合意的他者危险化。我国学者张明楷教授立基于行为共同说,主张从正犯论相关联的角度对二者作出区分:在自己危险化的参与的场合,由于被害人自己支配了侵害结果的发生,因此被告人是共犯,被害人是正犯;在基于合意的他者危险化的场合,由于被告人支配了侵害结果的发生,因此被告人是正犯,被害人是共犯。[①] 张明楷教授的观点实质上与犯罪事实支配理论多有契合,其理论内核其实是犯罪事实支配理论。

(2)危险来源说

罗克辛教授是危险来源说的创立者。他认为,被害人危险接受理论的考察视角应该从对犯罪事实的支配转移至危险的来源,因为“犯罪事实支配在自己危险化的参与和基于合意

① 参见张明楷:《刑法学》(上),法律出版社 2016 年版,第 228 页。

的他者危险化之间根本就不存在……以犯罪事实支配为导向会产生混乱,因此,直接从危险来源的角度去划分更为可靠"[①]。罗克辛教授的危险来源说获得了我国一些学者的支持,以周子实博士为代表,他认为,"根据危险来源说得出的结论会更加清晰,自己危险化的参与和基于合意的他者危险化之间的根本区别在于对风险的控制能力不同","避免能力应成为最重要的判断标准"[②]。车浩教授认为,风险的控制者和支配者决定了被害人危险接受的类型。[③]

(3)制造法不容许的危险说

默曼(Murmann)教授主张依据制造法不容许的危险的主体来判断是自己危险化的参与还是基于合意的他者危险化。如果危险是由被害人自己制造的,那么就是自己危险化的参与;如果危险由行为人制造,就属于基于合意的他者危险化。[④]制造法不容许的危险说与危险来源说都倾向于从危险本身来判定危险接受的类型,但与危险来源说直接考察危险的源

---

① 周子实:《危险接受理论的历史考察与概念界分——以德国为镜评我国的研究现状》,载《东南法学》2016年第2期。

② 周子实:《危险接受理论的历史考察与概念界分——以德国为镜评我国的研究现状》,载《东南法学》2016年第2期。

③ 参见车浩:《过失犯中的被害人同意与被害人自陷风险》,载《政治与法律》2014年第5期。

④ Murmann, Grundkurs Strafrecht, 2011, § 23 Rn. 93. 转引自江溯:《过失犯中被害人自陷风险的体系性位置——以德国刑法判例为线索的考察》,载《北大法律评论》2013年第1期。

头不同,制造法不容许的危险需要对危险进行规范性综合评价。以被害人搭乘酒后驾车的行为人的车辆为例,尽管危险来源说与制造法不容许的危险说都认为这是基于合意的他者危险化,但评价路径并不相同。危险来源说的认定依据是危险直接来源于酒后驾车的行为人;而制造法不容许的危险说的认定依据是行为人的酒后驾驶行为,制造了法不容许的危险。

(4)行为时间顺序说

除上述较为普及的观点外,还有少数学者另辟蹊径,提出了个人学术主张。许乃曼教授主张根据被害人行为与被告人行为时间前后的关系对自己危险化的参与和基于合意的他者危险化进行区分。被害人行为在后的,是自己危险化的参与;被告人行为在后的,就是基于合意的他者危险化。①

2. 本书立场:形式分类下危险来源说的提倡

在被害人危险接受的类型区分问题上,区分否认说的主张过于绝对。持区分否认说的学者主要是反对将被害人危险接受类型区分与阻却归责路径的选择相关联,换言之,根据对被害人危险接受作出的类型划分,不同类型的被害人危险接受适用不同的阻却归责路径,类型区分的标准选择将直接影

① 参见张明楷:《刑法学中危险接受的法理》,载《法学研究》2012 年第 5 期。

响阻却归责路径的实现，这样的理论观照明显错误。此外，划分标准的不确定性或难操作性更是直接影响被害人危险接受的适用。本书赞同这一观点，并在本书最后一章的阻却归责路径适用部分予以详述。但是否定将被害人危险接受类型划分与阻却归责路径相关联的做法，并不意味着类型划分这一行为本身是错误的；依据不同的分类标准，完全可以将被害人危险接受划分为不同的形式。就此而言，自己危险化的参与和基于合意的他者危险化的类型区分仅具有形式意义，其形式分类的意义也仅停留在类型划分阶段。从操作层面来看，根据被害人危险接受的具体行为样态不同，对被害人危险接受作出类型区分，这种区分是事实性观察的结论，不能直接决定危险接受的阻却归责问题。

在澄清了这一理论立场的前提下，“危险来源说”更为可取。但危险来源与风险控制或支配能力并不对应，换言之，危险来源于哪方主体，并不代表该主体享有风险的控制或支配权。被害人危险接受的成立以被害人享有危险控制或支配权为要件，不管危险来源于行为人还是被害人，对危险的实质支配权都掌握在被害人手中，这是被害人危险接受阻却归责的实质要件；因此，将危险来源与风险控制或支配相对应的思路并不可取。以危险来源说为依据对被害人危险接受的类型划分，根据对危险来源的事实性观察即可：危险来源于被害人的,即为自己危险化的参与;危险来源于行为人的,则为基于合意的他者危险化。

与危险来源说相比,其他的被害人危险接受类型划分理论都因存在难以消解的缺陷而不可取。犯罪事实支配说偏离了被害人危险接受的理论主旨,将行为人获得对危险的实质性支配权并导致危险实现的行为也认定为被害人危险接受,这曲解了被害人危险接受的理论定位。依据制造法不容许的危险说,行为人即使在受被害人欺骗的情况下制造了危险,导致侵害结果的发生,也应该认定为基于合意的他者危险化;但此种情形明显有别于行为人自己主动制造危险的情况,在主张对基于合意的他者危险化进行追责的学说中,这样的理论认定明显对行为人不利。以行为时间顺序作为区分标准,导致危险接受的类型划定取决于随机性的事态发展,但现实的案例往往异常复杂,行为时间顺序与侵害结果走向并不一定存在必然关联,不一定能为排除行为人不法认定提供依据。

综上,在坚持对被害人危险接受进行形式性分类但不将类型划分与阻却归责问题相关联的立场下,危险来源说是将被害人危险接受划分为自己危险化的参与和基于合意的他者危险化的理论准据。

三、被害人危险接受的价值

被害人危险接受的确立具有重要的理论与实践价值，能为我们了解其理论应用提供客观视角，同时也侧面证明了被害人危险接受阻却归责问题的研讨意义。

（一）对风险社会刑法扩张的限缩

公害犯罪的频发、新技术对法律规则的不断挑战以及恐怖主义犯罪等犯罪形态的不断演变都在勾勒着风险社会的样态。无须纠结“风险社会”①这一表述，它仅是对人类进入的一个新的发展阶段的概称。传统风险以及新风险的无规则性、多面向性的爆发，正是这个社会的一个缩影。社会发展阶段的变化会倒逼法律的调整：在19世纪的自由法治国向20世纪的社会福利国过渡过程中，刑法的基本思想也从事后的镇压控制转向了事前的预防控制模式。② 犯罪化前置特别是抽象危险犯的设置以及象征刑法理念的践行均是其征表。在展开

---

① “风险社会”一词由德国学者乌尔里希·贝克教授在其1986年出版的代表性著作《风险社会》（德文版）中首次提出。1992年该书的英文版面世，从此“风险社会”概念及其理念引发全球关注。

② 参见［德］埃里克·希尔根多夫：《德国刑法学：从传统到现代》，江溯等译，北京大学出版社2015年版，第246页。

理论分析前,首先需要作出说明的是,尽管近年来兴起的风险刑法理论以风险社会为依托,但两个概念并不具有实然对应性。社会是法律的实践场域,法律只有适应社会环境才能发挥作用。因此,作为对某一社会发展阶段的概称,风险社会这一事实本身就和刑法存在天然的关联;同时,刑法必然要对风险社会的到来作出回应,这是两个概念发生交集的原因。但是,以安全价值为标榜、以风险犯为中心、以预防为导向①的风险刑法理论是一些学者因风险社会的到来发展出的一套理论学说,而风险社会中的"风险"范畴要比该学说"风险"范畴宽广得多,②它是对整体社会面貌的评价;因此,风险刑法理论与风险社会不具有同一性。

风险社会引发的刑法扩张根源于两个因素:其一,新风险溢出了传统刑法的调整范围,引发刑法规制体系的扩张。一些新类型犯罪,如核污染、基因犯罪等都是随着风险社会的到来而产生和泛化,这些犯罪类型并不在传统刑法规制体系内,只能通过扩张刑法规制范围的方式实现对法益的保护。其二,新技术进入传统犯罪领域,导致刑事法网扩张。以诽谤罪为例,传统社会中的人际交往范围较为局限和固定,诽谤事实

---

① 参见焦旭鹏:《风险刑法的基本立场》,法律出版社 2014 年版,第 91 页。

② 参见陈兴良:《风险刑法理论的法教义学批判》,载《中外法学》2014 年第 1 期。

一般通过人与人之间面对面的口耳传播为媒介。互联网技术的应用与普及将人类的活动范围无限延伸，借助于互联网，诽谤的信息可以瞬时间传播至世界的各个角落，对被害人造成的伤害也无形中被放大。这种新技术的出现为传统犯罪提供了新的工具、空间，刑法对传统罪名的规制范围也在既有的犯罪体系中隐蔽性扩容。

刑法规制范围的无限扩张诱发刑法体系的肥大，并与刑法谦抑性原则渐行渐远。被害人危险接受理论的应用则可以较好地冲抵因刑法扩张导致的部分消极影响。具体而言，其一，被害人危险接受消解了部分行为人责任，限缩刑事法网的错误扩张。理想的刑事责任承担应当是以下图景：应该由行为人承担的责任归行为人承担，应该由被害人承担的责任就该由被害人自负。被害人刑事责任承担主体地位的缺失，导致刑法的责任承担不平等地滑向行为人，一旦发生危害结果，即便被害人负有主要责任，责任也被归咎于行为人一方。认真对待被害人也意味着急剧地限缩刑法的适用范围，[①]被害人危险接受中被害人的主体身份获得刑法归位，真正成为刑事责任体系中的一方主体，不会再将应由被害人自负的责任错

① Robert Elias, *The Law of Personhood: A Review of Markus Dirk Dubber's Victims in the War on Crime: The Use and Abuse of Victims' Rights*, 52 Buffalo Law Review, p. 242(2004).

误地推向行为人，行为人责任承担机会的降低部分冲抵了刑法扩张的消极影响。其二，被害人危险接受通过构建被害人问责机制，有效平衡刑事责任关系，保证刑事法网的理性扩张。归责路径明晰才能理清刑法体系，不至于在行为人责任的盲目扩充下迷失。风险社会中新风险不断涌现所引发的归责失衡已非行为人刑法所能调控，被害人危险接受可以提供有效支持。风险社会与被害人危险接受理论是互动的。在风险社会背景下，一些传统的教义学理论被重构，其中“加害—被害”关系的重新审视即为一例。[①] 对“加害—被害”关系的重新审视是进入风险社会的必然结果：风险社会的到来导致被害人危险接受的范围、频率全面扩张，那些由被害人主导、支配的危险实现不断爆发，单向的行为人问责机制已经无法解决这些问题；被害人危险接受通过引入被害人自我答责机制，阻却行为人责任承担，可以有效平衡这一责任关系。从理论应用前景来看，被害人危险接受理论的确立不仅可以消解当下的刑法适用扩张，还可以遏制未来的刑法扩张态势。

（二）对超法规正当化事由体系的完善

以被害人同意、正当业务行为、义务冲突等理论构建的超

---

① 参见劳东燕：《风险社会中的刑法：社会转型与刑法理论的变迁》，北京大学出版社2015年版，第60页。

法规正当化事由体系在司法实践中发挥着重要的出罪功能，将被害人危险接受纳入超法规正当化事由体系，对我国刑法出罪功能的完善有重要价值。现实的理论困境不断对传统的行为人刑法观提出挑战：除了风险社会引致的刑法扩张，以“过度的惩罚和过度犯罪化”[①]为标志的刑法过罪化（或称“刑法泛化”“犯罪过度化”）现象也给行为人刑法体系制造着麻烦。这种困扰在已经引进被害人刑法观的国家也存在，但是如果持完全否认被害人刑法观的理论态度则完全封堵了对这一困境的一种可行的解决路径。刑法过罪化问题体现在立法层面刑法的频繁修订、刑事法网的不断扩张；司法层面对刑法的过度适用、错误适用；观念层面的“刑法万能主义”[②]。与风险社会背景下的刑法扩张不同，刑法的过罪化问题是刑法诞生以来的恒久命题，它将伴随刑法的整个存在历史；因为作为其他法律的保障法，刑法天然地具有扩张的属性。只要有刑法存在，就必然要时刻警惕其过罪化的趋势。确立被害人危险接受的超法规正当化事由的理论位阶，发挥其出罪功能，正是消解刑法过罪化困境的一个可行路径；而被害人危

---

① ［美］道格拉斯·胡萨克：《过罪化及刑法的限制》，姜敏译，中国法制出版社2015年版，第2页。

② 何荣功：《自由秩序与自由刑法理论》，北京大学出版社2013年版，第6～12页。

险接受在我国超法规的正当化事由体系中的缺失，则直接否定了相当一部分以被害人为答责终点的行为人出罪机会的实现。

确立被害人危险接受的超法规正当化事由的理论定位，能在以下三个层面实现我国刑法超法规正当化行为体系的构建与功能发挥：首先，赋予被害人危险接受独立的超法规正当化事由理论地位，有助于厘清其与被害人同意等其他超法规正当化事由的关系，从不同层面消解以刑法过罪化为标志的理论困境。不同的超法规正当化事由分别从不同角度发挥刑法出罪功能，彼此理论界域的澄清，可有效避免理论间的功能重复，提升出罪效率。我国学界对被害人危险接受的理论定位曾长期受制于被害人同意理论，将其作为被害人同意的一类特殊情形；这样的理论定位不仅模糊了被害人同意的理论特性，也消弭了将被害人危险接受作为独立的超法规正当化事由的理论价值，导致其理论价值被长期忽视，未能充分发挥其特有的出罪功能。赋予被害人危险接受独立的超法规正当化事由定位，厘清不同的超法规正当化事由之间的功能，对刑法过罪化等理论困境的解决将多有助益。其次，被害人危险接受作为超法规正当化事由的确立，有利于我国超法规正当化事由体系的整体构建和功能发挥。我国的正当化事由体系以正当防卫与紧急避险为理论架构,①其他的超法规正当化事由均以散在状态存在,不同的学术著作对超法规正当化事由的范围认定并不一致甚至还存在较大差异:这样的理论现状严重阻滞了超法规正当化事由的功能运转。超法规正当化事由的理论重要性已经在学界获广泛共识。大陆法系以及英美法系国家虽然对正当化事由②以及超法规正当化事由的表述与我国存在差异,但是其本身的理论重要性是任何国家的刑法体系都无法缺失的。我国刑法理论有必要对超法规正当化事由的理论体系进行整理与统一,以便更加规范地发挥超法规正当化事由的理论价值,更高效地解决刑法过罪化等理论问题;而对被害人危险接受理论位阶的正名恰为超法规正当化事由理论体系的完善提供了机会。最后,将被害人危险接受作为超法规正当化事由,能保障其出罪功能的正常运转。在责任承担问题上,刑法一贯紧盯被告人,这样的理论基调导致由被告人担负的罪刑范围不成比例地扩张;那些应该由被害人自己答责,不应该由被告人承担的责任也被划入被告人

---

① 参见陈兴良:《正当化事由研究》,载《法商研究》2000 年第 3 期。

② 大陆法系的德国、日本刑法理论一般将正当防卫、紧急避险、被害人同意等统称为违法阻却事由,但也有学者称其为“正当化事由”;意大利学者杜里奥·帕多瓦尼则将这类事由表述为“正当化原因”;在英美法系刑法理论中,这类行为一般被称为“合法抗辩事由”。参见田宏杰:《刑法中的正当化行为》,中国检察出版社 2004 年版,第 5 页。

的责任体系。这样的理论设定导致包括刑法过罪化等问题陷入无休止的理论困境。以刑法过罪化问题为例，出罪机制的构建是平衡刑法过罪化问题的关键措施，超法规正当化事由是防止过罪化的一种有效的刑法内部控制机制。确立被害人危险接受超法规正当化行为的理论定位，可有效扭转刑法对犯罪人过度追责的理论趋势，保障超法规正当化事由理论体系出罪功能的正常运转。

（三）对刑罚正当化根据实现的助推

1. 刑罚正当化根据的论争：报应与预防

关于刑罚的正当化根据，大陆法系历经了从报应刑到预防刑直至并合主义的理论抉择。报应刑是指刑罚的根据或本质在于对犯罪行为的报应。报应刑理论溯源于原始社会“血亲复仇”思想，“着眼于犯罪的客观行为，不论实施犯罪者的个人情况”①是报应刑的基本特征。报应刑认为，犯罪人应该对其实施的犯罪行为付出相应的代价，这是对朴素的正义观的坚守，正如有学者指出，“作为罪犯就应当承受与其可谴责的罪行成比例的痛苦，这在道德上具有正当性”②。报应刑主义

---

① 甘雨沛：《比较刑法学大全》（下），北京大学出版社 1997 年版，第 924 页。

② Russell L. Christopher, *Deterring Retributivism: The Injustice of "Just" Punishment*, 96 Northwestern University Law Review, p. 843 (2002).

的批判者认为，报应刑存在诸多难以消解的弊端，如报应刑的理念是情绪化的，根据绝对的报应理念，即便行为人没有再犯罪可能性，也要追究其刑事责任，这种“为了报复而报复”的逻辑，不利于实现刑罚的目的。

在对报应刑进行系统批评的同时，以功利主义为导向的预防刑理论应运而生。预防刑论认为，刑罚的目的在于预防犯罪的再次发生，其可分为一般预防和特殊预防。一般预防，即通过对犯罪人适用刑罚，威慑、防止没有犯罪的社会成员实施犯罪行为。特殊预防，即预防犯罪的人再次犯罪。功利主义为目的刑论提供了根源性理论补给，功利主义者坚信，“刑罚所带来的痛苦可减少可能发生的犯罪所带来的痛苦时，它才是正当的”①。霍姆斯认为，刑罚的预防功能是无法回避和否认的，甚至“预防几乎成了首要且唯一的惩罚目的”②，报应主义者批判预防主义者将人仅仅作为实现刑罚目的的工具或手段，且会因为对于“再犯罪可能性”的判断不准确而宽纵犯罪人或对犯罪人施加多余的责难。

报应刑与预防刑都无法完整论证刑罚的正当化根据，因

① ［美］约书亚·德雷斯勒：《美国刑法精解》，王秀梅等译，北京大学出版社2009年版，第13页。

② ［美］霍姆斯：《法律的生命在于经验——霍姆斯法学文集》，明辉译，清华大学出版社2007年版，第122页。

为“报应与预防都是刑罚存在的基本根据，前者着眼于已然的犯罪，后者前瞻于未然的犯罪”①，于是舍弃了纯粹的报应和纯粹的功利主义理论的弱点，兼容了两种理论优势的并合主义理论由此产生。② 主导当代大陆法系和英美法系的刑罚哲学就是在整合向来对立的报应刑与功利刑基础上发展而成的综合刑论（并合主义立场）。③ 并合主义立场，较好地兼顾了个人权利与社会法益，有利于协调罪刑均衡原则和刑罚个别化原则之间的关系，使刑罚整体上在轻缓和严厉间保持适当的度。④

2. 被害人危险接受与刑罚正当化根据的实现

在传统的刑法结构中，被害人被排除在外，即便由被害人自己的行为导致危害结果，也由行为人承担责任，这对行为人而言是非正义的，也不利于刑罚报应和预防功能的实现。被害人危险接受理论的确立可矫正这一理论误区，对那些被害人自愿接受危险且危害结果实现的行为由被害人承担相应的责任，更有利于实现刑罚的目的。

其一，被害人危险接受的确立有利于报应刑正义理念的

① 陈兴良：《本体刑法学》，商务印书馆2001年版，第646～647页。

② 参见储槐植、江溯：《美国刑法》，北京大学出版社2012年版，第256页。

③ 参见梁根林：《刑事制裁：方式与选择》，法律出版社2006年版，第17页。

④ 参见张明楷：《责任刑与预防刑》，北京大学出版社2015年版，第77～86页。

实现。报应刑理念强调主体要对自己的行为担责,“犯多大的罪就要承担多大的刑事责任”。公正原则,事实上意味着报应原则,是社会正义的一般要求。[①] 从正义的刑罚观来看,任何主体都要为自己的行为承担责任,即便是被害人,也要为自己的行为承担相应的责任。如果犯罪结果由被害人支配并主导实现,那么被害人就要为此承担相应的责任,这才是正义的。若只惩罚犯罪人,意味着犯罪人承担了原本不应该由其承担的责任,这对犯罪人而言是不公平的。被害人危险接受理论的应用要求被害人对自己的行为承担相应的责任。应由犯罪人承担的责任归由犯罪人承担,应由被害人承担的责任由被害人自己担负,这才符合法律正义的要求。

其二,被害人危险接受的确立有利于预防刑功利价值的实现。预防刑注重刑罚的犯罪预防效果,但是将被害人完全隔离在刑罚适用之外,并无法构建全面的犯罪预防体系。在特殊预防中,预防的重心是犯罪人,试想如果被害人对犯罪结果的实现负有全部或主要责任,仍要求由犯罪人承担全部刑责,即被害人的责任部分也由犯罪人承担,则无法发挥特殊预防的效果。而在一般预防中,对危害结果的实现负有主导责任的被害人却不承担任何责任,这无法充分发挥教育公民、预

---

① 参见陈兴良:《刑法的人性基础》,中国人民大学出版社2006年版,第385页。

防犯罪的作用。被害人危险接受理论的适用，在刑法中设定被害人的责任承担，威慑一般公民要克制自己的行为，不仅不能去故意实施犯罪行为，也不能随意制造、不负责任地冒险实施危害行为，可以全面实现教育公民的目的。

其三，对刑罚正当化根据的实现而言，被害人危险接受理论确立最重要的意义是补足刑罚体系的主体性缺失，引入被害人责任承担，这利于有效架构报应刑与预防刑之间的理论桥梁。并合主义立场是对报应刑与预防刑的融合，并合主义的提出是现代刑罚正当化根据迈出的关键性一步。但是将两种完全不同的理论并合在一起，还远未完成理论的合成；被害人主体责任的缺失，正是阻滞两种理论实现高度融合的重要原因。因为单纯的行为人视角，始终无法担负全面融通报应刑与预防刑理论体系的重任，在应该由被害人担责的场合，却将责任全部推至行为人一方，这使并合主义立场本身无法实现逻辑自洽。被害人危险接受是对被害人责任承担的理论应用，将理论关切点从行为人扩展至被害人，在应该由被害人承担责任的情形，排除行为人责任，引入被害人责任机制，唯此才能真正实现责任承担的公平划归，贯通报应刑与预防刑的理论桥梁，全面实现刑罚目的。

第三节　被害人危险接受阻却归责问题的源起与现状

被害人危险接受阻却归责问题的出现并不是一蹴而就的，而是随着理论的发展而逐渐形成，在问题的出现与发展过程中被深深烙刻下了不同法系刑法理论的发展变迁轨迹。

一、被害人危险接受阻却归责问题的源起

与传统刑法学理论相比，被害人危险接受是一个相对“年轻”的理论，它的诞生与刑法学的理论反思以及刑法学、犯罪学等相关科学的学科互动有直接关联。被害人危险接受的确立历经了两个重要阶段，即被害人学的兴起以及被害人危险接受与其他被害人理论的剥离。作为被害人危险接受的重要内容，阻却归责问题的出现与被害人危险接受理论的发展进程存在直接关联。具体而言，被害人学的兴起为被害人危险接受阻却归责问题的出现提供了理论准备，而被害人危险接受与其他被害人理论的剥离则标志着被害人危险接受作为独立的阻却归责事由发挥作用。

(一)理论准备:被害人学的兴起

在刑法产生之前,也存在侵犯被害人法益的行为,只是彼时这些行为还未被纳入刑法视野,未被归类为“犯罪”。被害人私力救济是彼时维权的主要路径,被害人是自己法益保护的“执行者”。现代国家的出现、刑法的诞生,通过社会契约的形式,将被害人对犯罪的私力救济统一收归国家行使,刑罚权即发端于此。国家垄断刑罚权的现代刑法格局下,犯罪关系中“犯罪人—被害人”这两方对立主体的矛盾已被“国家—犯罪人”所覆盖,通过对犯罪人施加刑罚,补偿被害人的法益受损。借助复杂的关系转换,被害人已经被剥夺了作为法律关系参与方的资格,对被害人法益牺牲的补偿也因此渐趋模糊,被害人沦为刑事制裁的“旁观者”,在这一过程中现代刑法巧妙完成了“去被害人化”的任务。①

这一局面在20世纪40年代得到了改观,得益于现代犯罪学研究内容的科学化与研究方法的精进,犯罪学领域开始探讨、关注被害人在犯罪中的实质作用;经过汉斯·冯·亨廷、

① See Manuel Cancio Meliá, *Victim Behavior and Offender Liability: A European Perspective*, 7 Buffalo Criminal Law Review, p. 513(2004).

本杰明·门德尔松、沃瑟姆等犯罪学家[①]的不断努力，“被害人学”正式诞生，这场学术革命被称为“重新发现被害人”。被害人危险接受理论的提出、关注与探讨，有赖于被害人学的长期积淀，但被害人学对被害人危险接受的理论供养并未直接分化出被害人危险接受理论。直至 20 世纪 70 年代被害人学渗入刑法学，与刑法学结合并催生被害人教义学，才为被害人危险接受理论的诞生以及阻却归责功能的价值挖掘提供了直接的理论支持。这样的理论诞生进程的形成是由于对被害人在犯罪中的作用的关注并非被害人学的最初命题，对被害人在犯罪中作用的发掘是现代刑法的一个重要发现。起源于对德国欺诈罪中的被害人作用的反思，[②]被害人教义学的诞生所引发的一连串连锁反应已经远远溢出了犯罪学领域的研讨范围，其对传统刑法学研究的“国家—犯罪人”二元范式体系形成了直接冲击。该理念自其提出之日起，对刑法学研究结构产生的改革效应持续发酵，相应地也为刑法视域下被害人理论的出现创造了条件。被害人危险接受从被害人教义学中的

① 参见申柳华：《德国刑法被害人信条学研究》，中国人民公安大学出版社 2011 年版，第 33 ~ 35 页。

② 德国犯罪学家汉斯·冯·亨廷于 1941 年发表《论犯罪人与被害人的相互作用》一文，其指出“在犯罪行为进行的过程中，受害人不再是被动的客体，而是主动的主体”。该文犹如一个惊雷，唤醒了对被害人作用长期无视的学界，将长期隐藏于犯罪关系中的被害人推至众人前，被害人在犯罪中的作用开始受到学界重视。

分化并非一蹴而就,对被害人危险接受阻却归责问题的探讨也不是立刻展开。随着以被害人为视角的对犯罪构成要件的解构不断在刑法案例中获得应用,刑法学中的被害人理论体系不断庞大并渐趋细化,以被害人对危险因果流程的介入并导致法益受损为类型的案例逐渐类型化、理论化;被害人认识危险后自愿陷入危险,尽管其排斥法益侵害结果的出现,但在其支配下导致自己法益受损的行为应该排除行为人责任,由被害人自我答责的主张开始出现,这为被害人危险接受阻却归责问题的研讨提供了充足的理论准备。

(二)出现的契机:危险接受与其他被害人理论的剥离

被害人学融入刑法教义学成熟的一个标志,即被害人理论的类型化、模块化和精细化。整体的被害人理论根据不同的划分标准,被划分为不同的理论类型,分别适用不同的归责路径;在这一理论分化的过程中,诸如被害人同意、被害人过错等具体的被害人理论逐渐确立,并形成各自独立的理论适用体系。尽管被害人理论间的划分标准仍有待继续廓清,但是理论的区分化无疑是主流。在诸多被害人理论中,被害人危险接受与被害人同意的关系最为微妙。

中外刑法学界对被害人同意的研究热度明显高于被害人危险接受。由于被害人同意与被害人危险接受都涉及被害人与行为人互动关系对行为人责任的影响，一些学者甚至将被害人危险接受视为被害人同意的理论分支，将其置于被害人同意的理论框架下展开研究。依循被害人同意的对象是否必须包含结果，被害人危险接受与被害人同意的关系存在两种界定方式。其一，认为被害人同意的对象必须包含结果的，主张严格区分被害人同意与被害人危险接受。其二，认为被害人同意的对象不以结果为必需的，则主张被害人危险接受仅是被害人同意的一类具体情形，即被害人对危险行为的同意也能被推论为对结果的同意。

构成要件的差异决定了将被害人危险接受置于被害人同意理论体系下展开研究，不仅会剥夺被害人危险接受的独立理论架构，随着对被害人危险接受阻却归责问题研究的不断深化，还会破坏被害人同意自身的理论体系，因为两个理论的阻却归责效果并不相同。在一些特定情形下，如同意杀人中，被害人同意并不能阻却归责；而被害人危险接受致死的，仍然可以阻却归责，对此下文将予以详述。为了在被害人同意体系下实现对某些被害人危险接受案件的解决，需要不断对被害人同意理论体系进行调试、修正，如此削足适履之举，只能满足一时的理论之需，最终将导致纯粹的被害人同意理论体系支离破碎、面目全非。因此，将被害人危险接受与被害人同意相区隔，是展开被害人危险接受阻却归责问题研究的立场，由此划定了被害人危险接受与被害人同意虽有交叉但存有本质性差异的阻却归责研究路径。被害人危险接受具有区别于被害人同意的本质特征，完全套用被害人同意理论解决阻却归责问题不可行，这也坚定了学者们将被害人危险接受作为一个独立的出罪事由进行研究的信念。因此，将被害人危险接受从被害人同意理论中剥离出来，意味着完成了被害人危险接受与其他被害人理论的分化，同时也意味着为被害人危险接受阻却归责问题提供了独立的探讨语境和契机。

二、被害人危险接受阻却归责问题的现状

大陆法系对被害人危险接受阻却归责问题的探讨起源于德国，德国对这一问题的研究成果又得益于其发达的教义学传统，经过几十年的研究历程，被害人危险接受阻却归责问题已经成为德国刑法教义学的一个重要理论问题。英美法系刑法对被害人危险接受阻却归责问题同样赋予一定的理论关注，经过多年的司法实务积累与理论完善，被害人危险接受阻却归责问题在判例制度发达的英美法系获得了较好的理论应用效果。尽管两个法系对被害人危险接受阻却归责问题的研究路径有差异，但大陆法系精进的教义学传统与英美法系发达的裁判制度皆为我国对被害人危险接受阻却归责问题的研

究提供了良好借鉴。近年来,我国刑法学理论发展深受域外法系的影响,但是被害人危险接受阻却归责这一在域外刑法理论中已趋于成熟的应用,在我国理论界并未获充分重视,在司法实务中更未得以规范应用。在刑法教科书中将被害人危险接受作为一种独立的超法规正当化事由发挥阻却归责作用只是近几年才出现的事情;[①]还有很多刑法教科书在超法规正当化事由中并未提及被害人危险接受,[②]或将被害人危险接受稀释在被害人同意或正当业务行为等超法规正当化事由中进行阐述。[③] 有鉴于此,在对被害人危险接受阻却归责路径展开全面研讨前,有必要先对中外刑法中的被害人危险接受阻却归责现状做一梳理。

(一)大陆法系被害人危险接受阻却归责问题的现状

有关被害人危险接受阻却归责效力,大陆法系的刑法典中尚未对此予以明确确认。但现有的法律规定也并未否决被害人危险接受阻却归责的法律效力空间,而且,从当前一些国家的立法架构中能为其推导出法律的支持解释。以《德国刑

① 参见张明楷:《刑法学》(上),法律出版社2016年版,第228~231页。

② 参见高铭暄、马克昌主编:《刑法学》,北京大学出版社、高等教育出版社2016年版,第128页。

③ 参见黎宏:《刑法学总论》,法律出版社2016年版,第158~160页。

法典》为例,《德国刑法典》中并未对被害人危险接受阻却归责的法律效力作出确认,但统观其立法结构,第 213 条规定了故意杀人的减轻情节,“非行为人的责任,而是因为被害人对其个人或家属进行虐待或重大侮辱,致行为人当场义愤杀人,或具有其他减轻情节的,处 1 年以上 10 年以下自由刑”,该条款确认了被害人的过错或行为对行为人责任会产生影响,可以作为犯罪的减轻情节,由此确认了被害人行为对行为人责任的法律效力。第 216 条和第 228 条再次确认了该立场。第 216 条是关于“受嘱托杀人”的规定,“行为人受被害人明确且真诚之嘱托而将其杀死的,处 6 个月以上 5 年以下自由刑”。该立法规定首先确认了“受嘱托杀人”中被害人的“明确且真诚之嘱托”(同意)具有减轻行为人刑罚的效果;其次,结合《德国刑法典》第 228 条“被害人同意的伤害行为不处罚,但以行为不违背良好之风俗为限”的规定,申明了被害人同意的伤害行为原则上不可罚的原则。此外,由于法典中并未将行为人故意参与被害人故意自杀或自伤的行为犯罪化,因此,一般认为上述条款还反向确认了行为人故意参与被害人的故意自杀或自伤行为,原则上不为罪的法律意旨。正是这样的立法体系,为一些学者采用“举重以明轻”的类比路径证成被害人危险接受阻却归责提供了法律前提。例如有学者认为,既然行为人故意参与被害人的故意自杀或自伤行为不为罪,那么行为人故意参与被害人故意自己危险化的行为，也不能受处罚，而更轻的行为人过失参与被害人自己危险化的行为更不应受到刑罚处罚。暂且不论该类比路径的合理与否，至少现有的立法规定确实为被害人危险接受阻却归责提供了解释空间。大陆法系其他国家的刑法规定也为被害人危险接受阻却归责预留了解释出口。如《意大利刑法典》第50条规定，“经有权处分人的同意，侵害权利或使权利陷于危险的人不受处罚”，《日本刑法典》第202条规定“受嘱托或得承诺而杀人者，处六个月以上七年以下惩役或监禁”，这些规定尽管并未直接对被害人危险接受阻却归责问题作出规制，但都确认了被害人行为对归责的影响；具体而言，经被害人同意实施的行为，将会降低或免除行为人的刑事责任。

大陆法系刑法学界对被害人危险接受阻却归责问题进行了历久而系统的理论探讨，形成了多面向的阻却归责解决路径，德国和日本刑法学界的研究动向更是大陆法系对该问题的研究缩影。具体而言，大陆法系刑法学界对被害人危险接受阻却归责问题的研究呈现如下景观：

其一，被害人危险接受阻却归责问题被融入本国刑法理论的发展脉络，阻却归责方法的演进与刑法理论的发展紧密契合。在客观归责理论在大陆法系获得强势性发展之前，被害人危险接受阻却归责问题一般使用过失犯注意义务排除理论以及被害人同意理论予以解决;在客观归责理论获得广泛应用后,大陆法系一些国家和地区的学者开始积极从客观归责理论中为被害人危险接受阻却归责问题寻求解决路径,由此出现的被害人自我答责、信赖保护原则、溯责禁止等理论要么从客观归责理论中直接分化而来,要么取得了全新的理论发展际遇,成为被害人危险接受阻却归责问题的主要解决路径。

其二,被害人危险接受阻却归责问题解决路径的选取深受本国刑法理论发展偏好的影响,使被害人危险接受阻却归责问题被烙刻下本土化痕迹。大陆法系最早对被害人危险接受阻却归责问题进行研究的是德国。近年来随着客观归责理论在德国的全面兴起,[①]德国刑法学界多将被害人危险接受阻却归责问题置于客观归责理论下展开研究;这是德国客观归责理论扩张的一个缩影。在被害人危险接受被引入大陆法系其他国家的初期,这些国家多承继了德国刑法学界对被害人危险接受阻却归责问题的研究进路;但在理论应用过程中,阻却归责进路的选取明显受到了本国理论研究偏好的影响。以日本为例,与德国相比,日本刑法学界对客观归责理论的

---

① 参见[德]沃尔夫冈·弗里希:《客观之结果归责——结果归责理论的发展、基本路线与未决之问题》,蔡圣伟译,载《刑事法评论》2012年第1期。

依赖与重视要少得多，一些学者明确反对客观归责理论；因此，在被害人危险接受阻却归责问题解决进路的选取上，客观归责理论体系下的阻却归责路径在日本并未取得通说地位，而以相当因果关系理论为通说的日本，选择在既有的理论体系下解决被害人危险接受阻却归责问题。具体而言，将被害人危险接受置于被害人同意理论体系下，适用被害人同意理论解决被害人危险接受阻却归责问题，被害人同意理论占据了日本刑法学界解决被害人危险接受阻却归责问题的通说地位。

其三，借助对被害人危险接受阻却归责问题的探讨，为现有刑法理论的不完善之处提供修正之机。理论的应用也是检视理论缺陷的过程，更是对理论进行修补与完善的机会。在强调理论归位的大陆法系刑法中，这一理论检视尤其必要：它可以帮助理论找到正确的位阶，厘清其在刑法体系中的位置，探寻它与其他理论之间的适用关系，进而确保该理论的正确适用。在对被害人危险接受阻却归责问题解决路径的论证中，一些理论的弊端就被暴露出来。以被害人自我答责理论为例，在对被害人危险接受阻却归责问题的适用中，被害人自我答责理论暴露出其结论性意义多于其方法论指引的弊端，不宜将其作为具体的阻却归责方法。这样的理论判断不仅能为被害人危险接受阻却归责问题所用，还有利于对被害人自我答责形成更全面的认知,有利于清晰认知其理论定位,完善理论结构,继而更好地发挥其理论优势。

一个颇有意思的现象是,以发达的成文法传统为表征的大陆法系,在对被害人危险接受阻却归责立法缺位的情况下,确在司法实践中实现了良好应用,且司法实践对大陆法系被害人危险接受阻却归责问题的发展提供了直接的理论补给。德国被害人危险接受理论的最终确立正是有赖于其先进的司法实践的不断推动,通过“梅梅尔河案”“摩托车案”“天花案”“海洛因注射器案”“加速测试案”等司法判例,德国对危险接受阻却归责问题的研究不断深化、明晰,相应的危险接受阻却归责问题的解决路径也在司法裁决中逐渐得以确立。被害人危险接受阻却归责问题在每个发展阶段的理论走向与争点,几乎都能在司法实践案例中得以反映,正是得益于理论与司法实践的良性互动,德国的被害人危险接受阻却归责问题得以在较短时间内形成了较系统的理论派别和发达的解决路径。日本的被害人危险接受阻却归责问题的发展也同样得益于其司法实践的理论补给:通过“赛车同乘者案”“河豚案”等经典案例的裁决,这些案件的裁判说理不仅对既有的学术研究进行了及时反馈和应用,更在一定程度上深化了理论内涵,为日本被害人危险接受阻却归责问题的研究提供了坚实的实务支撑。其他大陆法系国家或地区的实务判例也对本国或本地区的被害人危险接受阻却归责问题的研究提供了良好的实务支持,如西班牙等。

(二)英美法系被害人危险接受阻却归责问题的现状

“不要谴责被害人”被认为是英美法系刑法的基石性格言。[①] 英美法系的法律中似乎明确指出了:“被害人过错不构成对(行为人)刑事责任的部分或全部抗辩。”[②]如英国《肯尼刑法原理》对此也作出了确认,该书中对“受害者过失”作出如下论述:“违法行为的受害人可能由于自己过失对危害结果起了作用,但这一点在刑事诉讼中并不能像民事诉讼中那样给被告提供辩护理由。”[③]但这一法律确信,却在司法实践中被不断冲击。通过 State v. Preslar[④] 等相关案件,美国司法实践逐渐打破了对被害人牢不可破的保护理念,在对行为人进行责任认定时,被害人的行为被充分重视。以 State v. Preslar 案为例,法院认为被害人的自愿行为打破了因果关系。尽管这样

---

① 参见江溯:《英美刑法上的被害人共同责任》,载《北方法学》2012 年第 6 期。

② Vera Bergelson, *Victims and Perpetrators: An Argument for Comparative Liability in Criminal Law*, 8 Buffalo Criminal Law Review, p. 385(2005).

③ [英]J. W. 赛西尔·特纳:《肯尼刑法原理》,王国庆等译,华夏出版社 1989 年版,第 28 页。

④ 在 State v. Preslar 案中,一名妇女被丈夫殴打后离开了他们的家。在她到达父亲家(在那里她会受到欢迎)之前,她决定在户外过夜,结果被冻死了。

的阻却归责路径明显有异于大陆法系，但是对被害人行为的重视以及被害人行为对行为人刑事责任影响的认可，两个法系却形成了一致的认识。

美国学者阿隆·哈雷尔和维拉·柏格森对英美法系刑法的被害人危险接受阻却归责问题以及整个刑法领域的被害人研究作出了突出贡献，两位学者以比较责任制度为基础，对被害人的犯罪作用进行了系统论证。只是阿隆·哈雷尔的比较责任以功利主义理论为基础，重视效率原则，“因为罪犯不太可能对谨慎的被害人犯下罪行”①，强调被害人对犯罪的预防效果，其理论逻辑与大陆法系一些学者的观点存在相似之处。维拉·柏格森认为，在所有适当的案件中，受害人的行为应被视为减轻责任的一个因素，他建立了一种基于“附条件的权利原则”的规范性方法。两位学者对被害人危险接受及相关被害人理论的研究对英美法系的理论及司法实务走向产生了重要影响，柏格森教授的理论更是在英美法系国家引发了激烈的学术讨论，以阿隆·哈雷尔、道格拉斯·胡萨克、海蒂 M. 赫德等为代表的学者对柏格森的理论展开了多维度批判，柏格森也对此作出了学术回应，在学术论争过程中，柏格森的刑法

---

① Alon Harel, *Efficiency and Fairness in Criminal Law*: *The Case for a Criminal Law Principle of Comparative Fault*, 82 California Law Review, p. 1197(1994).

比较责任原理的内容更加充实，理论逻辑也渐趋完善，并发展为英美法系刑法理论中解决被害人危险接受阻却归责问题具有重要影响的理论。

英美法系中的被害人过失参与行为经常在量刑阶段发挥作用，法官在对被告人判决时会充分考虑被害人的过失参与因素，这一做法得到了法律确认，例如《美国模范刑法典》第7.01条中赋予美国最高法院在“被告犯罪行为的受害者诱导或便利其实现时”，用缓刑代替监禁的自由裁量权。在美国列出法定减刑因素的32个死刑适用地区中，有24个州在某些情况下将受害者的行为作为相关的减刑考虑因素。[①] 与其他被害人理论一样，英美法系对被害人危险接受阻却归责问题的探讨重心在于为什么被害人的行为与行为人的刑事责任相关？被害人的行为能否以及在什么情形下能阻却行为人的刑事责任？与大陆法系司法判例中明确对被害人危险接受阻却归责的确认不同，英美法系对被害人危险接受阻却归责的探讨依托于被害人介入行为人行为的整体理论架构，[②]换言之，并未在司法判例中将被害人危险接受与其他类型的被害人自

---

① See Vera Bergelson, *Victims and Perpetrators: An Argument for Comparative Liability in Criminal Law*, 8 Buffalo Criminal Law Review, p. 437 (2005).

② 参见赵西巨：《英美刑法中的“同意”抗辩》，载《刑事法评论》2008年第1期。

陷风险案件予以类型化区分并适用特定的阻却归责路径，而是根据案件的具体情况决定适用具体的阻却归责方法，将被害人危险接受阻却归责问题纳入被害人同意理论体系下展开讨论是最常见的解决路径。[①]

（三）我国被害人危险接受阻却归责问题的现状

我国刑法并未对被害人危险接受阻却归责作出明确规定，甚至对其他超法规的正当化事由以及被害人行为对行为人刑事责任的影响，也并未在罪状表述中得以反馈，这似乎在立法上堵截了我国刑法对被害人危险接受阻却归责提供刑法解释的空间。然而事实并非如此，在我国相关司法解释及相关司法解释性质文件中实质上蕴含着对被害人行为影响行为人责任的立法取向。1999 年 10 月 27 日最高人民法院《全国法院维护农村稳定刑事审判工作座谈会纪要》规定："对于被害人一方有明显过错或对矛盾激化负有直接责任，或者被告人有法定从轻处罚情节的，一般不应判处死刑立即执行。"在死刑立即执行的适用上，确认了被害人过错或责任对行为人刑罚的影响。2000 年 11 月 15 日最

---

① 参见周子实：《受害人承诺与受害人自冒风险中的刑民关系研究——基于英美法系与德国的比较视角》，载《刑法论丛》2018 年第 1 期。

高人民法院发布的《关于审理交通肇事刑事案件具体应用法律若干问题的解释》第2条关于交通肇事罪的成立条件的规定,"(一)死亡一人或者重伤三人以上,负事故全部或者主要责任的;(二)死亡三人以上,负事故同等责任的;(三)造成公共财产或者他人财产直接损失,负事故全部或者主要责任……""交通肇事致一人以上重伤,负事故全部或者主要责任……"根据该规定可知,构成交通肇事罪以行为人对交通事故的发生负有同等责任、主要责任或全部责任为前提,这意味着,如果被害人在交通事故中负有主要或全部责任的,行为人的行为就不能认定为交通肇事罪,也就是说,对一些特定罪名,被害人的行为会影响行为人的犯罪成立。因此,尽管我国刑法并未直接确认被害人危险接受阻却归责的效力,但是通过司法解释以及相关司法解释性质文件的形式为被害人危险接受阻却归责提供了解释空间。

作为理论舶来品,我国刑法学界对被害人危险接受的关注较晚,且并非将其作为独立的阻却归责事由引进,而是随着一些学者对被害人自我答责、被害人同意等相关理论[①]的

① 代表性研究参见冯军:《刑法中的自我答责》,载《中国法学》2006年第3期;车浩:《自我决定权与刑法家长主义》,载《中国法学》2012年第1期;马卫军:《被害人自我答责研究》,清华大学2012年博士学位论文。

介绍被一同引入我国。这样的理论移植路径颇为吊诡，作为理论本体的被害人危险接受反而成为其阻却归责分析路径的附属品[①]被引入，颇有“本末倒置”的嫌疑。这样的理论移植路径使得被害人危险接受阻却归责问题在我国尚未获得足够重视，对被害人危险接受阻却归责问题的研究多寄居于被害人自我答责等阻却归责路径语境，将被害人危险接受作为独立的阻却归责事由进行研究在学界仍占少数，为数不多的对被害人危险接受阻却归责问题进行研究的学术成果也并未真正拓展理论研究的深度和广度，且对其理论认知多沦于片面，这样的现实导致我国学界整体对被害人危险接受阻却归责问题的研究进度过缓，严重阻滞了我国刑法学界的研究进度。

被害人危险接受阻却归责在我国司法实践中并未获得理论应用，尽管我国刑法学界对危险接受的研究稍显滞后，但理论的关切完全未在司法实务中形成共鸣，这一局面仍是不正常的。已查询和搜集到的有关被害人危险接受的案例，在裁

① 当然，被害人自我答责等相关理论并非仅作为被害人危险接受阻却归责的分析路径，其在刑法体系中拥有独立的理论定位，被害人危险接受阻却归责路径仅是其功能之一，此处凸显其与被害人危险接受阻却归责的关系，是为了论证我国刑法理论界对被害人危险接受阻却归责的引入存在倒置性、片面性等问题，并非将自我答责等理论位阶局限于被害人危险接受阻却归责的分析路径。

判说理中并未适用被害人危险接受阻却归责，而是将其作为过失犯罪认定。以“田某富过失致人死亡案”①、“肖某侠过失致人死亡案”②等为代表的被害人危险接受案件在我国均作为过失案件处理。在被害人危险接受阻却归责问题中经典的被害人主动吸食海洛因致死类案件的处理中，我国司法机关也并未适用被害人危险接受阻却行为人责任。以“郝某过失致人死亡案”为例，被告人郝某为某医院保卫科工作人员，其与被害人李某购得三小包海洛因后在某医院监控中心共同吸食。郝某将其中一小包海洛因倒入注射器稀释后注入被害人李某左臂内弯处血管中，不久被害人身体倾斜并倒地，郝某将其送往医院抢治，被害人李某因吸食注射毒品致急性呼吸、循环功能衰竭死亡，后郝某报警自首。法院裁判认定被告人郝某属于疏忽大意致人死亡，判决被告人郝某构成过失致人死亡罪，判处有期徒刑两年。量刑时考虑了自首的情节，但未提

---

① 被告人田某富为使其妻子康某(被害人)逃避结扎手术，欺骗计生站工作人员称其妻子要去三楼卫生间洗澡，骗取信任后，田某富用事先准备好的尼龙绳系在其妻胸前，企图用绳子将其妻从厕所窗户吊下去逃跑，但绳子中途断裂，致使被害人康某从三楼摔下后当场死亡。法院裁判认定田某富应当预见自己的行为会造成严重后果而没有预见，致其妻死亡，构成过失致人死亡罪，鉴于田某富认罪态度好，有悔罪表现，对其从轻处罚。参见湖南省麻阳苗族自治县人民法院(2005)麻刑初字第111号判决书。

② 被害人肖某琴被依法传讯到派出所讯问，去派出所前，肖某琴让其妹肖某侠(被告人)给她买一瓶农药并送至派出所，以喝农药吓唬民警。肖某侠买好农药后送给肖某琴，肖某琴拿到农药后谎称去卫生间，在卫生间喝下农药，肖某琴从卫生间出来后出现中毒症状，抢救无效后死亡。法院认定肖某侠的行为构成过失致人死亡罪。参见河南省夏邑县人民法院(2011)夏邑县刑初字第194号判决书。

及被害人危险接受。[①] 本案中的注射海洛因行为虽然由郝某完成,但这一行为是在李某的授意和支配下实现,应适用被害人危险接受排除郝某的责任。我国当前的处理模式将作为焦点的结果归属问题搁置,转换为犯罪过失要件的认定,司法实践并未对被害人危险接受阻却归责形成规范化适用,在司法层面确立被害人危险接受阻却归责是准确量定被害人与行为人责任承担的重要举措。

---

① 参见平凉市崆峒区人民法院(2014)崆刑初字第79号刑事附带民事判决书。

第二章 危险接受阻却归责问题的现有解决路径及缺陷

关于被害人危险接受阻却归责问题，学界发展出了多种解决路径，以这些解决路径的发展进程以及影响力作为双重指标，过失犯注意义务排除理论、被害人同意理论以及被害人自我答责理论这三个理论基本勾勒了被害人危险接受阻却归责路径的发展脉络，而被害人同意理论与被害人自我答责理论更是当下解决被害人危险接受阻却归责问题的两个最主要路径。在这三个理论路径之外，共犯从属性理论、溯责禁止理论、构成要件的保护范围外理论、保护信赖原理、刑法相对责任原理等理论在学界均占据一定的影响力，对被害人危险接受阻却归责问题的解决走向产生了实质性影响。

第一节　过失犯注意义务排除理论的应用及缺陷

讨论被害人危险接受阻却归责问题的解决路径就无法避开过失犯注意义务排除理论,因为从过失犯注意义务排除角度对被害人危险接受阻却归责问题进行理论分析,几乎是危险接受阻却归责问题进入刑法学视野后最早采取的分析路径。[①]

一、理论确立与裁判应用

从过失犯注意义务排除角度解决被害人危险接受阻却归责问题的规则形成于“梅梅尔河案”的裁决:若被害人明知且容忍了一定的危险,同时行为人(被告人)满足了一定的注意义务,此时就应该否定行为人违背了注意义务,继而否定行为人过失犯的成立。[②] 发生于1923年的德国“梅梅尔河案”在被害人危险接受阻却归责问题中有着里程碑式的意义,该案一般被学界认为是德国司法机关首次在案件裁判中确立被害人

---

① 但在1984年“海洛因注射器案”之前,德国司法实践都未将被害人危险接受视为独立的理论问题对待。

② BGH,22. 01. 1953 -4 StR 373/52.

危险接受阻却归责。该案案情及裁决如下:暴风骤雨之日,两位乘客(被害人)想要渡梅梅尔河,船夫告知两位乘客,在此天气下渡河非常危险,但这两位乘客坚持让船夫渡其过河,在两位乘客的强烈要求下,船夫载其渡河,在渡河过程中,船被风浪打翻,两位乘客溺亡,船夫获救。检察机关以过失致死罪对船夫提起公诉,德国法院认为,被害人明知有危险仍介入其中,船夫并未违反注意义务,否定了行为人不法。①

日本著名的"坂东三津五郎河豚中毒案"(又称为"河豚案")是日本司法实务界用过失犯注意义务排除理论裁决被害人危险接受阻却归责的典型代表。1975年某日,日本著名的歌舞伎演员坂东三津五郎和朋友一起去一家著名的河豚店用餐,该店的河豚处理师(被告人)依法取得了河豚处理资质,并有多年向顾客提供含有肝脏的河豚的经验。坂东三津五郎有食用河豚的喜好,用餐中有人提议尝试禁食的河豚肝脏,除了坂东外,其他人均不敢尝试,坂东连食了四块河豚肝脏,并于当夜中毒身亡。日本最高裁判所认为,本案被告人对河豚的剧毒性有明确认识,仅因为中毒事件很少是无法否认其对死亡结果的预见可能性的,因此,判决被告人成立业务上过失致死罪,被害人危险接受则作为量刑情节予以考虑。在本案的

① RG,03. 01. 1923 – Ⅳ 529/22.

裁决中,行为人对死亡结果具有预见可能性,因而无法排除其注意义务,成立过失犯罪。[①]

二、危险接受与注意义务的排除

运用注意义务排除理论解决被害人危险接受阻却归责问题需要考察注意义务的内容到底是什么,它与被害人危险接受阻却归责之间是怎样的互动关系。

(一)过失犯中的"注意义务"

行为人为或不为一定行为时,根据法律法规和社会生活的基本要求,保持小心谨慎以防社会危害结果发生的责任即为注意义务。[②] 注意义务是判定过失犯成立与否的核心要素,甚至过失被等同于违反注意义务。旧过失论(又称预见可能性说)中的注意义务以预见义务为中心,新过失论(又称基准行为说)以及新新过失论(又称危惧感说)中的注意义务则以避免义务为中心。以遵守"社会生活中必要的注意行为"为标准,[③]使

① 最决昭和55·4·18刑集34卷3号149页。

② 参见周光权:《注意义务研究》,中国政法大学出版社1998年版,第10页。

③ 参见陈家林:《外国刑法:基础理论与研究动向》,华中科技大学出版社2013年版,第94~98页。

注意义务成为一种客观的注意义务。过失犯的行为不法，就是指行为人违反保护法益的客观注意义务，即行为人以其违反注意义务的行为导致法益的破坏或法益的危险。[①]（结果）预见义务，是指应当使精神紧张以预见到结果的义务，（结果）避免义务，是指当预见到结果发生时，采取行动避免结果发生的义务。因此，注意义务是由行为人应当预见到该当于构成要件的事实的预见义务，以及行为人在这种预见义务的基础上应当回避该当于构成要件事实的结果回避义务组成。[②]

注意义务内容的确定是一个充满理论争议的问题，如何确定注意义务的内容几乎伴随了过失犯理论的发展历程。有学者认为，客观注意义务的具体内容，系经由社会生活上各个专业领域的行为规定与一般经验法则予以具体化与一般化。[③]也有学者认为，过失犯中注意义务的内容是从个案中具体情况总结而来，注意义务的设定以个案具体情况为背景，来决定一个平均人为避免法益侵害所应尽到的注意义务。[④]还有学者指出，一般注意要求产生的首要的注意义务，在于认识被保护

① 参见林山田：《刑法通论》（下），北京大学出版社2012年版，第176页。

② 参见［日］山口厚：《从新判例看刑法》，付立庆、刘隽译，中国人民大学出版社2009年版，第54页。

③ Lackner, Karl/ Kühl, Kristian, Strafgesetzbuch Kommentar, 26. Aufl., München 2007, § 15, Rn. 39.

④ Klaus Geppert, Rechttertigende „Einwilligung“ des verletzten Mitfahrers bei Fahrlässigkeitsstraftaten im Straβenverkehr?, ZStW 83(1971), S. 993.

的法益所处危险和正确的评价。在认识危险性时要求行为人的注意义务的标准,是“行为人所属的社会生活领域里认真的和谨慎的人”,当然,特殊的因果认识也应该被考虑。① 注意义务是判断行为人是否合理控制其支配力的标准,这个标准不具有绝对精准性,它是对最普遍、最一般的情况的总结、抽象,只是一个相对确定的参考阈值,仅符合一般化的期待,不同个体的认知情况、不同专业背景都会影响对注意义务的判断,立法者并未对注意义务的内容予以具体规定,需要法官在法律适用时对缺失的内容进行补充判断。② 一般而言,对注意义务的判定,需要考虑过失犯罪的整体语境体系,法律法规、习惯、常理上要求的义务都在注意义务的内容体系中,但是对习惯和常理的义务范围要作出合理限定,③先行行为也可以成为注意义务的来源,④为了防止对注意义务内容的不当建构,黄荣坚教授指出,任何注意义务都必须具有法律上的依据,都可以从刑法的精神中被演绎出来,否则有违法治国家的基本原则。⑤

---

① 参见[德]汉斯·海因里希·耶塞克、托马斯·魏根特:《德国刑法教科书》(下),徐久生译,中国法制出版社2017年版,第774~776页。

② 参见刘艳红:《过失犯的构成要件构造及其适用》,载《政治与法律》2003年第1期。

③ 参见周光权:《刑法总论》,中国人民大学出版社2007年版,第172页。

④ 参见刘期湘:《过失犯中的违反注意义务研究》,经济科学出版社2009年版,第109页。

⑤ 参见黄荣坚:《基础刑法学》(上),中国人民大学出版社2009年版,第251~252页。

(二)注意义务与危险接受阻却归责

主张在被害人危险接受阻却归责中适用注意义务排除理论的学者一般基于以下考虑:被害人的危险接受与被告人是否违反了注意义务之间的内在紧张构成了危险接受阻却归责时的主要考量因素。通常情况下,行为人违反了注意义务,可能因符合犯罪构成而被追责,但是如果该案件中融入了被害人对危险的接受呢?被害人选择将个人法益置于危险中,那么凭什么要求行为人继续履行注意义务?如果被害人自己都没有对个人法益悉心保护,对行为人要求严格的注意义务,未免过于苛刻。于是推导出了如下论断,即被害人危险接受影响了行为人的注意义务,申言之,被害人的参与可能导致行为人注意义务违反的去除。① 从注意义务排除理论出发对被害人危险接受的阻却归责证成一般认为,注意义务与被容许的危险的范域之间具有一定弹性伸缩空间,被害人被容许的危险程度越高,行为人的注意义务就越低;反之,被害人被容许的危险程度越低,行为人的注意义务就越高。被害人危险接受使其被容许的危险程度升高,相应地,行为人的注意义务就降低,到达一定程度后,被害人接受

① 参见[日]盐谷毅:《被害人的承诺与自己答责性》,法律文化社2004年版,第245页。

的危险与行为人的部分注意义务相抵,行为人无须再对被害人接受的危险担责。[①] 盖泊特(Geppert)是注意义务排除理论的代表性学者,他主张行为人的注意义务因被害人的介入而被排除。[②] 许乃曼认为,被害人轻率将自己陷于危险,即使危害结果由行为人过失行为导致,但行为人可能无须担责,此时注意义务的分配并不是平均的,对被害人的个人法益,被害人应承担更多的注意义务,这是对其刑法保护的否定。[③] 松宫孝明也对注意义务排除理论在被害人危险接受阻却归责问题上的应用表示认可,他认为对被害人危险接受中那些极为特殊的死亡事例,如汽车预赛练习引发的死亡事故,从否定因果关系或预见可能性的角度进行归责排除,不失为一个理想路径。[④]

三、对注意义务排除理论的否定

当前,用注意义务排除理论对被害人危险接受阻却归责

---

① 当然,在一些特殊情形中,如当法律对行为人的注意义务有特殊规定时,则应依法律的规定。

② Klaus Geppert, Rechtfertigende „Einwilligung" des verletzten Mitfahrers bei Fahrlässigkeitsstraftaten im Straβenverkehr?, ZStW 83(1971),S. 993.

③ See Schünemann, *The Role of the Victim within the Criminal Justice System*, 3 Buffalo Criminal Law, p. 40(1999).

④ 参见[日]松宫孝明:《刑法总论讲义》,钱叶六译,中国人民大学出版社 2013 年版,第 163 页。

问题展开研究已是学界少数，究其缘由，主要是因为注意义务排除理论存在以下难以调和的理论桎梏。

其一，注意义务的外延难以框定，无法对被害人危险接受阻却归责问题提供明确的理论依据。注意义务过于丰富而杂糅的内涵构造，导致其外延随着社会发展而不断伸缩，这给注意义务的最终认定者——法官——提出了极富技术性和专业性的要求。而过多的价值性填充，导致对注意义务的判断多受行为人主观因素的侵扰，使注意义务的判断流于主观化。尽管学界对注意义务的内容确定提出了多种理论解决方案，但这一问题随着风险社会危险形态的丰富而愈加紧张，行为人注意义务的边界的确定变得更加困难。将注意义务排除理论应用于被害人危险接受阻却归责问题，使得注意义务的这一理论缺陷被再次放大，这恰是被害人危险接受所不能容忍的，因为由被害人对法益侵害结果自我答责这一结论要求阻却归责依据必须足够明确，否则会有不当侵蚀被害人利益的嫌疑，过失犯注意义务排除理论显然难以担此重任，因为它无法回答什么类型的被害人危险接受对应什么范围的注意义务以及二者之间的关系该如何计量。这些理论障碍都是注意义务排除理论难以解决的。

其二，行为人的注意义务与被害人的危险接受处于不同的理论位阶，不能互相折抵，换言之，被害人危险接受不能降低行为人的注意义务。注意义务是刑法对行为人的事前要求,不会因被害人对危险的接受而排除。① 行为人的注意义务一经确定,便抽离为一种客观存在,并不会受到被害人主观因素的干扰。注意义务的设定是对行为人的单方指示,不管被害人的主观意识介入与否,都不会影响行为人对注意义务的遵守。因此,主张被害人危险接受导致行为人注意义务降低的逻辑是不能成立的,这个理论缺陷也是注意义务排除理论最终被被害人危险接受阻却归责问题所放弃的根本缘由。

第二节　被害人同意理论的主张及缺陷

囿于注意义务排除理论在被害人危险接受阻却归责问题说理中的先天不足,德国在“梅梅尔河案”之后的有涉被害人危险接受的判决中,已经较少见到从行为人注意义务的排除角度出发的裁判说理。同时,由于被害人危险接受涉及被害人对风险预判后的自甘冒险,与被害人同意理论中的被害人对风险自负的情状看起来颇为类似,因此,有学者主张将被害人危险接受视为被害人同意的一类情形,称为“过失犯中的被

① 参见江溯:《过失犯中被害人自陷风险的体系性位置——以德国刑法判例为线索的考察》,载《北大法律评论》2013 年第 1 期。

害人同意”。被害人同意,一般是指“法益主体对他人侵害自己能支配的利益表示允诺或同意”①。

一、理论确立与裁判应用

通过将“被害人对危险的同意”这一说理表述应用于被害人危险接受的案例,以被害人同意作为被害人危险接受阻却归责问题的分析路径开始在德国形成。“梅梅尔河案”之后的“摩托车案”被认为是最早将被害人同意理论应用于危险接受阻却归责问题的案例,该案发生于1925年,该案被告人并未取得摩托车驾驶执照,被害人对此知情,但被告人并未向被害人告知其刹车系统失灵的事实。某日,被害人乘坐被告人摩托车出行,在高速行驶过程中,摩托车发生事故导致被害人死亡。德国帝国法院在裁决中指出,本案中被告人的注意义务无法因被害人的同意而排除,尽管存在被害人同意,但被害人对死亡的同意无效,因此不能排除被告人行为的违法性,被告人构成过失致人死亡罪。② 此后,1962年发生的“天花案”对德国被害人危险接受阻却归责问题解决路径的

① 黎宏:《日本刑法精义》,法律出版社2008年版,第141页。

② BGHSt 7,112ff.

走向产生了重大影响。“天花案”案情如下：被告人是一位刚结束国外访学回国的医生，回国前他染上天花，虽然被告人回国后已感身体不适，但他并未去医院检查即投身于大学医院里的工作。工作期间，被告人将天花传染给了很多同事、病人，为了照顾被传染的天花病人，一位牧师冒着被传染的危险自愿进入隔离区，后该牧师被感染天花病毒而死。德国联邦最高法院认为，有效的被害人同意所针对的只能是他人未来的行为。本案中，被害人决意探访隔离区时，被告人的过失举止已经完成，被害人无法针对这个已经完成的行为作出同意。因此，判决被告人对该牧师承担过失身体伤害罪。[①] 尽管在“摩托车案”与“天花案”的裁决理由中也偶有涉及对注意义务的论述，但论证的重心已然转移至被害人同意理论。这些裁决否定了注意义务排除理论在被害人危险接受阻却归责问题中的绝对适用性，宣示了注意义务排除理论在被害人危险接受阻却归责问题适用中的落幕，同时，也开启了将被害人同意理论应用于被害人危险接受阻却归责问题的理论历程。

日本千叶地方法院 1995 年的“赛车同乘者案”被认为是将被害人同意理论应用于被害人危险接受阻却归责问题的经

① BGHSt 17,359ff.

典实践。本案被告人是一位初学赛车者,在一次泥地赛车的练习过程中,拥有七年赛车经验的被害人坐在车上指导被告人采取之前其从未尝试过的驾驶方式开车,在赛车行进过程中,由于被害人驾驶不当,失去了对方向盘的控制,赛车在急转弯处撞向了防护栏的柱子,致使被害人当场死亡。值得注意的是,在此之前并未发生过类似的泥地竞技赛车致死案件。法院最终裁定被告人无罪,具体理由是:泥地赛车是一项对身体法益存在重大危险的运动,拥有丰富赛车经验的被害人深知这一点,同时,被害人对被告人的操作经验不足也有明确认知,在此前提下,被害人仍选择乘坐被告人的赛车,这是容忍可能侵害生命危险的同意乘坐,表明其接受了可能产生的危险,此时不能再追究被告人的刑事责任。被害人对可能发生的赛车翻车或撞车等事故有预测,意味着被害人死亡这一结果是对其已接受危险的现实化,并不缺乏社会相当性。

二、被害人同意阻却违法的根据

德国、日本刑法学界通说认为,被害人同意是阻却行为人责任的重要事由。但被害人同意的刑法位阶实质上仍存在较大争议,很多学者在构成要件符合性层面适用被害人同意,[①]即便是在违法性层面适用,阻却违法也并不是唯一的效果。具体而言,学界通说认为被害人同意的适用分为四种情形:(1)作为排除构成要件符合性的同意,如强奸罪、非法侵入住宅罪;(2)没有构成要件意义上的同意,如与明知未满14周岁的幼女发生性关系;(3)减轻违法性的同意,如《德国刑法典》第216条规定受嘱托杀人罪的法定刑低于故意杀人罪的法定刑,该规定就是对被害人同意减轻违法性的应用;(4)阻却违法性的同意,如同意伤人的行为。在这样混乱的位阶争论中,阻却违法性的定位脱颖而出,有着复杂的理论考量,大谷实教授的解释无疑提供了一个理解路径。大谷实认为,被害人同意多与构成要件符合性存在关联,仅同意伤人和同意杀人与违法性相关,但即便如此,同意伤人或杀人才是被害人同意的中心话题,[②]因此,被害人同意多在违法性层面,特别是违法阻却事由层面发挥作用。本书采纳通说的观点,即在违法阻却事由层面探讨被害人同意。

关于被害人同意排除违法性的理论证成则存在多种逻

---

① 参见林东茂:《医疗上病患同意或承诺的刑法问题》,载《中外法学》2008年第5期。

② 参见[日]大谷实:《刑法总论》,黎宏译,中国人民大学出版社2008年版,第234页。

辑架构,一般认为被害人同意阻却违法的根据有公序良俗说、目的说、社会相当性说、法益衡量说、自我决定权与侵害法益的利益衡量说。以行为无价值与结果无价值为分野,上述根据可分为两个类别,其中,公序良俗说、目的说与社会相当性说均以行为无价值为理论基础,[①]因为这三个理论均侧重于从行为视角判断违法性问题,行为价值成为决定违法与否的根据。(1)公序良俗说。该说主张被害人同意因符合公序良俗而阻却违法。公序良俗说以《德国刑法典》第228条关于"被害人同意的伤害"作为理论证明,"对被害人同意的伤害行为不处罚,但以该行为不违反善良风俗为限"。(2)目的说。目的说提倡被害人同意是为了达到国家承认的共同生活目的而采取的适当手段,因而阻却违法。(3)社会相当性说。该说认为被害人同意具有社会相当性,进而阻却违法。

另外,法益侵害与否以及法益是否有保护的必要性在学说中占据重要位阶,法益衡量说以及自我决定权与侵害法益的利益衡量说则均以结果无价值为理论根据。(1)法益衡量说。该说以被害人同意中不存在法益侵害为维度,否认违

① 参见陈家林:《外国刑法通论》,中国人民公安大学出版社2009年版,第343~344页。

法性。具体而言，刑法以法益保护为目的，被害人（法益主体）同意对自己法益的侵害，证明被害人本人放弃了对自己法益的保护，由此该法益缺少要保护性（或可视为实质上不存在法益侵害），就不应该再追究行为人的责任，继而排除了违法性。[①] （2）自我决定权与侵害法益的利益衡量说。该说以自我决定权优越于被侵害法益为面向，[②]否认违法性。被害人的自我决定权应受到尊重和保护，被害人对自己法益的处理决定应当获得法律的支持，在一定条件下，“自由弥补了对被保护的行为客体的侵害”[③]，因此，行为人的行为不宜认定为不法。

隶属于行为无价值阵营的公序良俗说、目的说与社会相当性说在违法阻却本质上具有共通性，因此，三个理论也存在着共同的缺陷——循环论证。这种缺陷以两种形式呈现：其一，理论内部循环论证。以社会相当性说为例，该说阻却违法的根据是行为具有社会相当性。这样以问题解释问题的论证显然无法令人满意。公序良俗说、目的说也存在这样的逻辑。其二，彼此互相证明。这样的说理方式在一些

① 参见［日］西田典之：《日本刑法总论》，刘明祥、王昭武译，中国人民大学出版社2007年版，第138页。

② 参见［日］曾根威彦：《刑法学基础》，黎宏译，法律出版社2005年版，第60页。

③ ［德］汉斯·海因里希·耶塞克、托马斯·魏根特：《德国刑法教科书》（上），徐久生译，中国法制出版社2017年版，第511页。

裁判文书中出现，例如当被害人为了实现非法目的（如保险诈骗）作出同意时，因为其目的违反公序良俗，不具有社会相当性，从而排除违法阻却。这样的说理方式似乎论证严谨、环环相扣，但是却回避了问题的实质，仍未释明阻却违法的根据到底是什么。为了填补循环论证的缺陷，无论是“公序良俗”、“国家承认的共同生活目的”还是“社会相当性”都需要不断进行价值填充。为何符合了上述标准就可以阻却行为人违法，似乎还要再行论证，否则无法承担提供理论根据的重任。

与行为无价值论学说相比，结果无价值阵营的两种理论似乎更为妥当。除规避循环论证的逻辑误区外，“法益衡量说”与“自我决定权与侵害法益的利益衡量说”将被害人同意阻却违法的根据回溯至被害人同意理论本身，即重视被害人对自身法益的处分态度与立场，被害人对其自身能够处分的法益作出了处分的行为，应该受到尊重。与此相比，不论是“公序良俗说”“目的说”，还是“社会相当性说”，都侧重于从被害人之外的其他视角寻找被害人同意阻却违法的根据，偏离了被害人同意的理论基础。近年来，基于对被害人自我决定权的尊重，将被害人同意作为出罪事由已愈加获得学界认同，但是这种立场导致自我决定的利益被视为有别于法益的另外的利益,[①]被害人同意他人侵害自己利益的时候,主张将自己决定的自由和被侵害利益加以比较衡量的学说,将被侵害法益和处分该法益的"个人自由"作为两个独立的法益,难免会让人觉得刑法的任务是保护和"个人自由"无关(有时候,还与个人自由对立)的法益,这一点让人生疑。[②] 关于法益处分的"个人自由",并不是与法益不同的东西,而是法益本身的构成要素,法益侵害和因法益处分而实现的"个人自由",不能摆在一起加以衡量。[③] 和这些理论相比,法益衡量说较为明确地为被害人同意的违法阻却提供了理论依据,毕竟保护法益就是为了法益主体,就是为了法益主体能自我实现自己的利益,如果保护某种法益反而会与法益主体想要实现的自我价值或自我选择相违背,那么没有必要对其进行法律保护。被害人自愿放弃对自己法益的保护的立场应该被尊重,在法益主体作出了有效同意后,其所放弃的法益就失去了要保护性,刑法确无必要为了保护法益而去违背法益主体的自由意志,因此,相比之下,法益衡量说的理论更可取。

---

① 参见[日]佐伯仁志:《刑法总论的思之道·乐之道》,于佳佳译,中国政法大学出版社2017年版,第172页。

② 参见黎宏:《日本刑法精义》,法律出版社2008年版,第145页。

③ 参见[日]山口厚:《刑法总论》(第3版),付立庆译,中国人民大学出版社2018年版,第164页。

三、危险接受阻却归责问题中同意理论的适用

适用被害人同意理论解决被害人危险接受阻却归责问题,在学界又分为多种具体的论证角度,根据具体内容的差异,不同的论证角度间又存在不同的理论侧重点。

(一)同意说

我国学者黎宏教授主张用被害人同意理论解决被害人危险接受阻却归责问题。黎宏教授认为,被害人危险接受,就是被害人同意将行为人的行为所具有的危险施加于自己身上,是被害人同意的类型之一,根据被害人同意理论,不得对该危险所导致的结果追究行为人责任。由于危险行为中蕴含着转化为危害结果的可能性,被害人积极介入其中,无法否定其对危害结果的接受,其自愿介入危险的行为即意味着其对可能发生的危害结果表示了同意。① 根据黎宏教授的观点,那些只接受危险行为却排斥危险结果的主张是无法自圆其说的。此外,被害人危险接受中,事态发展的因果流程均由行为人掌握,被害人并未掌握主导危害结果发生的因果流程,其仅是一

① 参见黎宏:《过失犯若干问题探讨》,载《法学论坛》2010 年第 3 期。

个参与者。[①] 这也是被害人危险接受阻却归责问题不能适用被害人自我答责理论的缘由,因为被害人自我答责以被害人主导、支配危害结果发生的因果流程为前提。

(二)准同意说

以被害人同意理论为基础,还演绎出了“准同意说”等相关学说,如日本刑法学者林幹人教授认为“被害人同意与被害人危险接受的不同仅是次要问题,两种理论应具有相同的法律效果,即排除行为人不法”。林幹人教授进一步论证,不能以非本质差异就否决了被害人同意理论应用于被害人危险接受阻却归责问题的可能性,以其他理论解决被害人危险接受阻却归责问题总是不能达到理想的效果,如自我答责概念存在不明确性等问题,与被害人同意理论相比,被害人危险接受中被害人只是没有特别明确认识到结果的发生,这种区别是非本质的。当然,以下因素为适用被害人同意理论的前提:被害人具有低的(不能过低)可能性认识或抽象的认识,是有对结果发生可能性的认识的。在此情形下,被害人自由地同意该危险的话,则是危险接受。

① 参见黎宏:《过失犯研究》,载刘明祥主编:《过失犯研究:以交通过失和医疗过失为中心》,北京大学出版社2010年版,第27页。

前田雅英教授认为，由于过失犯中多发生当事人预想外的结果，因此，过失犯中被害人同意的适用仅要求被害人抽象的同意即可。而被害人认识到危险并积极置身于其中的行为，就可以推断其对危险的抽象同意。前田雅英教授的观点实质上也是对被害人危险接受没有同意结果的反驳，也是站在同意的延长线上对被害人危险接受作出的解读，因此，前田雅英教授的观点也可被理解为“准同意说”。

西田典之教授也是“准同意说”的代表性学者，在对“赛车同乘者案”的分析中，他指出“（本案中）被害人对可能发生的死亡结果已作出了接受，表明存在相当于同意的状态（准同意论）”①。

（三）行为说

乌尔里希·韦伯认为，不能将法益主体不注意的态度解释为对侵害结果的同意，但是对危险行为的同意在一定情形下可以认为结果被正当化，鉴于对危险行为的重视，韦伯的学说又被称为行为说。在此基础上，乌尔里希·韦伯将危险接受分为如下四种情形展开归责讨论：其一，追求正当化目的的

① ［日］西田典之：《日本刑法总论》，刘明祥、王昭武译，中国人民大学出版社2007年版，第141页。

危险接受排除行为人责任,诸如医疗行为。其二,目的中立的危险接受一般具有刑罚免除的效果。因为以制定法上不被禁止的危险创出的行为行事,追求不被积极性评价的目的,不是违反公序良俗的明显根据。其三,触犯特别法禁止的规范行为,但是乌尔里希·韦伯同时认为仅以过失结果犯以外的特别法为依据,决定过失结果犯的处罚问题显然过于绝对,公序良俗仍应扮演重要角色,如果行为人的行为并未违反公序良俗,该类型仍有适用被害人同意的机会。其四,当行为人的行为既违反了特别法禁止的规范行为,同时也有违公序良俗时,当然无法排除行为人的责任,此时的被害人同意没有效力。① 综上,在乌尔里希·韦伯的理论中,公序良俗作为价值基准占据重要理论位阶或者说作为理论的最后一道防线,换言之,公序良俗是限定被害人同意无效的依据,而公序良俗所具有的与公共法益的天然契合正是其强大的理论价值的依据所在。尽管乌尔里希·韦伯对被害人同意理论赋予更丰富的理论内核,但是该理论仍然未能解释为何同意理论能适用于被害人危险接受阻却归责问题。

① 参见[日]盐谷毅:《被害人的承诺与自己答责性》,法律文化社 2004 年版,第 264 ~265 页。

四、对被害人同意理论的放弃

德国司法实践中运用被害人同意理论解决了一些被害人危险接受案件,但“天花案”的裁决虽然运用被害人同意理论否定了对行为人的责任排除,同时也昭示了被害人同意理论对部分被害人危险接受案件无法提供充分的阻却归责支持的缺陷。具体而言,法院以被害人同意时间无效为由,否认了该案中被害人同意的成立。虽然本案的危险由行为人创设,但是被害人完全可以拒绝介入危险情境,[①]被害人已然认识到天花的强感染性,仍不顾危险,决意进入隔离区的行为,已经超出了被告人的支配范围,在此情况下不宜再对被告人追责。[②]“天花案”的发生迫使学界开始质疑被害人同意理论在被害人危险接受阻却归责问题中的普适性,毕竟现实中确实存在行为人危险行为结束后,仍可能产生被害人危险接受的情境,若此时被害人享有充分的是否介入危险的自决权,则完全排除被害人危险接受阻却归责的适用并不妥当,但严格适用被害

---

① 这与行为人创造出针对被害人利益的紧迫危险(如被告人点燃被害人房子)有别,第四章将对此展开详细论述。

② 参见[德]克劳斯·罗克辛:《德国最高法院判例:刑法总论》,何庆仁、蔡桂生译,中国人民大学出版社2012年版,第78页。

人同意理论,将导致对该类情形下归责排除的无能。问题的实质,显然不应该全然寄托于对同意的时间问题的解释,被害人同意理论是否能真的适用于被害人危险接受阻却归责问题才是关键。对“天花案”裁判结果的反思,深刻影响了被害人危险接受阻却归责问题的发展走向,也直接导致了被害人同意理论作为被害人危险接受阻却归责依据的萎缩。被害人危险接受是否可以直接适用被害人同意理论排除归责,需要看被害人危险接受是否符合被害人同意的有效要件。

(一)对象差异:行为抑或结果

关于被害人同意与被害人危险接受的对象分别是什么,学界存在诸多分歧。提倡适用被害人同意理论解决被害人危险接受阻却归责问题的学者自然认为被害人同意的对象能涵括被害人危险接受的对象。被害人同意的对象一般存在行为说与结果说之争。行为说认为被害人同意的对象只需要是行为即可,不需要行为人对结果作出同意。持结果说的学者认为被害人同意的对象必须包括结果。持行为说的学者认为,被害人同意的对象是行为,被害人同意行为人实施危险行为,就是放弃刑法对自身法益的(部分)保护。[1] 然而,这一解释路

① 参见蔡颖:《被害人同意与被害人自陷风险的统合——以刑法中被害人同意的对象为视角》,载《法学评论》2021 年第 5 期。

径偏离了被害人同意的理论基础，混淆了被害人同意与被害人危险接受的理论构造。被害人同意与被害人危险接受均是被害人对自我决定权的实践，尽管被害人均对自己的法益作出了处分，但处分的程度与范围并不一样，被害人同意中被害人对法益侵害结果的发生至少持放任态度，而被害人危险接受中被害人对法益侵害结果的发生是排斥的，两个理论的内部构造并不一致，正是因为这两个理论存在理论构造差异，才决定了这两个理论的独立性，才决定了这两个理论应分别适用不同的阻却归责路径。

结果说是当前学界通说观点。然而持被害人同意结果说的部分学者中，如前田雅英认为，被害人同意的对象必须包括结果，但在被害人危险接受中，被害人实际上也对结果作出了同意。因为在过失犯的场合，很少存在被害人对所发生的结果存在明确同意的情形，当被害人积极地将自己置于高度危险的情境中，就可以说被害人对该危险当然预测到的结果存在同意。① 认为被害人介入危险、接受危险就意味着接受了可能发生的一切危险结果的论断，显然是对被害人主观心态的漠视，从而将被害人危险接受中"碰运气""试试看"的心

① 参见陈家林：《外国刑法理论的思潮与流变》，中国人民公安大学出版社 2017 年版，第 343 页。

态与被害人同意中被害人放任或积极追求危害结果实现的心态相等同。在这两种心态之下，一种情形是被害人放任或希望行为人实现危害结果，而另一种情形则是被害人排斥危害结果的出现，这样的差异显然不能适用同样的阻却归责标准。因此，被害人对危害结果的发生所持的态度成为区别被害人危险接受与被害人同意的关键，而这样的差异正是被害人危险接受与被害人同意的对象不同导致的，正如车浩教授所言，“当被害人自陷危险，对可能出现的危险结果持放任态度时，这本身就已经是被害人同意问题了，不再属于危险接受领域”①。

通说观点认为，被害人同意与被害人危险接受存在本质性差异，被害人同意的对象不仅包含行为亦包含结果，而被害人危险接受的对象只是行为。在被害人同意与被害人危险接受中，被害人以及被告人对侵害结果所持的态度截然不同。在被害人危险接受中，被害人虽然自甘冒险，但其对侵害结果的发生持排斥心态，被告人对侵害结果的发生持过失态度；而在被害人同意情境中，被害人对侵害结果的发生持希望或放任态度，被告人对侵害结果的发生往往也持故意心态。被害

① 车浩：《过失犯中的被害人同意与被害人自陷风险》，载《政治与法律》2014 年第 5 期。

人危险接受中被害人对法益侵害结果的出现持排斥态度，被害人所实施的危险仅是一种具有行为属性的危险，是被害人根据其对危险的接受，支配其身体活动，由此溢出的法益侵害结果并不在此危险的范围内，换言之，被害人仅对危险的行为作出了接受，并不希望法益侵害结果会发生，这也是被害人危险接受区别于被害人同意的关键。从对行为人的授权范围观察，在被害人同意中，行为人与被害人对最终危害结果的出现都有较清晰的认知，且朝着追求危害结果出现的方向努力（或至少不排斥危害结果的出现），行为人被授权的范围既包括危险行为也包括危害结果，但是在被害人危险接受中，被害人对行为人的授权范围止于危害结果发生前，即被害人仅对危险行为作出了授权，并未对危害结果作出授权。尽管被害人对危险行为作出了同意或授权，但无法推测被害人对蕴含多种可能性的哪一种结果作出了同意，更不能直接认定既然被害人对危险行为作出同意，那么就可认定其对可能出现的一切结果都作出了同意。在被害人危险接受的理论构造下，法益侵害结果由被害人支配的危险行为实现，行为人的作用并未对法益产生支配，并未实质进入被害人法益范围，并不符合结果的危险。因此，通说的观点具有合理性，这也是决定被害人同意与被害人危险接受是两个独立的理论的重要依据，认为被害人同意的对象只需是行为的观点抹杀了被害人同意的理论本质。

(二)对生命法益的处分问题

在责任分配上,德国刑法对被害人同意的责任问题进行了严格限制,排除对被害人同意的帮助行为的可归责性,但对生命法益同意的可归责性是例外。[①] 这一理论立场得到了大陆法系很多学者的支持,《美国模范刑法典》注释中也有"被害人同意被杀害从来都不是行凶者的完全正当理由"的规定。[②] 生命法益具有不可转让性,法益主体不能授权其他人剥夺自己的生命。与自杀行为不同,同意杀人中剥夺生命的行为由行为人完成,法益主体通过同意的方式放弃自己的生命法益,被害人放弃生命的行为介入了行为人的行为。[③] 同意杀人的合法化与尊重生命、不能侵犯他人的生命法益的法理准则相违背,在生命法益面前,这样的理论解释路径无法行得通。

正是被害人同意理论的"对生命法益的同意无效",导致其无法与被害人危险接受的逻辑完全契合,换言之,在有关生

---

① 参见邓毅丞、申敏:《被害人承诺中的法益处分权限研究》,载《法律科学》2014 年第 4 期。

② See Joshua P. Gilmore, *Murder Felony is Felony Murder: How the Nevada Supreme Court's Decision in Nay v. State Reflects the Growing Misconception Surrounding "Afterthought" Robbery*, Nevada Law Journal, p. 673(2009).

③ 参见高丽丽:《生命法益起点下自我决定权与被害人危险接受阻却归责探讨》,载《法学论坛》2020 年第 5 期。

命法益的问题中,被害人危险接受理论无法完全从被害人同意理论的供养中得到支持,这一点广为反对者指摘。将被害人认识、同意、接受等概念混淆的上述观点,对被害人危险接受的研究实质上都在被害人同意的理论框架下展开,被害人危险接受并没有独立的分析语境,被害人危险接受阻却归责问题仅被视为被害人同意的一种情形,但这样的理论分析场域显然在生命法益面前退却了,无法为被害人危险接受阻却归责问题提供全面的理论依据。综上,被害人同意理论无法与被害人危险接受理论兼容,不能适用被害人同意理论解决被害人危险接受阻却归责问题。

第三节　被害人自我答责理论的提倡及缺陷

当前,被害人自我答责理论被广泛应用于被害人危险接受阻却归责问题的解决,从时间顺序来看,在对被害人危险接受阻却归责问题的解决中,被害人自我答责理论的普遍应用要晚于过失犯注意义务排除理论与被害人同意理论。

一、理论确立与裁判应用

自我答责理论与自我决定权这一哲学概念有着紧密联系。[①] 自我决定权理论中蕴含着“每个理性主体都应该为自己行为负责”的价值，此外，被害人自我答责理论与被害人教义学渊源深厚，被害人的需保护性和保护可能性正是检视被害人自我答责适用的圭臬，深厚的哲学渊源为自我答责理论的诞生积淀了深厚的理论基础，也为自我答责理论从客观归责理论中的分化提供了理论前提。

（一）被害人自我答责理论的产生

关于被害人自我答责理论的产生，我们可以从理论准备与实务准备两个角度进行研究，这两个研究角度分别从不同层面为被害人自我答责理论的产生提供支持。

1. 理论准备：客观归责理论的兴起

“自我答责”一词源于对德文“Selbstverantwortung”的翻译，也有德国学者使用“Eigenverantwortlichkeit”的表述，日本

① 参见张婷、杨辉忠：《被害人自我答责原则探究——以危险接受为视角》，载《广西警察学院学报》2018 年第 1 期。

学者一般将其译为"自己答责"。[①] 所谓自我答责原则，是指被害人根据自己的积极态度在一定活动中取得了主动权的话，行为的危险和由此发生的结果就应归属于被害人自担责任领域，而与行为人无关，结果的客观归属相应被否定。[②] 过失犯注意义务排除理论、被害人同意理论，构成了早期被害人危险接受阻却归责问题解决路径的主核，但是正如前文所论证，其固有的理论缺陷以及各类新型被害人危险接受形态的出现，导致既有解决路径存在的缺陷被不断放大。鉴于此，学者们开始积极寻求其他解决路径，而客观归责理论在彼时也渐趋成熟。

20 世纪 70 年代，德国学者罗克辛在对拉伦茨、霍尼格等学者的客观归责理论进行承继、吸收、批判的基础上，[③]创立了现代德国客观归责理论。经罗克辛改进后的理论包括三个层次内容：行为是否创设了不被允许的危险；不被允许的危险是

---

① 参见冯军：《刑法中的自我答责》，载《中国法学》2006 年第 3 期。

② 参见黎宏：《刑法总论问题思考》，中国人民大学出版社 2016 年版，第 272～273 页。

③ 拉伦茨、霍尼格时期的客观归责理论深受黑格尔的"意志为责任核心"的思想影响，因此其又被称为"意志归责理论"。拉伦茨将客观归责要素限定为"行为人的目的性"，因此具有强烈的主观归责色彩。与拉伦茨的理论相比，霍尼格的客观归责理论虽然深受意志归责的影响，但其将客观归责要素确定为客观目的性，即其理论内核是客观的，因此霍尼格的客观归责理论又被形容为客观兼个人的归责理论。正是由于霍尼格完成了对客观归责要素的客观性限定，因此有学者认为，现代德国的客观归责理论实际上应追溯至霍尼格的客观归责理论。参见许玉秀：《主观与客观之间——主观理论与客观归责》，法律出版社 2008 年版，第 178～190 页。

否实现;是否在构成要件的保护范围内。[①] 此后,客观归责理论在德国获得了快速发展,以客观归责理论为内核的相关学说也获得了发展契机,被害人自我答责理论在此背景下脱颖而出,发展为一套独立的、具有排除客观归责规范意义的理论学说。

根据客观归责理论,有归责可能的情形仅限于行为引起不被法所允许的危险,并因此实现该当构成要件之结果。[②] 当危险的实现由被害人所引起时,被害人应对此负责,这正是被害人自我答责的理论逻辑。当前,被害人自我答责多在风险的实现层次,被作为一个独立的阻却客观归责理论发挥作用,具体而言:被害人的行为介入因果流程,并实质性导致危险实现、被害人法益受损的,应由被害人对该法益侵害结果承担责任,不能归咎于行为人。

2. 实务准备:对过失参与他人自杀免责的探讨

被害人自我答责并非一经发现即被广泛应用于被害人危险接受类案件,其理论应用源于对过失参与他人自杀免责问题的讨论。1972 年发生的"警察手枪案"确认了过失参与他人自杀不可罚。该案案情如下:本案被告人(一名警察)与被

---

① 参见[德]克劳斯·罗克辛:《德国刑法学总论》(第 1 卷),王世洲译,法律出版社 2005 年版,第 247 ~ 274 页。

② 参见陈子平:《刑法总论》,中国人民大学出版社 2009 年版,第 124 页。

害人(与被告人关系密切的一位女性)在驾车旅行途中,被告人将上了膛的公务用枪放在了汽车仪表盘上,这是被告人一直以来的习惯,在一次停车时,被害人突然拿起被告人放在仪表盘上的手枪举枪自杀。本案中,虽然被告人知晓被害人容易突然陷入忧郁中,这一状态在被害人饮酒后会加重,此外,被告人习惯将手枪放置在汽车仪表盘上且不取出子弹,但是联邦最高法院仍然判决被告人无罪。原因如下:“以帮助的故意共同引起自杀者死亡的人,不能被处以刑罚,因为自杀不是犯罪。因此,基于正义理念,就不能对仅是过失地引起自杀者死亡的人处以刑罚。”①本案并非被害人危险接受类案件,本案对被害人危险接受理论的价值在于其通过实践“举重以明轻”的论证逻辑,为“海洛因注射器案”(1984 年)及该案所确立的被害人自我答责理论提供了实务准备和适用条件。

(二)自我答责理论的确立及应用

1984 年“海洛因注射器案”的裁决开启了被害人自我答责理论在被害人危险接受类案件中的应用。本案被害人是一名吸毒人员,他要求被告人为其提供注射器,以便其注射毒品,被害人使用了被告人提供的注射器注射海洛因后死亡。

① BGHSt 24,342ff.

一审法院判定被告人构成过失致人死亡罪,联邦最高法院推翻了一审法院的判决,判定被告人无罪。在联邦最高法院的裁决中对被告人的无罪进行了体系化论证。首先,自我答责地追求和实现自杀、自残等行为,因不在构成要件保护范围内而不成立犯罪,相应地,因主行为不成立犯罪,对上述行为提供帮助或教唆的参与行为也不能被认定为犯罪。以此为参照,过失地参与他人自杀或自残等行为更不能被认定为犯罪。其次,承接前述内容,自我答责地追求和实现自我危险的行为也因不在构成要件保护范围内而不成立犯罪,相应地,故意或过失提供帮助或教唆的参与行为也因不在构成要件保护范围内而不成立犯罪。当然,行为人具有优势认知时则不能否定其可归责性。最后,该案裁决确立了故意或过失地参与自己危险化的行为不构成相应犯罪。① 这一判决实践了"举重以明轻"的类比逻辑,即参与被害人自我损害行为适用被害人自我答责理论阻却对行为人的归责,那么参与被害人自我危险化的行为同样可以适用被害人自我答责理论阻却对行为人的归责。

在秘鲁著名的"吊桥案"②中,最高法院也是用被害人自我

① BGHSt 32,262ff.

② STSJ,Apr. 13,1998,4288 -97.

答责理论解决被害人危险接受阻却归责问题。"吊桥案"中，被告人在获得市长办公室批准后，在河边一条长廊上举办音乐会。河上有一座吊桥，这个吊桥用绳子和小木板搭建。该场音乐会还获得了一个警察小组的支援，白天的聚会顺利进行。夜幕降临，参与聚会的一部分人在酒精和音乐会的氛围鼓舞下，跑到吊桥上跳舞，很快桥就塌了，桥上所有人掉入河中，造成2人溺亡，38人受伤。初审法院判定宴会组织者构成过失杀人罪，因为其并未采取必要的注意义务避免结果发生。然而，秘鲁最高法院认为，吊桥是供人通行的通道，并不是跳舞的舞台，被害人在知晓这一事实的前提下依然选择在吊桥上跳舞，进而使自己陷入危险之中，被害人要为自己行为的后果负责。①

二、被害人自我答责的原理与构成要件

被害人自我答责的原理与构成要件是解构被害人自我答责、对被害人危险接受阻却归责问题提供解决路径的基础性内容。

① See Manuel Cancio Meliá, *Victims and Self-Liability in Criminal Law: Beyond Contributive Negligence and Foreseeability (without Blaming the Victim)*, 28 Pace Law Review, p. 739(2008).

(一)被害人自我答责的原理

被害人自我答责理论的兴起与被害人学的发展有着密切关联。被害人自我答责旨在解决当被害人有意介入行为因果流程时对行为人责任的影响问题,“被害人自我答责地接受了危险,就阻却了其他行为人对相应危险的管辖”①,这为被害人危险接受阻却归责提供了理论参照。对主体自我决定权的保障为被害人自我答责提供了全新的演绎路径,②同时,也为被害人有意介入因果流程时的责任承担提供了解决方案。被害人在充分认知危险的前提下,选择介入危险并由其主导、支配危险发展走向,被害人的自我决定权应被尊重,相应地,对由此产生的法益侵害结果,也应由被害人自己承担,这是尊重被害人自我决定权必然导向的研究结果。

以自我决定权为理论根基,以不同主体的责任领域划分为前提,不同主体有不同的风险管辖领域,对各自领域内的风险应承担相应责任。法益主体具有对自己法益的优先管辖

---

① [德]乌尔斯·金德霍伊泽尔:《刑法总论教科书》,蔡桂生译,北京大学出版社2015年版,第102页。

② 行为人滥用、歪曲自由,曲解自由的真正意蕴,并在此主观意志支配下实施导致侵害结果发生的危险行为,行为人应该对误用自由所导致的侵害结果承担相应的责任。

权。[①] 对被害人风险管辖领域的风险应由被害人负责，不应转移至行为人。“保护法益所有权者不受第三者侵犯的规范的保护范围在当事人自己负责范围的开始处就终止”[②]，在厘清了不同主体风险管辖领域后，不同主体的责任承担范围开始明晰。

（二）被害人自我答责的构成要件

被害人自我答责理论自诞生以来就一直存在是否侵害被害人权利的争端。一些学者认为，被害人已经承受了法益受损结果，不应该对其过多苛责，而被害人自我答责理论要求被害人对法益侵害结果自我答责，不利于保护被害人法益。现代刑法已经习惯了从行为人视角解构责任关系，被害人作为刑事法律关系一方主体长期处于被忽视状态。当被害人自愿接受危险，实质支配行为走向，并最终导致法益受损的，应由被害人对该法益侵害结果自我答责，不应追究行为人责任，否则会导致对行为人的不当追责。当然，我们也应注意对被害人自我答责的规范适用，应由行为人承担责任的不能由被害

① 参见[日]盐谷毅：《被害人的承诺与自己答责性》，法律文化社2004年版，第371页。

② [德]约翰内斯·韦塞尔斯：《德国刑法总论》，李昌珂译，法律出版社2008年版，第110页。

人自我答责,防范对被害人追责的不当泛化。为防止对被害人追责泛化现象的出现,一些学者提出被害人自我答责理论适用的限定性条件,即被害人自我答责理论的构成要件。

德国学者瓦尔特(Walther)提出,被害人自我答责的适用应满足两个条件。第一,法益享有者积极负责的一般性标准。包括法益的可处分性以及法益享有者具有有效的处分权能。法益的可处分性,即被害人处分的法益必须在被害人有权处置的范围内。法益享有者具有有效的处分权能,由负责能力与自我决定两个因素组成,即法益享有者具有符合刑法规定的责任能力,自由处分自己法益的行为。第二,具体和个别的有效处分的前提。以被害人对风险有认识和具有自然的认识与判断能力为构成要素。① 我国学者冯军教授将被害人自我答责的构成要件作出如下归纳。(1)被害人具有认识导致结果发生的危险和阻止危险现实化的能力;(2)被害人自己引起了发生损害结果的危险;(3)被害人在自己还能够管理危险时却强化了危险;(4)法规范上不存在他人应优先地阻止危险现实化的特别义务。②

---

① 参见申柳华:《德国刑法被害人信条学研究》,中国人民公安大学出版社 2011 年版,第 284 ~ 285 页。

② 参见冯军:《刑法中的自我答责》,载《中国法学》2006 年第 3 期。

三、危险接受阻却归责问题中自我答责理论的主张

被害人自我答责理论在被害人危险接受阻却归责问题中获得了高度重视与广泛应用，且这种影响在不断扩容。当前，该理论已成为德国学界和实务领域处理自己危险化的参与问题的理论通说。此外，一些学者还将被害人自我答责理论应用于自杀问题、基于合意的他者危险化等理论难题。

将被害人自我答责理论用于解决被害人危险接受阻却归责问题的主张在德国学界占据重要地位，诺伊曼（Neumann）、韦尔普（Welp）皆是主要代表人物。诺伊曼认为，当主体基于自由决意实施侵害自我法益的行为时，就丧失了要求他人保护其法益的机会或资格，因此，当行为人基于故意或过失参与到被害人自我危害行为中时，皆可以适用被害人自我答责。[①] 在诺伊曼的理论体系中，被害人自我决定权被充分地、绝对地考虑，这也成为诺伊曼适用被害人自我答责理论时最重要的特征之一。韦尔普提出："只要主体对事务有自由决定的意志，所有影响他自由决定的外界因素，都只是他形成意志的动

① Ulfrid Neumann, Die Strafbarkeit der Suizidbeteiligung als Problem der Eigenverantwortlichkeit des „Opfers“, JA 1987, S. 249.

机,动机是他自己必须抗拒的诱惑。”①韦尔普认为主体的自由决定意志应被充分尊重,这种自由意志具有主导性和抗干扰性,外界影响因素都是主体必须克服和抗拒的因子。对应到被害人危险接受中,被害人对事务有自由决定的意志,行为人的行为只是影响被害人自由决定的外界因素,不具有决定性。

日本刑法学界也有学者主张适用被害人自我答责理论解决被害人危险接受阻却归责问题,盐谷毅即是主要代表人物之一。盐谷毅认为,法益主体作为其法益的直接支配者,对其法益有优先保护的义务,不能随便将其法益陷入危险之中。如若法益主体懈怠履行该义务,则应承担相应责任,即自我答责。

被害人自我答责理论在我国学界也有一定的影响力。冯军教授将被害人自我答责的情形归为四类:非法侵入他人的法领域;自己故意实施危险行为;同意他人实施风险行为;参与且强化危险行为。② 后三种情形实质就是被害人危险接受。冯军教授将被害人危险接受作为被害人自我答责的具体情形予以解构,这样的理论解读路径有将被害人危险接受作为被害人自我答责的一种附属理论定位的倾向。江溯教授提出,

---

① Jürgen Welp, Anmerkung zu BGHSt 24,342. JR 1972, S. 429.

② 参见冯军:《刑法中的自我答责》,载《中国法学》2006 年第 3 期。

作为法益主体的被害人有对自身法益的优先管辖权，其应该为自我冒险行为担责。[①] 这一理论解读思维与盐谷毅教授的主张具有一定的一致性，即都强调法益主体对自己法益的保护义务。还有学者提出，被害人自我答责的成立以被害人擅自修改“意志”，用“任意”取代“意志”为要件，作为修改意志的被害人，要对其修改行为承担相应的责任。[②] 这一论证思路认为被害人危险接受中被害人具有主观任意性，用“任意”取代“意志”，在明知有危险的前提下自愿陷入危险，应由被害人自我答责。

四、对被害人自我答责理论的否定

被害人自我答责理论的出现与应用为被害人危险接受阻却归责问题提供了全新的理论灵感与解决路径，但这一理论并未让被害人危险接受阻却归责问题适用的纷争归于平息，究其缘由，被害人自我答责理论的应用仍存在一些难以调和的理论症结。

---

① 参见江溯：《日本刑法上的被害人危险接受理论及其借鉴》，载《甘肃政法学院学报》2012 年第 6 期。

② 参见马卫军：《刑法中自我答责的基本原理》，载《云南大学学报（法学版）》2016 年第 2 期。

首先,被害人自我答责理论具有模糊性、抽象性。关于被害人自我答责理论的适用条件及边界并不清晰,这导致其理论内涵过于模糊。[①] 一些学者对被害人自我答责理论并未设置严格的适用条件,这导致该理论的泛化适用,引发被害人自我答责的适用边界被虚化,适用场域出现错误,诱发对被害人的不当追责。被害人自我答责理论本身的模糊性与抽象性使得其难以为被害人危险接受阻却归责问题提供理想支持,因为在判定行为是否成立被害人危险接受时,需要实质认定被害人以及行为人对法益侵害结果发生的原因力,只有当被害人自愿接受并实质支配危险实现时,才能由被害人自我答责。这需要被害人自我答责理论与被害人危险接受实现紧密的理论衔接,而这一理论适用目标的实现需要被害人自我答责理论具有清晰、明确的适用标准与内涵。

其次,被害人自我答责理论的内部证成存在逻辑缺陷。以韦尔普对被害人自我答责理论的论证为例,他认为被害人自由决定的意志是绝对排除外界影响而完全内发性形成的。然而,这一结论经不起实践检验,因为作为社会关系的一个组成部分,被害人的意志无法实现完全内发性生成,其必然要受

① 参见何立荣、蔡家华:《论刑法中被害人自我答责理论的模糊性》,载《广西民族大学学报(哲学社会科学版)》2014 年第 6 期。

到他人行为方式以及社会运行模式的影响，行为人很可能通过隐性的方式对被害人的自由意志产生影响，此时如果仍坚守被害人绝对自由意志原则，否定其他人或外界因素对被害人意志的影响，将导致被害人与行为人之间责任的不合理划分。同时，韦尔普还特别强调动机与意志之间的界限性，认为动机不可能转化为意志，然而，这一概念区分仅具有理论可行性，在事实层面动机与意志之间不存在无法逾越的界限。如若完全否定行为人动机对被害人的影响，被害人的自由意志被无限放大，将导致责任认定过度向被害人倾斜。

最后，被害人自我答责理论有混淆答责依据与归责结论之间界限的嫌疑。被害人自我答责理论并未对理论运行范式、理论运作逻辑等基础问题予以释明，例如如何划定被害人与行为人之间的责任范围、被害人自我答责何以排除行为人责任等，①导致将被害人自我答责理论作为阻却归责的路径始终存在障碍，毕竟由被害人自我答责无法直接推定出应否定行为人的不法性。主张被害人自我答责理论的学者在未能详细演绎该理论适用逻辑的情况下，直接依据抽象的自我决定权、法益管辖范围等法哲学理论得出被害人自我答责的结论，

① 参见徐思秋、王焕婷：《对被害人自我答责理论的反思与检讨》，载《江西警察学院学报》2017 年第 1 期。

实在让人难以信服。甚至学界一直有声音认为被害人自我答责有先得出自我答责的结论,再反向证明行为符合被害人自我答责进而阻却行为人责任。这一理论缺陷始终困扰被害人自我答责理论,且尚未发掘理想的解决方案。甚至有学者断言,“自我答责”仅是个案归责问题的结论,其本身显然不是阻却不法的理由,否则无异形成一种不讲理由的独断(因为自我负责,所以自我负责)。[①]

综上,被害人自我答责更像是既有理论的集大成者,它吸收了多种理论的内容与专长,但遗憾的是它仅是一个结论,欠缺对被害人自我答责背后的实质刑法关系的考量,忽视了对阻却归责过程的详细求证,因此,被害人自我答责理论不是解决被害人危险接受阻却归责问题的路径,而是一个阻却归责结论。

第四节　其他阻却归责路径的应用及缺陷

过失犯注意义务排除理论、被害人同意理论以及被害人自我答责理论构成了被害人危险接受阻却归责问题的主流解决路径,特别是被害人同意理论与被害人自我答责理论,几乎

① 参见黄荣坚:《基础刑法学》(上),中国人民大学出版社2009年版,第206页。

主宰了大陆法系被害人危险接受阻却归责问题的路径体系。但是正如上文评述，这三个理论在解决被害人危险接受阻却归责问题上并非无懈可击。在对这些理论漏洞展开批驳的同时，一些学者开始为被害人危险接受阻却归责问题寻找其他理论出路，因此，除了上述理论外，还发展出了其他的阻却归责路径，下述理论均是近年来在被害人危险接受阻却归责问题中较为活跃的理论。

一、共犯从属性理论

运用共犯从属性理论解决被害人危险接受阻却归责问题当前在学界仍是少数观点，但以张明楷教授为代表的学者对其进行了系统性论证，使得该解决路径的影响力在逐渐扩大。

（一）共犯从属性理论的应用

张明楷教授以正犯论为角度，适用共犯从属性原理对被害人危险接受作出区分，他认为，被害人危险接受中虽然被害人与行为人对危害结果的发生产生的作用不同，但二者的共同行为导致了危害结果的发生，这一点与共同犯罪的构造类似。在自己危险化的参与中，被害人实质上是正犯，行为人的角色是共犯。“正犯”（被害人）自冒危险的行为不具构成要件符合性与违法性，因此无法认定为正犯，根据共犯从属性原理，没有正犯的共犯并不存在，因此，共犯（行为人）的行为当然不成立犯罪。基于合意的他者危险化中，行为人是正犯，被害人是共犯，因此不能排除不法，而当“被害人基于强制行为或优越认知，支配因果发生进程时，则为例外”，因为此时被害人是间接正犯。①

（二）对共犯从属性理论的批驳

这一理论立基于共犯从属性原理，只有正犯实施了符合构成要件的违法行为，共犯才具有可罚性，当正犯的行为不成立犯罪时，共犯当然不可罚，这一看似论证严谨的理论却招致了诸多质疑。

首先，将共犯从属性原理适用于过失的犯罪参与在基本理论的选取上就陷入了误区。以德国学界通说为据，对过失的犯罪参与刑法采取的是单一正犯体系，根本就没有适用共犯从属性原理，换言之，过失犯成立与否和是否有故意的正犯行为之间根本没有必然关联，②对几个人共同过失导致法益侵害结果发生的，对这些主体的行为要分别单独考察和认定。

① 参见张明楷：《刑法学中危险接受的法理》，载《法学研究》2012 年第 5 期。

② 德国刑法理论通说在故意共同犯罪中采取的是区分制犯罪参与体系，即区分正犯与共犯，而在过失共同犯罪中采取的是单一正犯体系，不区分共犯与正犯。

而我国是否在过失犯罪中采纳了共犯从属性原理尚存争议,[①]至少刑法规定并未作出明确确认。根据我国《刑法》第 25 条第 2 款的规定,二人以上共同过失犯罪,不以共同犯罪论处;应当负刑事责任的,按照他们所犯的罪分别处罚。根据该规定,对共同过失犯罪,应根据参与共同过失犯罪的主体所犯的罪分别定罪处罚,在被害人危险接受中,对被害人与行为人共同过失导致危害结果发生的,应该分别根据他们的行为定罪量刑,被害人是否承担责任并不会对行为人的责任承担产生直接影响,更无法排除行为人的责任。在我国过失犯罪参与体系并未明确采取共犯从属性理论的当下,张明楷教授直接采取共犯从属性理论论证被害人危险接受阻却归责问题,在理论根基的选取上难免令人质疑。

其次,在被害人危险接受阻却归责问题中适用共犯从属性理论,容易引发责任分配的不公正。根据共犯从属性理论,只要被害人被认定为正犯,那么对作为共犯的行为人实施的行为就绝对不处罚,导致在特定情形下对行为人的过度宽宥和对被害人的过度追责。因为正犯的行为并非在任何场合都

① 例如刘明祥教授认为,我国刑法的犯罪参与体系(包括共同过失犯罪参与体系)是单一正犯体系,否认了共犯的成立以正犯的成立为前提的共犯从属性理论,江溯教授也支持在我国刑法中采取单一正犯体系。参见刘明祥:《中国特色的犯罪参与体系》,载梁根林主编:《当代刑法思潮论坛:刑法体系与犯罪构造》(第 1 卷),北京大学出版社 2016 年版,第 295 ~ 317 页。

应该比共犯重,将刑罚的轻重完全与正犯、共犯的角色定位相匹配并不合理,特别是在行为人与被害人的作用难以区分的情形下,因为被害人被认定为正犯就完全抹杀了行为人的刑事责任,这无法令人信服。对此张明楷教授解释道,在难以区分正犯和共犯的被害人危险接受中,由于被害人不是被告人,无法适用部分实行全部责任原则,既然无法适用该原则,就不能将该结果归咎于被告人,也就是不能认定被告人支配了结果的发生,因此只能将该类情形认定为自己危险化的参与。①这样的解释不仅难以令人信服,反而再次印证了共犯从属性理论容易导致责任分配不公的问题。

再次,在被害人危险接受阻却归责问题中,共犯从属性理论难以得到彻底的贯彻。根据共犯从属性理论,在自己危险化的参与中,由于被害人是"正犯",但因正犯的行为不具有构成要件符合性与违法性,不成立犯罪,根据共犯从属性理论,作为"共犯"的行为人当然也不能成立犯罪。尽管行为人的不法排除结论不一定能成立,但在自己危险化的参与中,共犯从属性理论得到了较为彻底的贯彻。问题的症结在基于合意的他者危险化中,由于行为人是正犯,被害人是共犯,因此不能排除不法,行为人成立相应的过失犯罪的正犯,被害人成立

① 参见张明楷:《刑法学中危险接受的法理》,载《法学研究》2012 年第 5 期。

共犯。但最终对被害人的免除刑罚处罚，并不是基于“无正犯则无共犯”的共犯从属性理论，而是囿于无法追究被害人的刑事责任或过失的共犯不可罚的理论，但是前者与共犯从属性理论无关，后者主要基于过失犯的例外处罚的立法上理由。[①] 由此可见，适用共犯从属性理论解决被害人危险接受阻却归责问题，并不能将理论贯彻到底。

最后，还有学者指出，被害人的行为并非犯罪构成所评价的对象，被害人危险接受中，被害人的行为无论如何都不会构成犯罪，由此，适用共犯理论来分析没有共犯成立机会的单独犯罪是荒谬的。[②] 刑法构成要件体系以对“他人”法益造成侵害为标准而构建，被害人自损法益的行为仅当其对超个人法益造成了附带性损害才被纳入罪刑评价范畴，纯粹的自我法益损害行为根本没有机会被纳入共犯理论体系。由此，从共犯从属性理论出发为被害人、行为人分别拟制的“正犯”“共犯”角色并展开不同的责任评价，根本就是脱离了共犯理论现实后虚置化的理论假想，不仅无法对共犯从属性理论形成理论反哺，还会让原本就混乱的共犯理论体系变得更加复杂。

---

① 参见靳宁：《被害人危险接受理论研究》，载《刑法论丛》2015 年第 3 期。

② 参见庄劲：《被害人危险接受理论之反思》，载《法商研究》2017 年第 2 期。

二、溯责禁止理论

(一)古典溯责禁止理论对危险接受阻却归责问题的适用

溯责禁止理论经历了理论裂变与重构,为了对不同阶段的溯责禁止理论进行区分,最初的溯责禁止理论一般被称为古典溯责禁止理论,弗兰克是古典溯责禁止理论的代表学者。古典溯责禁止理论以因果关系的阻却(中断)为核心阐释行为人是否对犯罪结果担责,即古典溯责禁止理论与因果关系中断论具有相同内涵。之所以称为溯责禁止,是因为追究刑事责任的终点,是时序上最后一个所谓"自由"的条件,禁止溯及这个条件背后的所有条件。申言之,在因果关系中断的情况下,不能再将结果归咎于前一个行为人。主体"自由"以及自由决定所引致的刑法关系走向在古典溯责禁止理论中被充分重视。古典溯责禁止理论应用于被害人危险接受阻却归责问题呈现如下理论逻辑:当被害人认识到危险并自愿介入到因果流程中,就有中断因果流程的可能,因果流程的中断将引发责任承担走向的变动。但古典溯责禁止理论因其关于因果关系中断的大胆论证不仅未在被害人危险接受阻却归责领域多有作为,反而使其理论本身广遭学界批驳。学界通说认为,因果关系是客观的,并不存在被中断的状态,如果某一条件是结果发生的必要条件,则其为因果关系,如果这一条件不是结果发生的必要条件,就不是因果关系,因果关系只有"有"和"无",没有所谓的"被中断"。[①] 此外,在共犯责任认定上,古典溯责禁止理论始终无法妥当解释正犯的介入导致共犯因果关系中断,由此导致对共犯责任划归无能的问题,共犯据此便一律不可罚,这显然是无法接受的。[②]

(二)客观归责语境下的溯责禁止与危险接受

在因果关系框架内对行为人责任认定遭遇理论阻滞后,古典溯责禁止理论开始着手理论改革,客观归责理论为其提供了全新的理论场域。随着客观归责理论的发展,溯责禁止理论与被害人危险接受的关系呈现出不同的面貌。

1."可控制性"理论与危险接受阻却归责

最初的客观归责理论是旧客观归责理论,重塑后的溯责禁止理论将归责考察转移至行为人对犯罪结果是否具有控制性。行为与结果有因果关系,并不代表行为人就要对结果负

---

① 参见黄荣坚:《基础刑法学》(上),中国人民大学出版社2009年版,第173~174页。

② 参见[德]弗兰茨·冯·李斯特、埃贝哈德·施密特:《德国刑法教科书》,徐久生译,法律出版社2000年版,第189页。

责，即便行为人的行为与犯罪结果存在因果关系，但如果该因果流程已经超出了行为人的控制能力范围，就不能再对行为人追责。改革后的溯责禁止理论具有明显的客观归责理论痕迹，溯责禁止理论对被害人危险接受的阐释路径也变更为：被害人认识到结果发生的危险并自愿介入犯罪因果流程，导致行为人失去对犯罪因果流程的控制，犯罪结果在被害人支配下实现，由此排除归责。

对以“可控制性”为面向的客观归责理论的应用，为溯责禁止理论注入了全新的理论内涵，以此为路径对被害人危险接受阻却归责的解构获得了一些学者的支持，但是溯责禁止理论的应用仍然面临着一些理论障碍，以至于它仍是被害人危险接受阻却归责路径的少数派论点。其一，控制性虽然为归责判断提供了新的演绎轨迹，但是对控制性的判断难度以及过失犯中控制性不明显甚至缺失的现实，导致以控制性为论证核心的溯责禁止理论面临诸多障碍。而难以厘清控制的主体以及程度，溯责禁止理论该如何以及何时发挥作用，不同学者容易出现不同的解读，显然在被害人危险接受中难以发挥稳定的阻却归责保障机能。其二，让该理论广受指摘的是，被害人的介入不一定必然导致行为人控制力的丧失。行为人对事件的控制力或支配力会因被害人的有意介入，呈现两种可能的状态：成为行为人事件规划的一部分；成为超出行为人规范范围的变数。但总之,被害人的有意介入并不会完全排除行为人的控制力。因此,企图从表面上的被害人是否有意介入来区分控制力是否中断并不具说服力。其三,在行为人与被害人共同作用导致危险结果发生的情形下,溯责禁止理论似乎难以发挥作用。一些情形下被害人危险接受危险的结果是被害人与行为人共同作用所致,很难区分是谁的行为促使危险结果的实现,在这样的情形下,严格的溯责禁止理论难以寻找理论的发挥空间。

2. 溯责禁止理论的新发展及对危险接受阻却归责问题的适用

罗克辛教授对客观归责理论进行了全新的演绎,赋予客观归责理论更灵活的适用规则。基于此理论背景,一些学者对溯责禁止理论进行了全新的理论重塑,将其与信赖原则、规范的保护目的、风险增加、允许的危险等客观归责理论建立关联,①为其寻求更多的理论适用机会。通过与其他客观归责理论的关联,溯责禁止理论被不断注入其他客观归责理论的内涵,在与其他理论的不断互动、融合中,溯责禁止理论或与其他客观归责理论(如风险增加)一起,或

① 参见何庆仁:《溯责禁止理论的源流与发展》,载《环球法律评论》2012 年第2 期。

以其他客观归责理论为面貌(如因果关系的中断),一直在以各种形态发挥作用,从未彻底沉寂。但是在与被害人危险接受阻却归责相关的理论适用上,拥有丰富理论内涵的溯责禁止理论并未获得理想的适用效果,一直仅是少数学者的主张。究其缘由,这些获得了重新演绎的溯责禁止理论并未取得理论的实质性突破,在吸收了其他客观归责理论合理价值构造的同时,也将其他理论的缺陷一并纳入其中,使得原本就已庞大的客观归责体系变得更加庞杂,看似充实的理论构造,实质上并未解决被害人危险接受排除行为人责任的实质依据何在,无法为危险接受阻却归责问题提供理论支撑。

有学者认为雅各布斯教授的溯责禁止理论为被害人危险接受阻却归责问题提供了理想的理论出口。① 在雅各布斯教授的客观归责理论体系中,溯责禁止理论在排除客观归责体系上发挥重要作用,并将其上升为一般性答责排除事由。具体而言,在雅各布斯教授的客观归责理论体系中,溯责禁止位于体系的第四个步骤:保证人地位及根据回溯禁止阻却归责。雅各布斯教授认为,溯责禁止隶属于行为人是否制造了风险

① 参见靳宁:《被害人危险接受理论研究》,载《刑法论丛》2015 年第 3 期。

的判断规则体系，与保证人地位直接关联，“若能排除行为人的保证人地位，则可以否认行为人制造了不被允许的风险”①。雅各布斯教授构建的客观归责理论对溯责禁止理论的发展意义重大，但该溯责禁止理论并未对被害人危险接受阻却归责问题提供直接支持，因为雅各布斯教授将被害人危险接受阻却归责问题置于其理论第六个步骤——构成要件的效力范围进行归责认定，进而直接排除了溯责禁止理论对被害人危险接受阻却归责问题的适用。

检视溯责禁止理论的发展历程以及其不同的理论发展阶段对被害人危险接受阻却归责问题的理论补给，可以发现，溯责禁止理论始终无法为案情复杂的被害人危险接受阻却归责问题提供理想的解决出口，其中一个根本性的理论障碍就是，不同阶段的溯责禁止理论始终未能完满回答为何最后的构成要件结果的实现不能溯责至最初的行为人，不能对此问题作出令人信服的解释，一直是萦绕在溯责禁止理论之上的梦魇。以至于有学者感慨，“溯责禁止其实根本就是个结论，并未提供任何理由或根据”②。

---

① 周维明：《雅各布斯的客观归责理论研究》，载《环球法律评论》2015 年第 1 期。

② 劳东燕：《风险社会中的刑法：社会转型与刑法理论的变迁》，北京大学出版社 2015 年版，第 156 页。

三、构成要件保护范围外的归责排除原理

客观归责理论以“风险”的概念作为诠释方法的基础。[①]作为客观归责理论的集大成者，罗克辛教授率先将被害人危险接受阻却归责问题置于客观归责理论的第三阶段——“构成要件的保护范围”——展开探讨。

(一)理论创设与源起

根据构成要件效力范围理论，行为人引起的禁止危险在构成要件范围内实现时，才能将犯罪结果归咎于行为人，对溢出构成要件保护范围的行为不能对行为人进行刑事追责。在被害人危险接受中，尽管行为人制造并实现了法所不允许的危险，但发生的危害结果不在构成要件的保护范围内时，不能将该结果归咎于行为人，这正是构成要件效力范围理论在被害人危险接受阻却归责问题中应用的思维图景。从论证方法来看，构成要件效力范围理论使用“举重以明轻”的类比推论[②]来求

① 参见柯耀程：《变动中的刑法思想》，中国政法大学出版社2003年版，第40页。

② 虽然构成要件保护范围理论与相关共犯理论（如“与过失的教唆犯、帮助犯的比较”）一样，皆使用了“举重以明轻”的类比推理逻辑来证成被害人危险接受阻却归责，但是这两种理论不能混同或互相取代，其背后的理论根基存在实质性差异，构成要件保护范围理论依托于客观归责理论的整体理论体系，而“与过失的教唆犯、帮助犯的比较”则以共犯理论为根基，因此，尽管论证方法有相似之处，但二者背后蕴含的理论根基完全不一样。

证被害人危险接受对行为人责任的影响。其具体论证路径如下:行为人故意参与被害人的故意自杀或自伤行为,原则上不为罪(依德国刑法规定),即不在构成要件的保护范围内;由此,行为人参与被害人故意自己危险化的行为,也不能受处罚;相应地,比前两种情形更轻的过失参与被害人自己危险化的行为,也因不在构成要件的保护范围之内而更不应受到刑罚处罚。

对于自己危险化的参与的行为,罗克辛以发生的危险结果当然不在构成要件保护范围而排除归责,对基于合意的他者危险化,罗克辛提出当其符合以下两个条件时,类比适用自己危险化的参与的阻却归责路径,即因发生了构成要件保护范围外的结果进而排除行为人责任:(1)危害后果必须是所接受的危险的现实化,与行为人的其他错误无关;(2)被害人与行为人对共同的行为具有同等答责性。[①] 罗克辛的这一关于被害人危险接受阻却归责问题的解决路径得到了雅各布斯的响应,作为客观归责理论的另一主要推动者,雅各布斯认为,被害人的自冒风险行为原则排除行为人的构成要件符合性,其理论依据是风险分配法理,具体而言,该法益可以被所有人自行

① 参见[德]克劳斯·罗克辛:《德国刑法学总论》(第1卷),王世洲译,法律出版社2005年版,第262~271页。

处置且所有人对自冒风险的后果有清楚认知时，该所有人需对其自负风险参与的法益侵害自行承担相应的责任。[①] 我国台湾地区学者林东茂教授也支持将被害人危险接受阻却归责问题置于客观归责理论第三阶层进行探讨，他认为被害人危险接受中结果的发生，已非构成要件的效力范围所能掌握。[②]

（二）对危险接受阻却归责问题的适用困境

构成要件效力范围理论因应客观归责理论在学界的迅速普及而获广泛关注，但与客观归责理论的强劲发展势头相比，构成要件效力范围理论在被害人危险接受阻却归责领域并未获得主导性地位，原因如下。

一方面，囿困于“举重以明轻”的类比路径，构成要件效力范围理论存在诸多理论局限。其一，从类比前提来看，《德国刑法典》以故意参与他人自杀不可罚为原则，[③]这是能适用“举重以明轻”类推过失参与他人自杀免责的前提，但是如果该法条被修改或者在规定故意参与他人自杀可罚的国家和地区，

---

① 参见周维明：《雅各布斯的客观归责理论研究》，载《环球法律评论》2015 年第 1 期。

② 参见林东茂：《刑法综览》，中国人民大学出版社 2009 年版，第 70 页。

③ 这样的结论源自《德国刑法典》第 216 条，该条仅规定了受嘱托杀人罪，但并未规定参与他人自杀罪，学者们据此立法构造一般认为德国刑法确认了参与他人自杀不可罚。

这一类比该如何实现呢？例如，根据《日本刑法典》第202条的规定，追究故意参与他人自杀的行为人的刑事责任。我国刑法并未对故意参与他人自杀的处罚问题作出明确规制，但司法实践一般追究故意参与他人自杀者的刑事责任，即在我国故意参与他人自杀的行为与结果均在构成要件保护范围之内，应追究行为人的刑事责任。毕竟将一个实定法规定作为一个理论的推演基础具有局限性和不稳定性，实定法既然可以规定故意参与被害人自杀行为不可罚，当然也可以规定故意参与他人自杀行为可罚，事实上其他国家和地区确实作出了可罚性规定。当然，本书无意对该实定法规定的正确与否作出论断，而是想说明将一个实定法规定作为理论推演基础很难具有普适性，因受制于不同国家和地区的实定法环境，禁不起理论推敲，还需进一步挖掘其背后隐藏的理论价值。显然，一旦失去类比的前提，该理论将无法完成推理适用。将理论适用的前提寄托于一项实定法规定，注定了该理论的适用难免沦于局限。其二，从类比的具体操作来看，故意参与被害人自杀与过失参与被害人危险接受并不具备类比的可行性。(1)与被害人同意理论面临的诘问一样，在参与自杀的情形下，被害人对侵害结果持积极追求的态度，而被害人危险接受中，被害人并不希望侵害结果发生，在一个被放弃的法益和未被放弃的法益间适用“举重以明轻”来进行比对，显然无法得到实质性结论。(2)从与法定刑的对应角度而言,故意与过失之间确实存在着一定程度的量差,在侵害相同法益的前提下,故意犯罪的法定刑要重于过失犯罪,但这并不能证明故意与过失间具有同质性。以德国为例,德国刑法学界通说认为过失并非故意的减轻形态,过失犯的构成要件与故意犯不同,即过失与故意分别位于不同的构成要件体系,二者具有不同的性质属性,不能实现比照,即使进行了比照,得出的结论也缺乏参照意义。(3)在客观危险程度上无法断言被害人危险接受的危险性必然低于参与自杀,毕竟自杀存在大量未遂的情形,而自我危险导致死亡的可能性也很高。[①] 此外,在故意参与他人自杀中,被害人身份已经确定,即被参与的自杀者。但是在被害人危险接受中,很难提前确定可能面临危险伤害的对象,在被害人相对确定与被害人难以提前确定的两个体系中,不存在进行可罚程度类比的条件。

另一方面,回归至构成要件效力范围理论本身,该理论对被害人危险接受阻却归责的适用存在多处理论抵牾。以罗克辛的理论论证为例,罗克辛主张自己危险化的参与和基于合意的他者危险化理论的区分,即自己危险化的参与是被害人自己对

① 参见[日]岛田聪一郎:《被害人的危险接受》,王若思译,载《刑事法评论》2013年第1期。

自己的危害，而基于合意的他者危险化是被害人同意自己被他人所危害。但其又主张在具备一定条件的情况下，将基于合意的他者危险化与自己危险化的参与等同视之，这样的论证难以自圆其说。究其根源，被害人危险接受中的危险实现支配主体应是被害人，行为人在被害人的授意下实施危险行为的，对危险的支配权并未发生转移，仍由被害人掌握。罗克辛教授可能意识到了这一问题，但是并未示明，而是通过施加限定条件的方式将基于合意的他者危险化在一定条件下转化为自己危险化的参与，这样的理论操作反而让人产生困惑。因此，罗克辛在构成要件保护范围理论下开展的被害人危险接受阻却归责论证难以为被害人危险接受阻却归责问题提供理想的解决路径。

四、保护信赖原理

保护信赖原理，即信赖原则，是指当主体因信赖他人会采取适当行动，基于这一信赖而实施某一行为，若没有其他特别事由的存在，基于这一信赖而行事的主体对违反规则者所造成的侵害结果不担责。[①] 将保护信赖原理作为被害人危险接

① 参见[日]甲斐克则:《责任原理与过失犯论》，谢佳君译，中国政法大学出版社2016年版，第90页。

受阻却归责问题的解决路径在学界存在一定的理论影响力。

(一)保护信赖原理对危险接受阻却归责问题的适用

保护信赖原理的提出与现代交通的发展有直接关联,为顺应科技的进步,保障交通领域的正常运行,德国帝国法院于20世纪30年代创设了保护信赖原则,这是“正者不需要向不正者让步”思想在交通事件的体现。[①] 可容许的危险理论为信赖原则的诞生提供了法理支持。当前,保护信赖原则被广泛应用于手术医疗活动等业务分工合作领域。[②] 信赖原则在过失犯体系中占有重要位阶,“有信赖原则的适用时,则可以否认行为人的过失”[③]。在过失犯的应用中,一种观点将信赖原则作为预见可能性的判断标准,另一种观点将信赖原则作为对注意义务进行限定的特别原则,[④]如保护信赖原则从合理分担过失的注意义务出发,限制过失处罚的范围。[⑤] 除了过失犯领域的应用外,近年来一些学者从客观归责理论角度对信赖原则作出解构,在适用信赖原则的场合,由于结果不能归咎于

---

① 参见林钰雄:《过失犯构成要件的若干实务问题》,载刘明祥主编:《过失犯研究:以交通过失和医疗过失为中心》,北京大学出版社2010年版,第63页。

② 参见林东茂:《客观归责理论》,载《北方法学》2009年第5期。

③ 陈子平:《刑法总论》,中国人民大学出版社2009年版,第151页。

④ 参见[日]佐伯仁志:《刑法总论的思之道·乐之道》,于佳佳译,中国政法大学出版社2017年版,第263页。

⑤ 参见林亚刚:《刑法学教义》(总论),北京大学出版社2017年版,第246页。

行为人，在论及过失前就已经否定了对结果的责任。[①] 如小林宪太郎提出“信赖原则基于自我答责原理”，并将信赖原则视为优先于结果回避可能性、预见可能性等其他归责原理的超原理。但关于信赖原则在客观归责理论中的位阶，学界仍存在广泛争议，[②]而毋庸置疑的是，信赖原则在未来归责领域的应用将会继续拓展与丰富，在此过程中，信赖原则的理论定位、内容适用等相关问题也将获得规范化重构。

日本学者深町晋也主张在被害人危险接受阻却归责问题中适用保护信赖原则。他认为，法益主体有自我保护的本能，当被害人认识到法益侵害的危险时，依经验法则可能保护自己的场合，行为人仅需履行法律对其要求的注意义务即可，当被害人认识到危险却不保护法益时，行为人的可罚性也相应被否定。根据保护信赖原则，深町晋也将被害人危险接受分为四种类型：(1)被害人具有优越认知，行为人依经验法则认为被害人可以进行危险控制的场合；(2)被害人拒绝执行具有优越认知的行为人的指示，导致危害结果发生的情形；(3)被害人未得到行为人许可，进入行为人私领域的场合；(4)依一

① 参见[日]松宫孝明：《刑法总论讲义》，钱叶六译，中国人民大学出版社 2013 年版，第 157 页。

② 参见许永安：《客观归责理论研究》，中国人民公安大学出版社 2008 年版，第 84 页。

般经验法则被害人不会实施对自己生命有危险的救助行为的情形下，被害人实施了救助行为的。前三种情形都可以产生排除行为人不法的效果，但是第四种情形要依具体情况而定。其中，救助法益的性质、被害人的职业、能力等要素都会影响对行为人预见可能性的判定。我国学者庄劲博士也支持用保护信赖原理解决被害人危险接受阻却归责问题，被害人对危险接受的态度会影响行为人的注意义务，被害人危险接受可能使行为人信赖被害人有损害避免的能力，进而免除行为人的注意义务，从而阻却行为人对结果的主观罪过，具体而言，当行为人的危险认知程度不高于被害人时，即可排除行为人责任。①

（二）对保护信赖原理的适用评析

保护信赖原理以行为人对被害人的行为期待为理论观测角度，为被害人危险接受阻却归责问题提供了全新的理论场域，但是这一理论适用仍饱受质疑。

其一，保护信赖原理在被害人危险接受阻却归责问题中无法实现理论自洽。保护信赖原理下的被害人危险接受阻却归责思路是，行为人依据一般经验法则，可以合理认定被害人

---

① 参见庄劲：《被害人危险接受理论之反思》，载《法商研究》2017 年第 2 期。

在当时的情形下会积极实施避免危险结果发生的行为,但是被害人不仅未能避免危险反而接近并实现危险,由此可以否定行为人的预见可能性,进而排除归责。但是这样的理论显然设定了双重标准,详言之,行为人对被害人的期待被重视,但是被害人对行为人的期待却被过滤了。因为按照保护信赖原理的要求,被害人完全同样可以期待行为人在当时的情形下采取措施避免危害结果的实现,为何避险失败的责任都归咎于被害人,被害人为何不能要求行为人对避险失败承担相应的责任呢?这就导致了保护信赖原理的困境:行为人向度的保护信赖原理对被害人不公正,而彻底的保护信赖原理则导致理论有被架空的危险,因为行为人与被害人双方都可以用保护信赖原理作为责任排除事由。

其二,被害人危险接受阻却归责问题中保护信赖原理的应用以行为人为中心搭建,从深町晋也阐述的四类危险接受情形中即可窥见这一特征,这四类情形中,被害人都被预设具有避免结果发生的义务,行为人的结果避免义务并未被提及,仅在例外情形下才认定行为人成立过失。这样的理论偏见无异于变相鼓励行为人怠于履行结果避免义务,只要行为人履行了相应的注意义务,就把结果避免的责任转移至被害人,这过于扩张了被害人的责任范围。信赖原则的适用要符合严格的条件,必须在客观上有足够充分的理由,[①]“只有在法律的保障下才可能产生信赖”[②]。

其三,被害人的自我保护义务与行为人的避免义务不具有同质性。根据保护信赖原理,被害人有自我保护的能力,依经验法则当其认识到危险却不保护自己法益时,行为人的责任也被否定。承接上一论点,这样的责任转移无法实现,因为被害人的自我保护能力与行为人的避免义务不具有同质性,被害人自愿陷入风险并不会直接减损行为人的保护义务,两种义务分别属于不同的主体、具有不同的性质,不能直接产生义务折抵。

五、刑法比较责任原理

维拉·柏格森教授是英美法系刑法研究被害人危险接受阻却归责问题的重要学者。他雄心勃勃地构建的以“将被害人和行为人在刑法各层面正确归位”[③]为理论观,以刑法比较责任原理为理论内核的附条件的权利原则,在英美法系刑法

---

① 参见[日]大谷实:《刑法总论》,黎宏译,法律出版社2003年版,第154页。

② 许玉秀:《主观与客观之间——主观理论与客观归责》,法律出版社2008年版,第21页。

③ Markus Dirk Dubber, *The Victim in American Penal Law: A Systematic Overview*,3 Buffalo Criminal Law Review, Vol. 3, p. 17(1999).

被害人责任领域产生的影响仍在绵延。

（一）刑法比较责任原理的确立与内容

对刑法比较责任原理的确立与内容的解构是认识刑法比较责任原理与被害人危险接受阻却归责问题之间关系的桥梁。

1. 刑法比较责任原理的确立

柏格森的附条件的权利原则(principle of conditionality rights)深受美国侵权法中的比较过错理论[①](the theory of comparative fault)[②]启发,所谓比较过错理论,是指当被害人过错对损害的发生或扩大共同起了作用时,通过对行为人与被害人之间的责任承担程度进行对比,得减轻或免除行为人责任的法律制度。美国侵权法的归责理论经历了从责任"全有或全无形式存在的"的共同过失理论向"责任在过错方之间分担的"比较责任理论转变的历程,[③]这一理论转变始于20世纪70年代,因为刻板的共同过失理论不断地冒犯着人们朴素的

---

① 侵权法中的比较责任原理与自担风险是两个不同的理论,当危险是不合理的,被告既可以用比较责任原理提出抗辩,又可以用自担风险理论提出抗辩,但当风险是合理的,被告只能以自担风险提出抗辩。

② 德国民法一般使用"Mitverschulden"的表述,我国学者一般译为"共同过错",还有学者译为"与有过错",其他国家或地区民法中也存在"比较过错理论",具体译法不同,但是理论所指一致。参见[德]克雷斯蒂安·冯·巴尔:《欧洲比较侵权行为法》(下),焦美华译,法律出版社2001年版,第648~649页。

③ Gregory C. Sisk, *Comparative Fault and Common Sense*, 30 Gonzaga Law Review, p. 29－31(1994).

正义感,法律与公众期待之间的落差越来越加剧,抛弃传统的共同过失理论成为唯一的选择,比较责任理论应运而生。尽管具有公法性质的刑法与具有私法属性的侵权法之间存在重大差异,但刑法与侵权法存在共同的起源——在早期的英美法中,侵权行为和犯罪没有区分。[①] 此外,现代侵权法中惩罚性损害赔偿制度的构建使得刑法与侵权法之间的界限变得愈加模糊,因为美国很多州刑法赔偿制度(罪犯向被害人提供金钱赔偿)的基本依据就是侵权法,两法之间的理论互动为比较过错理论的借鉴创设了前提。柏格森认为侵权法已经作出了有效改革,刑法仍固执地推行单向责任制度并不合理。侵权法的改革成果可供刑法吸收和借鉴,不仅因为两部法律间存在大量共通的理论内核,还因为责任的公平分担在刑法与侵权法之间都是必要的。基于上述理论积淀,柏格森主张在刑法中应用比较责任原理,附条件的权利原则在此理论背景下诞生,成为刑法适用比较责任的一般根据。

2. 刑法比较责任原理:附条件的权利原则的内容

维拉·柏格森构建的附条件的权利原则不仅适用于被害人危险接受,而且广泛适用于同意、正当防卫、挑衅等行为

---

① See Wex S. Malone, *Ruminations on the Role of Fault in the History of the Common Law of Torts*,31 Louisiana Law Review,p. 1 – 44(1970).

人——被害人责任分担的所有类型，甚至可能被提升为刑法的一般性原则。根据这一原则，一个人可能会因为自己的行为而失去一些权利，如果发生这种情况，行为人可能不会因为侵犯已经丧失的权利而有罪。根据附条件的权利原则，行为人的刑事责任应减少到被害人通过自己的行为减少了不被行为人伤害的权利。从附条件的权利原则的具体实施层面而言，柏格森在三个层面限定被害人行为影响行为人刑事责任的标准。(1)受影响的权利的重要性权衡。这一问题又涉及两个层面，其一，法律是否承认受影响的行为人的权利。夫妻一方不能以不被法律承认的忠诚权作为抗辩事由对因另一方违背忠诚义务而实施的报复行为进行辩护。其二，法律对行为人的权利和被侵犯的被害人的权利赋予怎样的比较价值。例如，每个人都有不被打耳光的权利，但是因为被打耳光就杀死行为人就是不合理的。权利的等级和侵犯权利的情况应从客观的角度来考虑，而不能遵从被害人的个人好恶。[①] (2)因果关系的判定。因果关系并不是一个要么全有，要么全无的问题，结果往往是由许多因素共同作用所引发的，但是传统刑法理论却选择忽视被害人的致因作用，而将损害的全部责任

① See Vera Bergelson, *Victims and Perpetrators: An Argument for Comparative Liability in Criminal Law*, 8 Buffalo Criminal Law Review, p. 475 – 477(2005).

归咎于行为人。柏格森提倡将侵权法中比较侵权原因重要性的“反事实相似法”(counterfactual similarity)、“充分的必要因素法”(necessary element of a sufficient set)以及“相关性责任法”(relative responsibility)引介至刑法中。他对这些方法进行归类,将衡量一个原因的重要性的方法归纳为两种:其一,它导致的差异(“反事实相似法”“充分的必要因素法”);其二,我们赋予不同类型的行为的法律和道德权重(“相关性责任法”)。“反事实相似法”是指“使用想象的替代方案来确定在没有特定原因的情况下是否会发生类似事件”。“充分的必要因素法”是指“当且仅当某一特定条件是足以产生该结果的必要因素时,该特定条件就是导致(促成)某一特定结果的原因。”“相关性责任法”是指“两个原因中更重要的一个就是对由他们造成的结果承担更多责任的那一个。法律和道德则是原因重要性的判断基准”。(3)行为人、被害人可责性程度的比较。考察的因素包括双方行为的性质、知识水平、避险结果发生的能力、行为所追求的目的的重要性和价值、风险的可预见性和程度等因素。①

① See Vera Bergelson, *Victims and Perpetrators: An Argument for Comparative Liability in Criminal Law*, 8 Buffalo Criminal Law Review, p. 478 – 485(2005).

（二）对危险接受阻却归责问题的适用评析

柏格森的刑法比较责任原理的突破性之处不仅在于他将侵权法中的比较过错理论引入刑法中，更在于他在刑法中打造的行为人——被害人责任承担的整体性理论架构，企图彻底扭转刑法归责中要么全有要么全无的单向性责任认定的不公平性，被害人危险接受阻却归责问题仅是该理论体系的一个环节。因此，对刑法比较责任原理在被害人危险接受阻却归责问题适用的评析需要放眼整个刑法比较责任体系。毫无疑问，这一大胆的理论革新，遭受了多位学者的质疑与批判。以被害人危险接受阻却归责问题为具体理论切入点，刑法比较责任原理至少存在以下问题。

其一，将侵权法中的比较过错原则植入到刑法中，导致刑法比较责任原则的适用存在先天性理论排异反应。侵权法中的比较过错原则旨在公平解决损失承担问题，如果将该损失的全部用100%表示，那么对造成该损失的各方有责主体间根据各方过错比例，对100%的损失进行划分，最终划归到各方的赔偿额的总和等于100%。而刑法责任认定是为了解决刑事责任的承担与刑罚问题，是为了惩罚犯罪人而非补偿被害人,因果联系的确定也较侵权法更为严格,[①]一方的责任承担并不必然消减另一方的责任承担,对犯罪结果的出现有责的各方都要被追究刑事责任,A 和 B 共同杀害被害人的行为,不会因 A 被追责而影响 B 的责任承担。刑法比较责任原理过于理想化的理论植入显然无法为被害人危险接受中被害人的行为何以影响行为人的刑事责任提供理论证成。

其二,被害人危险接受并非被害人过错的具体类型,二者的阻却归责路径与效果不能等同。柏格森打造的刑法比较责任原理未加区分地将挑衅、正当防卫、同意、危险接受等情形纳入被害人过错类别并统一于附条件的权利理论之下,但事实上,被害人危险接受与被害人过错存在本质性差异,二者无法被归为同类。将被害人危险接受视为被害人过错的一类情形,反而导致了柏格森理论的自相矛盾。以挑衅行为为例,挑衅行为中对行为人、被害人与损害结果间的因果关系判定与可责性程度的比较路径明显有别于被害人危险接受。在挑衅行为中因被害人的行为侵犯了行为人的权利,造成了行为人的伤害,因此可减轻行为人的刑事责任,被害人的权利侵犯构成了责任承担的前提,由此可推知,当被害人的行为并未侵犯

① 参见[英]威廉姆·威尔逊:《刑法理论的核心问题》,谢望原等译,中国人民大学出版社 2014 年版,第 178 页。

行为人的权利时,不能以此为由减轻行为人的刑事责任。在被害人危险接受中,被害人并未对行为人的权利构成任何侵犯,柏格森仍将中立的被害人行为作为减轻行为人刑事责任的事由就制造了理论的自相矛盾。究其缘由,仍是其不加筛选地将被害人危险接受等情形纳入被害人过错体系处置所致,对此问题,侵权法中的比较过错理论能为此提供辅助证明,因为侵权法中的比较过错理论并没有包含同意、危险接受的情形。①

其三,附条件的权利原则导致被害人危险接受中被害人的责任范围过宽。在柏格森构建的刑法相对责任体系下,被害人危险接受并不是一种独立的理论类型,而是被视为同意的一类情形,均属于自愿性减少权利体系。当被害人作出危险接受时,意味着被害人同意了承担由行为人的不法行为可能导致其不受侵害的权利遭受损失的风险,而风险一旦转化为实害结果,相应地行为人对被害人的权利侵害也相应减少。② 这导致被害人的担责条件过于宽松,海蒂·M.赫德对此也表示了担忧,他认为只要被害人自愿面对或接受危险就

---

① 参见王焕婷:《Vera Bergelson 的比较责任理论及批判》,载《中国刑事法杂志》2016 年第 2 期。

② See Vera Bergelson, *Victims and Perpetrators: An Argument for Comparative Liability in Criminal Law*, 8 Buffalo Criminal Law Review, p. 469(2005).

要减轻行为人刑事责任的做法极度扩张了被害人自愿性权利减少的范围,[①]在未对被害人危险接受情形进一步区分的情形下,这样的处理方式过于粗糙,无法为被害人危险接受阻却归责问题提供全面的解决路径。

① See Heidi M. Hurd, *Blaming the Victim: A Response to the Proposal that Criminal Law Recognize a General Defense of Contributory Responsibility*, 8 Buffalo Criminal Law Review, p. 515(2005).

第三章　危险接受阻却归责理论的建构及其阻却归责根据

第一节　危险接受阻却归责理论的建构

危险接受阻却归责理论是为了解决被害人危险接受阻却归责问题专门建构的理论，现有的被害人危险接受阻却归责问题解决路径的不足，要求我们必须建构一套独立的危险接受阻却归责理论。

一、理论建构的必要性

不论从现实应用还是从理论适用角度，独立的危险接受阻却归责理论都有其建构的必要性，唯此才能为被害人危险接受阻却归责问题提供彻底的解决方案。

（一）作为独立的阻却归责理论的提出

与现有的危险接受阻却归责问题解决路径不同，危险接受阻却归责理论是专门针对被害人危险接受阻却归责问题设计的一套独立的理论应用体系，理论应用对象具有限定性，即仅限于被害人危险接受阻却归责问题，理论应用内容具有指向性，即专门针对被害人危险接受阻却归责问题而设定。因此，从广义而言，危险接受阻却归责理论是被害人危险接受阻却归责问题的解决路径之一，与现有的危险接受阻却归责问题解决路径处于并列关系。

本书所建构的危险接受阻却归责理论，以自我决定权、弱刑法家长主义、被害人教义学为阻却归责依据，因应被害人危险接受中认识危险、接受危险和实现危险的内容构造，以被害人危险接受阻却归责问题为解决对象。具体而言，危险接受阻却归责理论因应被害人危险接受本身的内容特征与阻却归责的需求而建构，契合被害人认识危险，接受危险，支配危险实现的内容结构，为被害人危险接受阻却归责问题提供了较为理想的解决路径。而被害人危险接受本身所蕴含的与自我决定权、弱刑法家长主义以及被害人教义学的关联，为危险接受阻却归责理论的构建提供了坚实的理论基础，这是构建独立的危险接受阻却归责理论的前提和可能性。危险接受阻却归责理论的确立对刑法阻却归责体系的完善提供了一次难得的契机，在刑法教义学体系已获规范化、成熟化发展的当下，这样的理论机遇既为阻却归责理论多样化存续发掘了理论出口，亦为刑法阻却归责体系的重塑制造了挑战。因此，不论从现实需求还是从理论应用角度，危险接受阻却归责理论的建构都有其必要性。

（二）理论建构的现实必要性

对被害人危险接受的阻却归责问题中外刑法学界与司法部门提出了多种解决路径，从最初的传统过失犯领域直至当前的客观归责理论领域，学界和司法实务界一直在寻找被害人危险接受阻却归责问题的理想解决路径。这一理论与实践立场值得肯定，但时至今日，对被害人危险接受阻却归责问题的解决路径，学界以及司法实务界仍存在一定的纷争，现有的不同阻却归责路径不仅未能有效平息被害人危险接受阻却归责问题中的乱象，反而使得这一本就复杂的问题变得更加波谲云诡。其缘由如下。

第一，枉视被害人危险接受的独立内容构造，剥夺被害人危险接受阻却归责的独立适用语境，视其为其他理论的附属品，导致被害人危险接受阻却归责问题与现有的解决路径始终无法全面契合。从理论定位来看,被害人危险接受在刑法体系中具有专属的位阶,即作为三阶层犯罪论体系中的阻却构成要件该当性事由和四要件犯罪构成体系中的超法规的正当化事由。从刑法理论位阶来看,被害人危险接受与被害人危险接受阻却归责问题的现有解决路径一样,彼此之间并不存在隶属与重合关系,在刑法体系中均有其独立的理论位序。以被害人同意为例,被害人危险接受与被害人同意具有一定的理论相似性,但两个概念并不能通用,它们以并列的形式共存于刑法体系中。因此,用被害人同意去解决被害人危险接受阻却归责问题,尚且不论这一操作剥夺了被害人危险接受独立的理论位阶,仅从理论适用来看,拥有独立价值的被害人危险接受与被害人同意始终无法实现全面契合,被害人同意无法为被害人危险接受阻却归责问题提供全面的适用依据。

第二,忽视被害人危险接受阻却归责问题的复杂化情境,企图将其全部纳入既有的理论体系,以期一劳永逸地将所有被害人危险接受阻却归责问题套用一套既有的理论解决,其结局要么导致阻却归责情形的片面性,一些被害人危险接受情形被排除在阻却归责解决路径外(如对基于合意的他者危险化情形,溯责禁止理论一直未找到较好的理论突破口);要么通过扭曲被害人危险接受理论构造的方式迎合既有理论,致使被害人危险接受独立的理论价值被漠视(如为了适用被害人同意理论,而对危险接受对象作出扩大解释)。被害人危险接受阻却归责问题的复杂化,要求必须设计一套全面的理论体系,以容纳和评价所有的被害人危险接受阻却归责情形,在具体的理论适用上,对所有的被害人危险接受阻却归责情形必须提供统一的适用标准,只有这样,才能为被害人危险接受阻却归责问题提供全面的理论依据。

如果说危险接受阻却归责问题现有解决路径的失败使我们认识到建构全新的、独立的危险接受阻却归责理论的现实需求,那么被害人危险接受类案件的不断涌现就是迫使这一现实需求尽快转化为理论出口的现实动因。随着新类型危险接受类案件的持续出现,现有阻却归责路径的不足之处在不断地暴露,已然无法肩负为被害人危险接受阻却归责问题提供全面理论支持的重任,因此,构建一套独立的、有针对性的危险接受阻却归责理论已成为无法回避的理论现实。

(三)理论建构的适用必要性

阻却归责理论的个案化和具体化不仅是被害人危险接受阻却归责问题要面对的现实,更是整体刑法归责问题的发展趋势。从理论适用角度出发,危险接受阻却归责理论有其建构的必要性。

第一,被害人危险接受独立的刑法理论定位要求对其构建专门的阻却归责理论。被害人危险接受阻却归责问题解决路径的纷争最终仍可溯源于对被害人危险接受独立的理论适用体系的忽视,详言之,阻却归责是被害人危险接受的理论应用效果,对危险接受阻却归责问题的解决当然要回归到被害人危险接受理论本身,从理论本身的内容与组织架构出发,去寻求阻却归责问题的具体解决方法,而不是将被害人危险接受视为散在性的案件类型,并全然将其纳入既有的理论体系下评价,忽视被害人危险接受这一概念本身的独立性,导致被害人危险接受阻却归责问题解决路径与被害人危险接受理论本身始终无法实现逻辑自洽。被害人危险接受独立的理论定位与其独立的阻却归责理论的建构是一体的,前者为后者提供了价值依托,因此,建构一套以规范的内容为阻却归责考察指引,具有针对性的、具体化的危险接受阻却归责理论成为必然。

第二,在尊重被害人危险接受独立的理论构造和阻却归责品格的前提下,对危险接受阻却归责理论的建构仍需回溯被害人危险接受的理论本源与价值定位,从被害人危险接受的内容结构出发,结合其理论应用的所有类型。具体而言,被害人危险接受以被害人认识危险,接受危险和支配危险实现为三个组成部分,这三个部分的内容构成了完整的被害人危险接受,只有每部分的要件都符合危险接受的特质,才能产生阻却行为人责任的效果。危险接受阻却归责理论的建构必须因应被害人危险接受的组成特质与内容结构,全面、整体评价被害人的危险接受行为,以确定是否产生阻却行为人责任的效果。

二、理论内核:阻却归责与被害人自我答责的贯通

被害人危险接受以阻却行为人责任,由被害人自我答责为责任实现的终结,但是行为人角度的阻却归责与被害人视域的自我答责被同置于责任承担结论,两个理论间是什么关系呢?阻却行为人责任是否可以当然引起被害人自我答责?若不厘清阻却行为人责任与被害人自我答责的关系,危险接受阻却归责理论就永远无法实现内部融通。对于这一问题,黄荣坚教授认为,被害人与行为人是否对犯罪结果负责隶属不同的评价体系,即行为人与被害人的责任承担不会产生相互影响,被害人担责并不必然导致行为人免责。① 黄荣坚教授对被害人与行为人担责关系的解读不可谓错,但这明显是对责任关系进行平面式解读的产物,换言之,将被害人与行为人角度的责任承担采用单一视角进行评价,若将该结论绝对化,

① 参见黄荣坚:《基础刑法学》(上),中国人民大学出版社2009年版,第210页。

反而不易于多维度认知阻却归责与被害人答责的关系。阻却行为人责任与被害人自我答责完全可以共存于被害人危险接受阻却归责体系,这是被害人危险接受阻却归责判定的两个角度,即行为人视角与被害人视角,可谓被害人危险接受阻却归责问题的一体两面,从两个角度或维度出发的阻却归责解构不仅不冲突,反而有利于全面掌握被害人危险接受阻却归责问题,将被害人与行为人的责任承担问题人为割裂的做法并不可取,[①]因为行为人责任的排除与被害人答责关系的贯通正是被害人危险接受阻却归责的前提。强行将行为人与被害人的责任承担问题置于同一平面展开评判,自然会陷于理论间的鸿沟而无法真正跳脱出来实现理论关联。

从具体操作层面来看,归责所提出的问题是“一个人可否因其特定的违法行为而被公正地要求承担责任”[②]。行为人和被害人之间的责任评判视角并不一样,在法教义学视野中,若行为是犯罪人最重要的特质,那么法益就是被害人的最重要特质。刑罚权因行为人的行为侵犯了被害人的法益而被触发。[③] 因此,所谓贯通行为人责任与被害人答责之间的关系,

① 参见陈毅坚:《被害人目的落空与诈骗罪基于客观归责理论的教义学展开》,载《中外法学》2018 年第 2 期。

② [美]乔治·弗莱彻:《反思刑法》,邓子滨译,华夏出版社 2008 年版,第 334 页。

③ 参见车浩:《被害人教义学的理论建构》,载梁根林主编:《当代刑法思潮论坛:刑法教义与价值判断》(第 2 卷),北京大学出版社 2016 年版,第 41 页。

也就意味着要澄清行为人的行为与被害人的法益之间的关系，以“行为”与“法益”为圭臬，被害人危险接受阻却归责问题才不会偏离核心。被害人危险接受阻却归责问题由“谁要为受损的被害人法益担责”所触发，行为人对法益侵害结果的担责以行为人的行为造成被害人法益受损为要件，被害人对自己法益受损的自我答责以被害人造成自己法益的受损为要件。与行为人担责的案件相比，被害人危险接受中行为人的行为并未对被害人法益构成侵犯，被害人的法益受损由其自己所致，由此行为人的行为与法益受损结果间的责任关联被切断，被害人自己的危险接受行为导致其法益的受损，进而与其法益受损结果之间形成责任关联。由此，行为人的行为与被害人的法益实现了理论贯通，也为被害人危险接受阻却归责评判提供了两面标准，从而阻却归责与被害人自我答责在被害人危险接受场域下获得了平等的理论对话平台。

三、理论体系的外观

危险接受阻却归责理论实现了行为人的责任阻却与被害人自我答责的关联后，就需要搭建实现二者贯通的桥梁，使危险接受阻却归责理论形成完整的架构。这一理论架构在对危险接受阻却归责问题的现有解决路径进行批判的基础上，摒弃和修正既有解决路径在被害人危险接受阻却归责问题适用中的消极性因素,以尊重被害人危险接受的理论独立性和特殊性为前提,以被害人认识危险,接受危险和支配危险实现为构成要素,为被害人危险接受阻却归责问题提供全面的规范应用。总体而言,危险接受阻却归责理论的外观呈现如下特征。

(一)以阶层式组织为理论布局

单凭一个对行为与结果间因果关联的事实考察是无法确定刑事责任的,还需进行规范性(限制性)的评价,[①]被害人危险接受是一个复杂的、关涉面甚广的问题,企图用单一的抽象理论实现阻却归责的做法漏洞太多、难以行得通,将危险接受阻却归责理论动态化、具体化,才是最佳选择,阶层式组织的理论布局是实现这一效果的理想途径。其一,危险接受阻却归责理论以阶层式组织为形态,可以最大限度容纳不同类型的被害人危险接受,并对不同类型的被害人危险接受展开不同的阻却归责理论应用,消除僵化的理论应用所带来的消极影响。危险接受阻却归责理论的不同阶层都有其理论适用的

① 参见[德]布莱恩·瓦利留斯:《因果关系与客观归责——对中方报告的评论》,黄笑岩译,载梁根林、[德]埃里克·希尔根多夫主编:《刑法体系与客观归责:中德刑法学者的对话(二)》,北京大学出版社2015年版,第131页。

侧重点与评价标准，每个阶段的阻却归责考察要素都是彼此独立但又存在内在关联的，将阻却归责理论的应用精细化、具体化，任何情形的被害人危险接受都能从该理论体系中找到阻却归责依据。其二，阶层式阻却归责理论将散在的被害人危险接受要素进行有效整合，形成立体性理论评价格局，理论体系逻辑清晰，既不容易遗漏阻却归责判定要素，也不会促成不必要的阻却归责评价。在阶层式的阻却归责理论中，阻却归责的理论适用依循被害人认识危险，接受危险，以及支配危险的实现为阶段，发挥阻却归责的作用，与被害人危险接受的内容相契合，可最大体量容纳不同的阻却归责情形。其三，与平面式理论组织形态相比，危险接受阻却归责理论根据一定的标准划分为不同的组成部分，避免阻却归责体系的纷乱庞杂，在应对具体的被害人危险接受案件时，每个阶层的阻却归责要素都可以单独发挥作用，哪些因素促成或窒碍了阻却归责的判定，其在体系中的作用和位阶都可以一目了然，避免了传统的对被害人危险接受阻却归责问题的粗糙化理论适用，有利于阻却归责理论的重复与稳定适用。

（二）以递进式阻却归责内容为要素

递进式阻却归责构造强调阻却归责适用的次序性与位阶性，不同的阻却归责内容有其特定的理论适用位序，彼此顺序不能被打乱和僭越。其一,递进式阻却归责结构因应被害人危险接受的内容特征而构建,被害人危险接受是一个递进式行为,被害人认识危险,接受危险,直到危险的实现,这是一个完整的行为过程,其中认识危险是被害人接受危险的前提,而被害人接受危险后才存在是否支配危险的判定,这个顺序不能被打乱。因为不同的行为阶段都可能产生归责排除的效果,每个阶段的阻却归责评价都有固定顺序而又彼此独立。其二,与将所有阻却归责适用条件以散在性状态存在的平面式阻却归责结构相比,递进式阻却归责理论可以避免对阻却归责要素的不必要评价,保障危险接受阻却归责理论的逻辑性。当被害人缺乏危险认知时,就直接可以否定危险接受阻却归责理论的应用,而无须再进入到被害人是否作出了接受危险的判断,以最大限度实现阶层式阻却归责体系带来的有利于发挥阻却归责效率的理论优势。

(三)以整体性为面向的运行

危险接受阻却归责理论的适用,以行为人、被害人的行为经过每个阻却归责阶段的考评为前提,只有符合了所有阶段的阻却归责要件,才能适用危险接受阻却归责理论排除行为人的责任,因此,危险接受阻却归责理论的运行以整体性为面向,不是孤立的阻却归责要素的拼接。其一,被害人危险接受具体适用形态的复杂性决定了单一的理论构造无法完全应对阻却归责问题，对被害人危险接受阻却归责问题需要进行整体考察，单一视角的阻却归责理论容易导致阻却归责出现失误，这是既有的被害人危险接受阻却归责问题解决路径难以消解的理论桎梏，因此，阶层性的阻却归责理论构造才是最佳选择，它以整体性为面向可以保证阻却归责适用的全面性。其二，危险接受阻却归责理论可以对各种具体的、复杂的被害人危险接受情形分别进行单独评价，对不同阶层进行充分整合，每个阶层虽然可以单独发挥作用，但阻却归责理论运转是一体的，被害人认识危险、接受危险，直至危险实现，每个阶段的权利关系都是相互连接的，前一阶段的内容构成了下一阶段的权源，后一阶段的行为是前一阶段的延续，阻却归责应用要兼顾不同阶段的危险接受内容，只有这样才不会导致整体阻却归责理论的混乱。

第二节　根据之一：自我决定权原理

自我决定权即“个体对自己的利益按自己意愿进行自由支配的权利”①，主体享有的权利与其承担的责任相匹配，因

① 车浩：《自我决定权与刑法家长主义》，载《中国法学》2012 年第 1 期。

此,欲让主体承担法律责任以其享受相应的权利为前提。被害人危险接受中被害人决定将自己陷入危险的权利应被尊重,在此前提下,由被害人实质支配危险实现的,应由被害人对法益侵害结果自我答责,排除行为人责任。剖析被害人危险接受的理论逻辑,可以发现自我决定权原理与被害人危险接受存在高度契合,自我决定权原理为被害人危险接受阻却归责提供重要理论依循。

一、自我决定权的法哲学根基

自我决定权发端于康德对自治权概念的探究,自我决定权与自由、尊严、完整、个性、独立和无义务以及没有外部因果关系的自由等概念联系在一起。①

(一)对"自由"的诠释

人是自由的、负责的行动者,②这是主体参与社会活动的前提。法对自由予以确认和保障,鼓励享有自由的主体充分

① See G. Dworkin, *The Theory and Practice of Autonomy*, Cambridge University Press, 1988, p. 6.

② 参见[美]乔治·弗莱彻:《反思刑法》,邓子滨译,华夏出版社 2008 年版,第 559 页。

行使自由权。自由是自我决定权的重要内核，然而在刑法语境下，意志自由与自我决定权分别有其特定的适用场域，“刑法上的意志自由，主要指犯罪人的意志自由；而在论述自我决定权的意志主体时，一般指刑法上的被害人”①。被害人作为自我决定权的意志主体，有权对其行为作出选择，即便这一选择充斥着非理性或危险，但作为意志主体，被害人自我决定权的行使必须被尊重，为避免被害人不理智选择所带来的危险而剥夺被害人自由选择的权利是不能被接受的。享有充分的自我决定权是被害人作为适格法律主体的前提。

自由是现代法治的重要引领与价值根基，自由为当代多种法律制度提供思想渊源，是解构法律理论的重要媒介。必须申明的是，自由并非无限制、无边界，任何绝对无限制的事物最终都将陷入危机，自由也不例外。如果自由的行使毫无边界，那么便毫无自由可言，最终将不当消解掌握自由的主体的利益。自由具有多维度含义，要想真正挖掘自由的价值，必须从多维度对其予以全面审视，鉴于此，在对自由的适用图景予以全面解构前，需要先对自由的性质予以多层次研讨。

其一，自由既是无限的，也是有限的。这一结论看似矛盾，实则是从不同角度解构自由所必然得出的结论。自由具

① 参见车浩：《自我决定权与刑法家长主义》，载《中国法学》2012年第1期。

有无限性,因为自由的内涵会随着社会变迁而不断扩容,信息社会的到来赋予主体更丰富的自由处分内容,如对信息、数据等对象处分的自由等。可以预见,随着社会变迁,自由的内涵还将愈加丰富,其内容的边界还将继续延展。自由的有限性,意味着自由的内容虽然会扩充,但这一趋势不是无限制的。自由的行使需要依附于掌握自由的主体,主体行使自由必须以其能支配的范围为限,即主体只能对其个人法益作出处分,对其他主体法益的处分可能侵害其他主体的权益,进而引发法律的介入。自由的有限性命题几乎是当代社会已经达成的共识,绝对的自由将导致绝对的失控,完全的自治观念正在受到侵蚀,①想要确保自由的充分实现,必须依循法律设定的规则,否则将引发个体间的利益冲突,最终不仅会销蚀其他主体的自由权限,还会影响掌握自由的主体的利益。

其二,自由的部分可剥夺性与最低限度的自由。自由并不是无边际的,主体行使自由危及社会或其他主体法益时,就会受到限制。② 不同主体享有的自由程度是有差异的,越是尊重法律和秩序的主体就越能充分享受自由。自治的意思并非

---

① See R. George Wright, *Legal Paternalism and the Eclipse of Principle*, 71 University of Miami Law Review, p. 207(2016).

② See Irving Ladimer, *Self—Determination for Life and Death*, 15 Medicine & Law, p. 84(1996).

意味着在一般的选择上没有障碍和限制，而是没有一些或所有的我们认为是社会的或广泛的政治的障碍和限制。① 法治国家保障主体享有自由，同时对滥用自由者也会施以一定惩处，因为自由的滥用将导致社会失序。法律对滥用自由者的一个重要惩罚即体现为剥夺滥用自由者的部分自由，当个体对自由的滥用破坏了其他主体的法益时，就可能面临法律的惩处，如对其人身自由、言论自由等的暂时或永久性剥夺。正如《人权宣言》第四条对自由的界定，“自由即有权做一切无害于他人的行为”，自由的享有必须以合法为前提，必须践诺一定的义务。自由的部分可剥夺性与最低限度的自由是一个问题的一体两面。对一些主体部分自由的剥夺是为了实现整体社会秩序的良性运转，也是督促法益主体更好实现自由价值的重要举措，但是，对主体自由的剥夺必须受到一定限制，有些自由必须被保留，因为“没有最低限度的自由，人就无法生存”②。也正是基于此考量，没有任何一部法律可以剥夺主体的全部自由，否则这部法律的正当性将遭受质疑。

其三，自由具有多面向性。自由的含义具有多个层次与

---

① See R. George Wright, *Legal Paternalism and the Eclipse of Principle*, 71 University of Miami Law Review, p. 215(2016).

② Arnold Toynbee, *An Historian's Approach to Religion*, University Press, p. 245 (1956).

多维面向,从不同的角度解构自由,能挖掘出自由的不同特质。对自由的界定是一件困难的事情,学界对此一直未达成共识。对自由的界定,学界常见两种模式,即列举式和归纳式。列举式界定的优势在于能将自由的内容通过列举的方式直接呈现出来,具有直观性和具体性,但这种界定模式的弊端在于无法穷尽自由的外延,导致对自由的界定存在不稳定的隐忧。更多学者选择用归纳式模式界定自由,如密尔认为自由可被划分为意志自由和社会自由,密尔讨论的自由是社会自由,他认为自由是“按照自己的道路去追求我们自己好处的……”①赛亚·柏林将自由区分为消极自由和积极自由,其中积极自由是人“去做……的自由”,而消极自由是“免于强制和干涉”的状态。② 归纳式界定模式的优势体现在通过高度凝练的语言,确保了自由外延的周延性,同时,这也带来了另一个问题,即过于概括的语言导致概念的抽象性,容易引发对概念的二次界定,且这一弊端难以消解。需要明确的是,囿于自由概念本身的多义性和复杂性,企图对其作出一个最具体、最周延的概念界定目标本身就是难以实现的。但学者们的努力并非徒劳,通过不同模式的概念界定,对自由

---

① [英]约翰·密尔:《论自由》,许宝骙译,商务印书馆1998年版,第14页。

② 参见邓晓芒:《康德和黑格尔的自由观比较》,载《社会科学战线》2005年第3期。

的内涵与外延的挖掘也将更加充分，对自由的研究图景也会不断丰富。

（二）“自由”与“自我决定权”：法哲学对刑法教义学的投射

从对“自由”的价值探究出发，论证自我决定权的理论适用，进而为被害人危险接受阻却归责提供理论证成，意味着将哲学命题中的“自由”与刑法教义学具体理论问题相关联。从哲学层面挖掘刑法教义学具体理论的适用根据，一些学者对这一做法表达了忧虑与失望，认为刑法教义学的这一理论证成回溯路径非常危险，从哲学领域直接探求刑法教义学理论的适用依据易导致刑法理论研究的空洞化，同时，这一研究路径还易引发刑法理论在刑法体系归位的混乱。[①] 然而，这一担忧实则无须过度放大。

首先，法哲学与法教义学存在本源性联系，二者互为成就。一方面，法教义学的理论根基溯源于法哲学，法哲学为法教义学提供理论向导。法教义学经常是根基于哲学的，[②]缺乏法哲学的理论供给，法教义学容易陷入就事论事的理论偏狭

---

① 参见王骏：《论被害人的自陷风险——以诈骗罪为中心》，载《中国法学》2014年第5期。

② 参见［瑞典］亚历山大·佩岑尼克：《哲学有助于法律教义学吗？》，柳承旭译，载《法律方法与法律思维》2007年第4辑。

中,容易因缺乏系统性、清晰性理论脉络而导致理论适用与发展陷入枯竭、迷失方向。当法教义学全然拒绝法哲学的思维方式时,危险便出现。[①] 另一方面,法哲学的抽象化、理论化需要相应媒介或工具的演绎与呈现,法教义学为法哲学提供理论实践场域。法教义学具有强烈的实践导向,[②]这一导向可以弥补法哲学的不足、满足法哲学的需求,借助法教义学的演绎与实践,法哲学理论被具体化、形象化,其价值得以被证成和诠释。

其次,法哲学与法教义学有着各自的理论体系。法哲学虽然为法教义学提供理论供给,但在理论应用时,法哲学理论并不会直接代行法教义学规则,二者的理论定位存在差异。在探求具体刑法问题的解决方案时,我们不会直接溯源至法哲学,而是会进入法教义学框架,依托法教义学理论架构求得解决路径。由此可以发现,刑法教义学更像是联动法哲学理论与具体刑法问题的枢纽,法哲学理论的作用并非浮现于表面,并非能时时被发现,而是在刑法教义学背后输送理论资源,因此,不存在法哲学理论架空法教义学的现象。

---

① 参见[德]阿图尔·考夫曼:《法哲学,法律理论和法律教义学》,郑永流译,载《外国法译评》2000 年第 3 期。

② 参见凌斌:《什么是法教义学:一个法哲学追问》,载《中外法学》2015 年第 1 期。

最后,从事实层面而论,法哲学是刑法教义学的重要理论补给。除了被害人危险接受阻却归责外,罪刑法定原则、期待可能性理论、紧急避险理论等都蕴含着自由、平等、正义等法哲学理念。不仅刑法,其他法律学科也从法哲学中探求理论支持,因为法律判断的真值条件来源于隐藏在法律背后的,对政治和法律的道德性的基础的检讨。[①] 因此,脱离了哲学根基的理论易成为无源之水,难以真正融入刑法学理论架构。[②] 也正是基于此考量,现代刑法教义学和法哲学之间一直保持着紧密联系。

二、自我决定权与生命法益

主体自我决定权的行使限于个人法益,但个人法益中的生命法益极为特殊,主体是否有权以自我决定权为基础对生命法益作出处分存在巨大争议。被害人危险接受中存在被害人生命法益受损的情形,因此,厘清自我决定权与生命法益的关系,决定自我决定权能否为被害人危险接受阻却归责提供

① 参见[美]罗纳德·德沃金:《身披法袍的正义》,周林刚、翟志勇译,北京大学出版社 2010 年版,第 61 页。

② 当然,如果强行将并不具备实质相关性的刑法教义学具体理论与哲学理论相关联,以及用抽象的哲学理论取代刑法教义学具体理论的应用,则另当别论,但这是操作层面的问题,不会动摇刑法教义学具体理论与哲学理论的互动。

全面理论依据。

法益主体是否有权对生命法益作出处分是自我决定权理论发展历程中不断被提起的问题。在理论发展初期，认为法益主体无权处分生命法益的绝对否定说占据理论优势，自杀行为还曾一度被一些国家认定为犯罪。此后，随着人权理念的发展、对自我决定权与生命法益之间关系研究的深化，对自杀的法律评价实现了从“犯罪”到“权利”的观念转换，[①]自杀行为的无罪化主张成为通说，刑法应在预防自杀而非惩罚自杀问题上更有作为的理念得以确立。[②] 当前，关于法益主体对生命法益处分问题的关注重心已变成被害人同意、被害人自陷风险等理论中对生命法益处分的合法性。由此可见，对法益主体处分生命法益问题的研究在不同案件中渐趋具体化、情境化。[③]

（一）生命法益绝对不可处分说

主张法益主体无权处分生命法益的观点仍然存在，主张

---

① 参见康均心：《生命刑法原理》，台北，元照出版有限公司 2009 年版，第 412 页。

② See R. E. Schulman, *Suicide and Suicide Prevention: A Legal Analysis*, 54 American and Bar Association Journal, p. 855(1968).

③ See James M. Hankins, *The Common Law Right of Bodily Self-Determination in Connecticut: Life and Death after Stamford Hospital v. Vega*, 29 Connecticut Law Review, p. 976 –977(1997).

该观点的一些学者甚至认为自杀行为也应被犯罪化。[①] 一般而言，提倡法益主体无权处分生命法益的学者多从以下角度展开论证。

第一，生命法益具有非纯粹个人性。一些学者认为生命法益是一种特殊的个人法益，生命法益不是一种纯粹的个人法益，“它既是个人权益，也是国家和社会的公共权益”[②]。正如卢梭所言“个体的生命不只是一项自然的恩惠，而是国家的一种有条件的赠礼”[③]。生命法益以自然人为载体，然而权利的行使不仅关涉自然人（法益主体），还与社会、国家利益存在深远联系。就此而言，生命法益的自由行使要受到一定的限制，法益主体不能对其随意地、不受束缚地行使。

第二，应将生命法益置于社会整体利益中考量，对生命法益的随意处置将导致社会失序。承接上文观点，与其他个人法益相比，生命法益极其特殊，不被限制地处分生命法益，将导致社会秩序走向失控，社会运转陷入混乱。因此，生命法益不仅仅是个人法益，对其权利的行使必须结合社会整体利益

---

① 有学者虽然认为在结论上自杀不应该被犯罪化，但这是基于自杀的违法性低以及从刑事政策角度的考量，因此，这种观点从本质上有别于彻底的自杀非罪化，仍采取对自杀行为的否定评价立场。参见钱叶六：《参与自杀的可罚性研究》，载《中国法学》2012 年第 4 期。

② 马克昌主编：《犯罪通论》，武汉大学出版社 1999 年版，第 828 页。

③ ［法］卢梭：《社会契约论》，何兆武译，商务印书馆 2008 年版，第 42 页。

需求,无视生命法益的这一特殊属性最终将影响个体生命法益的实现。

第三,自杀犯罪化得到了宗教教义与道德哲学领域的回应。自杀并非自始就被认为是犯罪,在古希腊之前,并没有相关律令禁止自杀。① 基督教教义被认为在自杀犯罪化中起到了重要作用,其教义认为自然人的生命归属于造物主,作为生命载体的自然人无权终结生命。② 这样的宗教教义观在哲学领域得到了一些学者的认可,康德、黑格尔、叔本华等都认为自杀违反了道德准则。③ 康德认为自杀是对"神圣信任的违反"。④

(二)自杀非罪化确立

当前,认为对生命法益绝对不能处分的绝对否定说在学界已难以立足,自杀非罪化学说已成为学界通说,⑤这一观点

① See R. E. Schulman, *Suicide and Suicide Prevention: A Legal Analysis*, 54 American and Bar Association Journal, p. 855(1968).

② See Vera Bergelson, *Victims and Perpetrators: An Argument for Comparative Liability in Criminal Law*, 8 Buffalo Criminal Law Review, p. 400(2005).

③ 参见王钢:《自杀的认定及其相关行为的刑法评价》,载《法学研究》2012 年第 4 期。

④ See Joel Feinberg, *The Moral Limits of the Criminal Law: Harm to Self*, Oxford University Press, p. 101 - 107(1984).

⑤ See Dennis J. Baker, *Mutual Combat Complicity, Transferred Intention/Defenses and the Exempt Party Defense*, University of La Verne Law Review, p. 48(2015).

几乎被各国所采纳。通观自杀非罪化理念的发展、确立历程，该理念正是伴随着学界对绝对否定说的批判而不断壮大。

其一，赋予法益主体自杀权是对自我决定权的贯彻。[①] 与其他行为类型相比，自杀的实施者和决定者均为法益主体（被害人）本人，被害人决定、实施自杀行为，[②]自杀是一种纯粹的法益主体处分个人法益的行为，并不涉及其他主体的法益。[③]生与死是一种选择，对自由的理解应具有多面性，法益主体积极实现个人法益的诉求应被尊重，相应地，其放弃个人法益的行为也应被理解。强制剥夺法益主体的生命有违法益主体的意志，剥夺想要放弃生命法益的主体的权利同样有违主体的意志。[④] 生命权是其他权利的基础与源头，是实现其他权利的保障，这一最高权利应由法益主体充分享有。以保护公共法益为依据剥夺法益主体对生命法益的自我决定权难以成立，

① 参见王钢：《自杀行为违法性之否定——与钱叶六博士商榷》，载《清华法学》2013 年第 3 期。

② See H. Zimmerman, *Self-Determination, Paternalism or Human Care-Suicide and Criminal Responsibility in South African and German Law*, J. S. Afr. L. 1979, p. 189.

③ 此处所谓的“并不牵涉其他主体的法益”是基于自杀的法益对象而言的，即法益主体的自杀行为仅针对自己的生命法益，并不处分其他主体的法益，对法益主体实施自杀行为可能溢出的对其他法益的危害则是另一层面的问题，如自杀者采取跳楼的方式，在坠楼过程中导致其他主体的身体或财物受损，这一损害行为不能获得合法性，应给予法律否定性评价。

④ See Joel Feinberg, *The Moral Limits of the Criminal Law: Harm to Self*, Oxford University Press, 1984, p. 384 – 388.

绝对否定说正是因为忽视了对法益主体权利的尊重,[①]导致其解读路径偏离了自我决定权的精神。

其二,赋予个体自杀权并不会导致社会陷入失序状态。社会由持有不同价值观念的个体构成,有的个体积极保护自己的生命法益,而同时有一些个体消极对待甚至想要放弃自己的生命法益,在相同的时空背景下,个体的价值取向不可能完全一致,社会应承认客观上不同价值观念的存在。放弃自己生命法益的行为虽然不应被推崇,但是作为拥有自我决定权的个体基于自由意志放弃自己生命法益的权利应被尊重和认可,这一行为不应被谴责甚至定罪。少部分个体对生命法益的消极对待甚至放弃的行为,不会威胁社会整体秩序,相反,企图剥夺这一权利的行为反而会让社会陷入纷争,应将自杀行为纳入生命权与人格尊严等宪法基本权利的保障范畴。[②] 社会关系拥有自我调节的功能,实在无须过度担忧对生命法益自我决定权的尊重会威胁社会稳定。

其三,对自杀权的保障合乎道德准则。随着欧洲文艺复

---

① See Dennis J. Baker, *The Moral Limits of Criminalizing Remote Harms*, 10 New Criminal Law Review, p. 370(2007).

② 参见王钢:《法外空间及其范围:侧重刑法的考察》,载《中外法学》2015 年第 6 期。

兴、启蒙运动的兴起，自杀犯罪化的观点逐渐式微，一些学者对自杀犯罪化论展开了猛烈抨击。[①] 宗教和道德教义既然赋予人民广泛的权利，那么自杀权也应在其中，也应被承认和保护。个人对自己没有法律义务，[②]法益主体既然享有生命权，就意味着其能基于自由意志对生命法益作出处分，这样的解读思路才具有逻辑自洽。当法益主体基于自由意志决定放弃生命法益时，他的权利应该被尊重。因此，从道德准则角度审视自杀权，尊重法益主体对生命法益的放弃不仅并未违反道德准则，反而是对道德准则的坚守。[③]

（三）同意杀人问题

对生命法益的放弃既包括自杀这类法益主体亲自实施剥夺自己生命的行为，还包括法益主体授权他人剥夺自己生命的行为，如同意杀人问题，同意杀人情形下法益主体将对生命法益的现实处置转移至另一方（行为人一方），将行为人一方牵涉进来，由此引发的法律关系认定自然与自杀行为不同。

---

① 参见李建军：《自杀行为在西方法律史上从“犯罪”到“权利”的演变探析》，载《政治与法律》2007 年第 2 期。

② See J. G. Castel, *Nature and Effects of Consent with Respect to the Right to Life and the Right to Physical and Mental Inegrity in the Medical Field: Criminal and Private Law Aspects*, 16 Alberta Law Review, p. 319 (1978).

③ See Dworkinetal, *Assisted Suicide: The Philosopher's Brief*, New York Review of Books, p. 41 – 47 (1997).

基于此,对法益主体放弃生命法益的行为要结合不同的行为类型予以解构。和自杀行为相比,同意杀人牵涉的法律关系更为复杂。同意杀人,顾名思义,就是法益主体(被害人)同意他人(行为人)剥夺自己的生命。西方有法律谚语“一个人不会被其同意的事情所伤害”①,依此逻辑,同意杀人行为应出罪,而对安乐死、尊严死的合法性问题研讨更是加剧了这一问题的复杂性。② 安乐死、尊严死也涉及基于法益主体的同意而对其生命法益的处置问题,然而,由于安乐死、尊严死是医学领域特殊的生命法益处置问题,涉及医学伦理、人道主义等价值考量,因此,本书不将其纳入同意杀人的刑法体系进行研讨。关于同意杀人问题,学界当前主流学说认为其应被作为犯罪,本书赞同这一主张,理由如下。

其一,生命法益具有不可转让性。同意杀人行为中,经法益主体(被害人)的同意,由行为人实施杀人行为,这与自杀行为中由法益主体亲自实施结束自己生命的行为存在本质性差异。

① Terence Ingman, *A History of the Defense of Volenti Non Fit Injuria*, 26 Juridical Review 1, p. 8 (1981).

② 学界对安乐死的正当性的研讨也多以被害人自我决定权为依据。See Michael A. Salatka, *The Patient Self-Determination Act of* 1990: *Issues Regarding the Facilitation of Advance Directives*, Patient Autonomy, Assisted Suicide, and Euthanasia, 1 Journal of Pharmacy & Law (1992); Hilary Young, *Cuthbertson v. Rasouli: Continued Confession over Consent-Based Entitlements to Life Support*, 52 Alberta Law Review (2015); Irving Ladimer, *Self—Determination for Life and Death*, 15 Medicine & Law (1996).

与自杀行为相比，同意杀人中介入了行为人的行为。同意杀人一旦被合法化，意味着只要获得法益主体的同意，处置、剥夺他人生命的行为就是合法的，这样的结论显然无法让人接受。生命法益具有特殊性，对其的处置权限不可随意转让给其他人，否则对生命法益的处置将变得任意，不利于对生命法益的保护。

其二，同意杀人违反了自我决定权的行使以不干涉他人权利为前提的准则。与自杀行为不同，同意杀人中的杀人行为由行为人完成，尽管行为人的杀人行为基于被害人的真实嘱托，但杀人这一实行行为由行为人完成。在同意杀人的法律关系中，不仅有被害人，还有行为人，被害人对自己生命法益的处置虽然是基于自我决定权，但是其行使自我决定权的行为将行为人牵涉其中，使行为人陷入"杀人者"的角色。由此可见，同意杀人中的法律关系有别于自杀，法益主体行使自我决定权的行为"干涉""影响"了他人权利，这导致在同意杀人问题中，被害人无法以自我决定权为依据阻却行为人责任。此外，如果将同意杀人合法化，有违尊重生命法益的价值导向，会影响法律对社会成员生命法益的保护。[①] 因此，从本质来讲，同意杀人是"有别于自杀的，否定他人生命的行为"[②]。

---

① 参见王钢：《德国判例刑法：分则》，北京大学出版社 2016 年版，第 18 页。

② [日]大塚仁：《刑法概说（各论）》，冯军译，中国人民大学出版社 2003 年版，第 37 页。

其三,生命法益的终结具有不可逆转性、不可恢复性,对生命法益的处置要进行严格限制。生命法益以具体个体为载体,对生命法益的剥夺,导致个体生命的消失,依附于个体之上的生命权利也将彻底消失,因此,与其他法益不同,生命法益一旦被终结,将导致自由所依附的主体本身的消亡,具有不可恢复性。① 鉴于此,对生命法益的保护极为严格。同意杀人违反了"不可无正当理由剥夺他人生命法益"的准则,被害人放弃生命法益的承诺不能成为阻却行为人违法的理由。同意杀人在多个国家、地区被认定为犯罪,例如德国、日本、意大利等,"同意人无权处分自己的生命"②的学说已获得普遍实践和遵守。《美国模范刑法典》也对同意杀人行为作出了否定——被害人同意被杀害从来都不是行凶者的完全正当理由。③

囿于生命法益的特殊性,在生命法益面前,主体的自我决定权要受到一定的限制,同意杀人无法获得合法性。④ 然而,这并非意味着对法益主体自我决定权的否定,同意杀人不仅

① 参见冯军:《刑法问题的规范理解》,北京大学出版社2009年版,第159页。

② [意]杜里奥·帕多瓦尼:《意大利刑法学原理》,陈忠林译评,中国人民大学出版社2004年版,第162页。

③ See Joshua P. Gilmore, *Murder Felony is Felony Murder: How the Nevada Supreme Court's Decision in Nay v. State Reflects the Growing Misconception Surrounding "Afterthought" Robbery*, Nevada Law Journal, p. 673(2009).

④ 参见徐岱、凌萍萍:《被害人承诺之刑法评价》,载《吉林大学社会科学学报》2004年第6期。

牵涉法益主体一方，还将他人牵涉其中，自我决定权的行使不能影响他人法益，因此，对自我决定权在一定情形下作出限制，并非意味着对主体自我决定权的剥夺或否定，相反，是为了主体更好地实现自我决定权。

三、被害人危险接受与生命法益

在同意杀人中，法益主体的自我决定权在生命法益问题上受到了限制，而被害人危险接受是被害人自我决定权的一种实践，也会出现被害人死亡的结果，由此引发对自我决定权与被害人危险接受之间关系的争议，当出现被害人死亡的结果时，自我决定权似乎难以为被害人危险接受提供全面的理论支持。进而引发对另一个关联问题的讨论，即被害人危险接受中，被害人将其生命法益置于危险之中的处分行为是否有效？如果发生被害人死亡的结果，是否可以排除行为人的责任？这一判断结论将直接影响被害人危险接受中的责任承担。

有学者认为，被害人危险接受不能适用于存在生命法益危险的场合，以黎宏教授为例，他认为被害人同意理论在论证被害人危险接受阻却归责问题对生命法益的处置上失效了，这一处理结果同样适用于被害人危险接受，当出现由于行为人的过失导致的被害人死亡结果时，不能以被害人自冒风险为由免除行为人的责任。[①] 这一主张的成立前提是被害人同意理论可以作为被害人危险接受阻却归责问题的解决路径，然而，被害人同意理论与被害人危险接受存在理论壁垒，对此前文已展开详细论证。在同意杀人问题上，被害人同意中被害人基于自我决定权，充分认识到死亡的危险性并积极追求死亡结果，最终的死亡结果完全符合被害人的主观追求。[②] 而被害人危险接受中，虽然被害人对危险作出接受，但其极力避免死亡结果的出现，死亡（丧失生命法益）结果的出现，偏离了被害人主观预期，被害人危险接受中被害人从未放弃生命法益，生命法益的丧失并不是被害人行使自我决定权所追求的内容。正是基于这样的逻辑，被害人同意理论对生命法益的处置结论不可适用于被害人危险接受，由此也证成了被害人危险接受中被害人自我决定权的行使与生命法益的丧失不存在本质性冲突。

被害人危险接受与尊重生命法益的价值理念存在本源性契合。被害人危险接受中被害人从未放弃其生命法益，虽然

---

① 参见黎宏：《过失犯若干问题探讨》，载《法学论坛》2010 年第 3 期。

② See J. G. Castel, *Nature and Effects of Consent with Respect to the Right to Life and the Right to Physical and Mental Inegrity in the Medical Field: Criminal and Private Law Aspects*, 16 Alberta Law Review, p. 303 (1978).

出现了丧失生命法益的结果，但这一结果并不是被害人自我决定权积极追求的内容，而是被害人行使自我决定权所承受的代价。这证明了被害人危险接受与同意杀人存在本质性差异，同意杀人入罪的一个重要法理基础是其冲击了尊重生命法益的价值导向，有悖社会伦理。被害人危险接受虽然可能出现被害人死亡(丧失生命法益)的结果，但是被害人并未放弃生命法益，相反，被害人排斥生命法益受损的结果。如果全面否定被害人危险接受中被害人对生命法益作出冒险决定是一种自我决定权的行使的话，那么这意味着对被害人自我决定权的不当限缩。这意味着一切可能导致被害人生命法益受损的冒险行为，例如驾驶机动车、极限运动等，都将被排除出被害人自我决定权的行使范围，然而这一结论显然无法被人接受。问题的本质在于，被害人危险接受中被害人从未放弃其生命法益，死亡结果的出现只是被害人行使自我决定权所出现的预期之外的结果，这一结果背离了被害人的主观追求，而这一切都应建立在被害人危险接受中被害人对其生命法益的冒险行为应该被尊重的基础上。

四、自我决定权与危险接受阻却归责

被害人危险接受与自我决定权之间存在密切关联，被害人危险接受中被害人基于充分认识接受并支配危险是在自我决定权保障下的过程,可以说,被害人危险接受是对自我决定权的一种理论诠释。

(一)基于自我决定权的被害人危险接受

由于被害人危险接受中被害人对危害结果的实现持排斥态度,因此,有观点认为被害人危险接受中被害人欠缺实现危险的意志,被害人危险接受不能被认为是被害人自我决定权的实现,然而,这一理论解读存在偏差,被害人危险接受是基于自我决定权的理论,原因如下。

其一,被害人危险接受是法益主体对自我决定权的一种实践。被害人危险接受中被害人对危险的接受基于其对危险的充分认知,在此前提下,尽管被害人意识到可能会出现法益侵害结果,但其仍选择陷入危险,对自己的法益按个人意愿予以支配,这完全契合自我决定权的精神。自我决定权的根基是自由,其中选择自由是自由的重要组成部分,也是自我决定权的重要内容。① 选择自由意味着主体可以按自己意志支配自己的行为,被害人危险接受中被害人基于自由意志接受危

① See R. Faden & T. L. Beauchamp, *A History and Theory of Informed Consent*, Oxford University Press, p. 7(1986).

险的行为就是对自我决定权的行使,虽然最终出现了被害人排斥的法益侵害结果,但这是被害人行使自我决定权溢出的结果或代价,与自我决定权并不冲突。不论是基于合意的他者危险化还是自己危险化的参与,其理论构成都完全契合自我决定权的精神。

其二,自我决定权与自我决定权行使所导致的结果是两个不同层面的问题,不能因为被害人排斥法益侵害结果,就反向否定被害人对自己法益的支配。主体行使自我决定权与自我决定权行使后导致的结果是两个层面的问题,自我决定权的行使完全有可能出现被害人预期之外的结果,这是被害人必须承受的代价,不能因为行使自我决定权导致的结果而否定自我决定权,主体的选择自由应当被尊重。① 以被害人排斥法益侵害结果而否定自我决定权的解释路径不仅实质否定了被害人的自我决定权,还影响了主体间的刑事责任承担判定,对公正判定行为人责任是不利的。

从事件的发展规律来看,任何决策都充斥着风险,法益主体在作出行为选择时无法完全避免法益侵害结果的出现,然而,这并不妨碍法益主体自我决定权的行使。对主体是否行

---

① See Jo Samanta & Ash Samanta, *Holistic Determination for Oneself: A New Paradigm for Self-Determination at End of Life*, 72 Cambridge Law Review, p. 690 – 691 (2013).

使了自我决定权的判断时点应限定在主体作出自由决定的时刻,主体作出决定后,事件向前发展的过程中随时可能出现被害人预期之外的结果,但这些结果并不能反向否定这一事件是被害人行使自我决定权的产物。被害人行使自我决定权作出危险接受后,尽管出现了法益侵害结果,但法益侵害结果出现之时被害人已经实现了自我决定权。参与赌博者都不希望自己输钱,但不能因为出现了输钱的结果就否定赌博者参与赌博行为的自愿性。总之,用法益侵害结果的出现违背了主体(被害人)的意志这一理由是不能否定主体(被害人)作出行为选择的自由性。

(二)自我决定权下的危险接受阻却归责

前文已经证成被害人危险接受以自我决定权为理论依据,那么,对被害人危险接受阻却归责问题的研讨也需回溯至自我决定权理论。被害人基于自由意志,在对危险有着充分认知的前提下自愿陷入危险,并由其实质支配危险实现,这一行为是被害人自我决定权的实践,那么对由此出现的法益侵害结果必须由被害人承担相应的代价,具体而言,自我决定权至少在以下几个方面为被害人危险接受阻却归责提供理论支撑。

其一,自我决定权理论尊重法益主体的法益处分行为,这为被害人危险接受阻却归责的适用提供主体支持。被害人危险接受涉及被害人法益处分行为对最终责任承担的影响，这一理论问题的解决需要明晰被害人的主体地位，只有正视被害人的主体地位，才能公正厘清被害人与行为人之间的责任承担问题。被害人主体地位的崛起不仅与被害人学的发展存在直接关联，还与自我决定权原理在刑法学科的实践存在密切联系，被害人同意、被害人危险接受等相关理论的诞生都体现了对被害人自我决定权的尊重。在相当长的一段时期里，自我决定权理论在法学领域的影响多以宪法中的人权保障、民法中的意思自治等原则形式体现，而刑法中对自我决定权的贯彻多体现在分则具体罪名中，如暴力干涉婚姻自由罪、非法拘禁罪、强奸罪等具体罪名的设置，总则性规定中对自我决定权的体现并不充分。随着自我决定权原理与刑法互动的不断深入，被害人的主体地位变得愈加重要。

自我决定权原理提倡尊重法益主体自我决定的权利，被害人也不例外，这为被害人危险接受阻却归责的适用提供了主体支持，被害人基于自由意志实施的处分个人法益的行为应被尊重，被害人有权利也有义务对其行为担责。具体而言，一方面，自我决定权的行使以法益主体享有充分的意志自由为前提，只有当主体具备充分的意志自由时，才能基于自由意志决定是否陷入危险，如果主体作出危险接受的意志是不自由的,那么就不能要求主体对由此产生的法益侵害结果担责。另一方面,自我决定权强调主体间权利行使的平等性,即不仅行为人有自我决定权,被害人同样也有。只有完全尊重被害人的自我决定权才能客观评析其行为对刑事责任承担的影响,才能科学解决被害人危险接受阻却归责问题。

其二,自我决定权理论要求被害人必须基于自由意志支配自己的行为,这为被害人危险接受阻却归责的适用提供主观认定条件。被害人危险接受可以产生阻却行为人责任的效果,这要求作出危险接受的被害人必须基于自由的、真实的意志,否则不能认定被害人对危险作出了“接受”,不能要求被害人对法益侵害结果自我答责,这是对被害人危险接受主观层面的限定。自我决定权包含了建立在自治基础上的自我调节,①法益主体基于自由意志可以对其行为进行自由支配。要求被害人对自己的行为负责,必须以其能够基于自由意志支配自己的行为为前提,即要求被害人必须享有自我决定权,否则被害人决定陷入危险的决定将变得无意义,②遑论责任

① See Jo Samanta & Ash Samanta, *Holistic Determination for Oneself*: *A New Paradigm for Self-Determination at End of Life*, 72 Cambridge Law Review, p. 703 (2013).

② See George P. II Smith, *All's Well That Ends Well*: *Toward a Policy of Assisted Rational Suicide or Merely Enlightened Self-Determination*, 22 University of California, Davis Law Review, p. 279 – 282(1989).

承担。

其三,自我决定权原理为被害人危险接受阻却归责提供理论基础。自由与责任[①]共生,自由是主体权利的实现,权利的实现往往伴随着义务,因此自由的行使一定包含着相应的责任,[②]主体有作出行为选择的自由,同时主体也有义务为决定所产生的后果负责。[③] 被害人危险接受中被害人基于自由意志自愿介入危险之中,并由被害人实质支配行为走向,这是被害人行使自我决定权的行为,法益侵害结果的出现是被害人行使自我决定权产生的后果,因此,被害人需要对由此产生的法益侵害后果承担相应责任。

第三节　根据之二:弱刑法家长主义理论

与自我决定权相比,刑法家长主义与被害人危险接受的关联并非显而易见,甚至有学者将刑法家长主义置于一切以自我决定权为根基的理论的对立面。随着对自我决定权的实

① 此语境下的"责任"与本书其他地方出现的"刑事责任""归责"并不是同义词,从语义外延来看,"责任"的外延更广,它不仅包括刑法意义上的责任,还包括民法、行政法等其他法律上的责任。

② 参见陈兴良:《刑法的人性基础》,中国人民大学出版社2006年版,第261页。

③ See Capron, *Informed Consent in Catastrophic Disease Research and Treatment*, University of Pennsylvania Law Review, p. 365(1974).

现以及对自我决定权如何更好地实现等相关问题的探讨,以刑法家长主义概念的裂变为契机,学界对自我决定权与刑法家长主义关系的认知开始产生转变,相应地,以自我决定权为理论根基的危险接受阻却归责理论与刑法家长主义的关系得以被发现和建构。

一、弱刑法家长主义的内涵与演变

弱刑法家长主义内涵的演变赋予弱刑法家长主义全新的理论内核,为弱刑法家长主义对危险接受阻却归责理论的阻却归责根据提供了前提。

(一)家长主义的裂变:弱刑法家长主义的确立

弱刑法家长主义的内涵并非一成不变,对弱刑法家长主义内涵的理解,应摒弃固化的惯性思维。

1. 刑法家长主义的界定

法律家长主义,又称为法律父权主义,粗略而言,即要求人们做对自己有益的事。[1] 法律家长主义将国家与公民间的

① See R. George Wright, *Legal Paternalism and the Eclipse of Principle*, University of Miami Law Review, p. 194(2016).

关系拟制为父母与子女间的关系,国家要像父母保护子女那样,保护公民免受来自他人以及自己的伤害。杰拉德·德沃金教授将家长主义定义为“一个国家或个人对另一个人的干涉,反对他们的意志,并为保护被干涉的人的利益而进行辩护或激励”①。范伯格教授对家长主义的界定在世界范围内具有广泛影响,“……支持家长主义的一个很好的理由是有必要防止对行为人本身的伤害(身体、心理或经济上的伤害),其他方法可能不像家长主义般有效,而且不会对其他价值造成更大的代价”②。刑法家长主义是法律家长主义在刑法领域的具体化,结合上述对家长主义的界定,刑法家长主义就是刑法为了保护法益主体免受来自他人或自己的伤害,有权动用刑法对法益主体的某些自治行为进行干涉。哈特教授是家长主义的维护者,他认为在帮助自杀或帮助伤害案中排除被害人同意的效力,即是刑法家长主义的典型应用。③

2. 弱刑法家长主义与强刑法家长主义

在家长主义的理论演化过程中,学者们曾尝试对其分类,

---

① Rosemary Carter, *Justifying Paternalism*, 7 Canadia Journal of Philosophy, p. 133 (1977).

② Joel Feinberg, *Harm to Self: The Moral Limits of the Criminal Law*, Volume 3, Oxford University Press, 1986, p. 13.

③ 参见[英]H. L. A. 哈特:《法律、自由与道德》,支振锋译,法律出版社 2006 年版,第 30~32 页。

如德沃金教授曾将家长主义区分为纯正家长主义和不纯正家长主义,[①]但终因这两种类型的划分存在界限不清、部分重叠的缺陷,而未在学界广泛普及。[②] 在学界产生广泛影响的是以干涉程度为依据,将家长主义分为弱家长主义和强家长主义。弱家长主义(也可译为“软家长主义”或“温和的家长主义”)的理论应用完全依赖于“被干涉的人是否自觉地行动”,当被干涉者存在意思瑕疵时,其行为决定应被认定为是非充分自治的,基于对其利益的保护,法律可以介入;而当被干涉者充分行使自治时,法律就不宜介入,这是弱家长主义的模式。强家长主义(也可译为“硬家长主义”或“严格的家长主义”)坚决禁止任何被认为是危险的行为,不管一个人是否有能力形成合理的判断。[③] 两种家长主义最重要的区别在于单方情形中行为人的自愿性以及双方情形中同意者的自愿性所起的作用不同。[④] 强家长主义实质上将被干涉对象默认为不能理性

---

① 纯正家长主义中,用刑罚威慑进而被限制自由的人,正是因为这类威慑而被提升利益的人;非纯正家长主义中,保护一类人利益的唯一方式就是限制另一类并不因此受益的人的自由。

② See Richard A. Wasserstrom, *Morality and the Law*, Belmont: Wadsworth Publishing Company, 1971.

③ See Ellen Wright & Kate Harker, *Misusing Drugs and Misapplying Paternalism: Injecting Portuguese Decriminalisation into the UK Justice System*, 4 Legal Issues, p. 102 (2016).

④ 参见[美]乔尔·范伯格:《刑法的道德界限:对自己的损害》(第3卷),方泉译,商务印书馆2015年版,第12页。

自决的个体，所有被干涉对象都是需要进行"家长式"关怀的对象。在强家长主义模式下，个体的任何决定、选择，最终都要经历"家长"的审核。强家长主义坚决禁止任何被认为是危险的行为，不管一个人是否有能力形成合理的判断。相较而言，弱家长主义的施用更为慎重，更尊重被干涉对象的主观意志，其理论关切点为被害人的意志选择是否自愿、真实，而非是否明智、谨慎。

现代刑法正经历从家长制国家刑法向自由法治刑法转向，其发展趋势是刑法家长主义的强制力与适用范域都在压缩，强刑法家长主义实际上已经很少存在了，仍被不断进行理论重塑的是弱刑法家长主义。范伯格更是极端地指出，弱家长主义其实已经不是家长主义了，相反，它是家长主义的反对者。① 范伯格的结论可能略显偏激，但是弱家长主义与自由精神的统一却是无法否认的，当代弱刑法家长主义就在实践着这样的精神，究其缘由，主要有以下几点。

其一，强刑法家长主义自其诞生之日就饱受各种质疑，强刑法家长主义对不同对象事无巨细的干涉，导致刑法家长主义对个人自由的过度侵蚀，刑法家长主义被全然推至于自

① 参见[美]乔尔·范伯格：《刑法的道德界限：对自己的损害》（第3卷），方泉译，商务印书馆2015年版，第15页。

我决定权的对立面,这样的处境是两种理论都想极力避免的。“家长主义可能会在某些方面限制自治,而在某些方面增加自治。然而,通常情况下,当家长主义违反或妨碍了被以家长主义对待的人的自治权时,它就是错误的”①。强家长主义支持者认为防止自我损害是强家长主义的重要依据,但是强家长主义对干涉自由的规范的正当化具有道德冒犯性,因为它侵入了个人自治领域。强刑法家长主义的全面干涉性做法几乎吞噬了主体的自治空间,导致自治权无条件让位于国家意志,这是尊重自治权的当代法律精神所不能容纳的。

其二,刑法领域,显然不是强刑法家长主义理想的推广之域。强刑法家长主义强调对法益主体的全面介入性,但是作为法律的最后一道防线,刑法只将最严重危害法益的行为规定为犯罪,在刑法谦抑性、比例原则等的限制下,刑法时刻在警惕“罪刑肥大”的现象,因此,从法益的调整范围来看,刑法显然无法满足强家长主义的野心。同时,刑法以刑罚为媒介,刑罚的发动成本高昂,一旦启动将对行为人造成严重影响。强刑法家长主义强调刑法的干涉性与介入性,对强刑法家长

① R. George Wright, *Legal Paternalism and the Eclipse of Principle*, 71 University of Miami Law Review, p. 194(2016).

主义的贯彻将导致刑罚的发动成为平常之事，这与刑法的价值不符。

其三，强刑法家长主义背离了保护法益主体的宗旨，这也是其被取代的最根本原因。强刑法家长主义被人广为诟病的是其虽然表面上宣扬以保护法益主体的利益为目标，但是其以“家长”的价值取向取代被干涉对象的个人好恶，根本上并没有考虑法益主体的真正需求，它将所有的法益主体都视为“愚昧的、无法保护自己法益”的对象，因此直接代替法益主体作出决定。这样的理论是极其自私的，在这样的理论氛围中，个人利益沦为集体利益的牺牲品，个人的诉求被整体的价值追求所湮没。与之相比，弱刑法家长主义则偏于理智和温和，在充分尊重法益主体利益的前提下，对法益主体更好地实现法益进行适当引导，仅在法益主体不足以保护其法益时才予以介入，其本质上是在提升被害人自治权，有利于被害人更好地实现自治，这样的理论特质为弱刑法家长主义与危险接受阻却归责理论的契合提供了前提。

（二）弱刑法家长主义的当代解读

任何与现实脱节的理论最终都要被时代所遗弃，自我决定权的内涵在丰富，弱刑法家长主义的解读也在变革，依然沿用哈特时代对家长主义的解读方式已然不现实。现实的理论障碍不断倒逼刑法家长主义的改革,从刑法家长主义中分化出强刑法家长主义与弱刑法家长主义,并由弱刑法家长主义逐渐取代强刑法家长主义,直至当前对弱刑法家长主义的不断塑造,都在实践着要放弃对刑法家长主义的僵化性认知与偏见的理解,对其作出全新的解读。当代弱刑法家长主义至少应具备以下三种品质。

其一,刑法规制范围的限缩品格。随着社会的发展演进,特别是随着风险社会的来临,刑法对法益的保护范畴在不断进行调整,这背后践行的是弱刑法家长主义的适用理念,也是弱刑法家长主义与自我决定权关系不断趋于稳定、成熟的标志。刑法对法益的保护范围不断发生变动,曾经作为犯罪规制对象的酗酒、同性恋,早已实现去罪化,甚至当前葡萄牙还率先实现了将购买、持有和消费所有供个人使用的毒品去罪化的处遇,[①]这是对弱刑法家长主义法益保护范围的又一次调整。购买、持有、消费毒品的行为是一种典型的对个人身体或生命法益存在严重危害的行为,刑法家长主义曾长期被主张吸毒及相关行为入罪化的学者作为重要的入罪理论依据,但是葡萄牙的改革再一次动摇了刑法家长主义看似牢不可破的

---

① See Ellen Wright & Kate Harker, *Misusing Drugs and Misapplying Paternalism: Injecting Portuguese Decriminalisation into the UK Justice System*, 4 Legal Issues, p. 106 (2016).

理论支撑。当然,随着科技发展,未来还可能会出现新型的需要刑法保护的法益,刑法的法益保护范围将一直处于动态调整状态,但是这一趋势整体上仍以限缩为品格。

其二,保护理念的重新定位。早期的刑法家长主义将干涉等同于保护,且干涉几乎被视为保护的唯一手段,在这样的逻辑里,刑法对公民法益的干涉范围越广、干涉内容越多,就越能证明刑法对公民的保护之完善。这样的解读方式对“保护”的认知明显存在偏差,因为保护的范围与保护的质量或效果无法等同。如果所谓的“保护”是以牺牲公民的自治权为代价,就不能承认这样的保护具有合理性。刑法对公民法益保护的完善,意味着为公民法益的实现创造了更包容、更自由的空间,但是早期的刑法家长主义显然不具备这样的理论预期。现代弱刑法家长主义的一个认知转型即不再将干涉等同于保护,而是赋予潜在被干涉对象更多的自主权。弱刑法家长主义内涵的变化并不意味着刑法放弃对公民的全面保护,而是赋予公民更多的信任,从干涉性介入到指引性帮助,旨在更好地保护公民实现自己的利益。在这样的保护理念下,引导与尊重将成为现代弱刑法家长主义的重要内容。

其三,个体道德情感的重建。当代弱刑法家长主义肩负的一项重要职能即扭转人们长期以来对刑法家长主义的敌对与偏见,刑法家长主义曾长期被认为是一个充满侵略性的概念,人们把家长主义置于自治权的绝对对立面。这样的理论偏见与强刑法家长主义对公民自治权的强势干涉有直接关联。当代弱刑法家长主义在不断调整理论边界,例如,弱刑法家长主义反对干涉虽然危险但仅涉己的行为,纵使这些行为未经深思熟虑,[①]这些理论调整都是早期的家长主义不可想象的。但是固有的理论偏见导致弱刑法家长主义的这些努力和理论价值很容易被忽视,只有扭转理论偏见,才能充分利用和挖掘弱刑法家长主义的理论价值。成熟的社会依然需要家长主义,[②]如何平衡弱刑法家长主义与自我决定权的关系,背后隐藏的是公民道德情感的重建。哪些行为是合理的,不再由家长主义单方面决定,在弱刑法家长主义的引导过程中,法益个体对自由的解读会产生新的认知,自由不再只是表面的不干涉,适当的引导和教导可能才更有利于保护自由、保护法益,在这个过程中,个体的道德情感随着时代的发展不断被打破重建,这种道德重建也会直接影响弱刑法家长主义的理论内涵,通过这样的互动,推动理论与现实的互益。

---

① 参见[美]乔尔·范伯格:《刑法的道德界限:对自己的损害》(第3卷),方泉译,商务印书馆2015年版,第125页。

② 参见[日]平野龙一:《刑法的基础》,黎宏译,中国政法大学出版社2016年版,第83页。

二、一个似是而非的命题：弱刑法家长主义与自我决定权的矛盾

弱刑法家长主义与自我决定权表面上看起来是相互对立的理论，不厘清两者之间的关系就无法为危险接受阻却归责理论的应用提供依据。

（一）理论背景

以范伯格、罗尔斯等为代表的中立的自由主义者曾对法律家长主义展开了全面批驳，以完全的自治为核心的自我决定权与以法律的全面干涉为表征的法律家长主义之间天然地存在不可弥合的罅隙。康德也非常警惕家长主义的威力，他认为，“国家不得也不必以家长主义的方式关注公民的利益和幸福”①。但随着对自治的深入解读以及法律家长主义的理论分化，特别是对弱刑法家长主义的发现，自我决定权与弱刑法家长主义的理论外延开始产生交叉。当前，完全意义上的自治正逐渐丧失其对当今理论家和决策者的可信性和吸引力，

① ［美］E. 博登海默：《法理学：法律哲学与法律方法》，邓正来译，中国政法大学出版社 1999 年版，第 81 页。

只留下更温和、更少野心的自治形式。这一理论趋势投射到弱刑法家长主义上,意味着对家长主义的讨论将越来越多地集中在详细的、情景化的、具体的调查问题上,而不是诉诸基本原则。停留在宏观原则层面对弱刑法家长主义阻滞自我决定权的实现进行指摘并不具有说服力,因此,对弱刑法家长主义的讨论逐渐从抽象化、原则化的探讨偏向具体化、情景化的分析。①

当我们试图限制家长式作风,仅仅是为了促进受干涉的一方已经真正寻求或重视的某些具体的自治时,预期的通过限制家长主义进而实现自治权的设想却在一些情形下产生了偏差。例如,如果不按被干涉方当前自己选择的行为方式,而是通过家长主义可以帮助被干涉方更好地实现既存目标,并有力地促进自治权的实现时,我们就无法再继续坚持家长主义是自治权实现的障碍的论断。密尔最早揭示出了弱刑法家长主义与自治权的关系,密尔认为,自由就是做自己想做的事情。如果发现一个人在完全不知情的情形下要通过一座危桥,在来不及对其进行危险告知的情形下,可以直接阻止其过桥而不被认定为侵犯其自由。因为该过桥人并不想掉进河

---

① See R. George Wright, *Legal Paternalism and the Eclipse of Principle*, 71 University of Miami Law Review, p. 194(2016).

里，因此，阻止其过桥的行为并没有违反其意志，没有对其自由构成侵犯。[①] 密尔的论述打破了对法律家长主义的一贯偏见，对不加区分地针对家长主义进行指责的自由主义学者进行了回应，揭开了长期笼罩在法律家长主义之上的、被视为自我决定权的对立面的面具。

（二）弱刑法家长主义与自我决定权

以弱刑法家长主义内涵的演变为背景，弱刑法家长主义与自我决定权的关系历经长期调试，从初期的绝对对立发展为当前的相对缓和，弱刑法家长主义与自我决定权的关系判断也从最初的单维度解构，发展为多维度认知模式。当前，学界对弱刑法家长主义与自我决定权关系的界定已趋于理性。

首先，弱刑法家长主义与自我决定权存在一定程度的互斥。从理论立场来看，自我决定权以个体自由为核心，强调个体行为的充分释放；在法律关系上，个体有权按自己的意愿处分自己的法益，即便个体的法益处分行为可能会危及自身利益。弱刑法家长主义则强调对个体行为的介入与引导，当个体的行为会危及自身法益时，基于“家长式关怀”，刑法应阻止

① 参见孙笑侠、郭春镇：《法律父爱主义在中国的适用》，载《中国社会科学》2006 年第 1 期。

个体行为。弱刑法家长主义是悬在自我决定权之上的一把利剑,当自我决定权的行使导致权利主体或其他主体的法益受损时,刑法即有介入的可能。从这个视角来看,弱刑法家长主义是对自我决定权理论的限制,是自我决定权的死敌,这一张一弛的理论立场表面上互不兼容,但这仅是弱刑法家长主义与自我决定权关系的一个侧面,无法遏制两种理论的共性与协调。

其次,弱刑法家长主义与自我决定权互为牵制。作为法益的最后保障,刑法完全摒弃家长主义的价值是不可行的,但其角色已从"全面干涉"调整为"适度干预"。弱刑法家长主义之下的自我决定权的行使必须遵循一定的轨迹,通常情况下,对自我决定权的恣意行使会引发弱刑法家长主义的介入,当弱刑法家长主义违反或妨碍了人的自治权时,它就是错误的。不受任何法律约束的自由是不存在的,历史上学者们对自由的争论不是自由该不该受到约束,而是受到多大程度、哪种形式的约束,因此,弱刑法家长主义与自我决定权之间存在一种互为牵制、互相制约的关系。在这两种理论的关系定位中,自我决定权并非总是居于被动的被干涉地位,它还是检视弱刑法家长主义是否错误干涉的标准,相应地,弱刑法家长主义并非总是处于强势地位,当弱刑法家长主义的行使对自我决定权构成威胁时,其干涉的正当性就要面临质疑。

最后,弱刑法家长主义与自我决定权的关系需要共存。(法律)过多的积极干预会减少自由,而过少的干预会减少维持真正意思自治生活所必需的选择范围。① 因此,弱刑法家长主义与自我决定权对彼此的理论存续都有积极意义,这才是这两种理论当前关系的基调。弱刑法家长主义与被害人自我决定权之间并非总是充满着理论裂隙,两种理论完全可以以另一种互补的方式和谐共存。弱刑法家长主义通常被认为限制了自我决定权,但事实上,弱刑法家长主义与自我决定权的互动存在多种可能性,弱刑法家长主义与自我决定权的关系定位有赖于对自我决定权边界以及实现方式的认识。当代弱家长主义认为,当且仅当可以充分怀疑行为人的行为并非出于自愿时,干涉方属正当。② 如果认为自我决定权可以不受任何拘束、恣意而为,那么弱刑法家长主义的确会对自我决定权的行使产生干涉。如果能认识到自我决定权的恣意行使会陷入混乱,最终会影响自我决定权的实现,保持弱刑法家长主义的适度干预,反而有利于自我决定权的更好实现,那么弱刑法家长主义反而会增强自我决定权。因此,弱刑法家长主义与

① 参见[英]威廉姆·威尔逊:《刑法理论的核心问题》,谢望原等译,中国人民大学出版社 2014 年版,第 41 页。

② 参见[美]乔尔·范伯格:《刑法的道德界限:对自己的损害》(第 3 卷),方泉译,商务印书馆 2015 年版,第 157 页。

自我决定权的共存关系需要建立在对自治权的充分尊重的基础上。

综上,将弱刑法家长主义与自我决定权的关系仍解释为充满互斥的矛盾关系是狭隘的、过时的,这样的论断无视弱刑法家长主义对法益主体的保护,对法益主体自治权尊重的现实。弱刑法家长主义对自我决定权的介入,通过限制某些方面的自由,为了保护其他方面更重要的自由,其本质仍在促进自由,对弱刑法家长主义与自我决定权关系的解构应坚持发展的、多维的、互动的立场。弱刑法家长主义的内涵还会继续因应社会背景变迁进行调整,企图固化弱刑法家长主义内涵的努力不仅徒劳而且无益,在这一理论发展过程中,其与自我决定权的理念与目标将更为融合、一致。

三、弱刑法家长主义与危险接受阻却归责

尊重被害人的选择自由,是连接弱刑法家长主义与危险接受阻却归责理论的桥梁,也是弱刑法家长主义下被害人危险接受阻却归责的基石。在此基础上,弱刑法家长主义为危险接受阻却归责理论的阻却归责应用提供全面的理论支持。

(一)理论前提:尊重被害人的选择自由

在弱刑法家长主义将“尊重被害人的选择自由”作为基本的理论教义后,其真正成了危险接受阻却归责理论的理论基础之一。弱刑法家长主义下,尊重被害人的选择自由意味着如下内容。

其一,自由应被放置在第一位。因为将自由置于首位,自由与秩序方能和谐。① 弱刑法家长主义具有反家长主义倾向,它站在限制自由的对立面,但是如何打破横亘在自由与刑法家长主义之间的障碍,钳制着弱刑法家长主义的理论重塑。乔尔·范伯格认为,通过将“自由主义”的内涵延伸,弱家长主义也将成为道义性的限制自由原则。② 正如汤姆·L.比彻姆明智地提出“事实上,弱家长主义不再是家长主义,因为它并非独立于损害原则的限制自由原则。”弱刑法家长主义应该介入法益主体非自愿情形下的危害行为,这种介入并非为了防止他受到来自自己的危害,而是为了防止他受到外来因素的

① 参见曲新久:《刑法的精神与范畴》,中国政法大学出版社2000年版,第74页。

② 参见[美]乔尔·范伯格:《刑法的道德界限:对自己的损害》(第3卷),方泉译,商务印书馆2015年版,第14页。

危害。[①] 放弃了萦绕于弱刑法家长主义之上的理论偏见,弱刑法家长主义与自由的关系才真正实现了内在统一。由此,弱刑法家长主义与自由的矛盾也就成了伪命题,自由应被置于处理法律适用关系时的最高位阶。

其二,“引导”是尊重主体选择自由的最佳立场。对自由最大的误解便是认为自由不受任何束缚,事实上自由需要被国家适当干涉和介入,问题的关键在于如何限制和介入?[②] 如何在国家干涉与自由实现之间保持平衡?强势的家长主义作风已然被弃绝,对自由的全面放逐也并不可取,“引导”才是在弱刑法家长主义理念下保障自由实现的最佳方式。弱刑法家长主义的目的非常明确,就是要防止人们遭受他们并未选择承受的损害或风险,[③]对主体自愿选择的风险则并不会干预。弱刑法家长主义选择放手让主体自由行动,由主体自己对其作出的选择承担相应的后果,通过这样的示范,引导法益主体更理性地作出危险选择,从长远来看,这样的放手更有利于被害人更好地学会保护自己的法益。

---

① See Tom L. Beauchamp, *Pernalism and Biobehavioral Control*, The Monist, 1977, p. 67.

② 参见林东茂:《一个知识论上的刑法学思考》,中国人民大学出版社 2009 年版,第 261 ~ 262 页。

③ 参见[美]乔尔·范伯格:《刑法的道德界限:对自己的损害》(第 3 卷),方泉译,商务印书馆 2015 年版,第 130 页。

其三，实质性法益保护是尊重主体选择自由的目标。弱刑法家长主义的崛起与“个人最了解自己利益的信念的普遍衰退”有直接关联，在刑法家长主义中划定自我决定的范域，“涉己”并不是一个安全的判断标准，[①]个人的真正利益或好处可能才是更理想的标准，[②]但仍排斥一切以实现法益保护为名的干涉。在对个人利益的认知上，哈特率先提出，“事实上个人对自己（的利益）知之甚少”的论断，这看起来似乎是一个匪夷所思的结论，难道还有谁比利益主体更了解自己的需求吗？但此后越来越多的学者认为，尽管难以接受这样的现实，但“专家（主要是立法者）确实能比普通人作出更理性的决策”。了解自己并不代表能作出最有利于自己的选择，这恰是完全自治走向颓败的现实写照，这可能源于人性中的冲动、贪婪、纵欲等各种消极性特质。立法者的相对优势是尽力排除这些消极性特质的干扰，筛选出最有利于实现法益主体利益的方式。当然，在评估任何家长式干预的整体价值时，能力的可能增长，以及监管机构和家长式管理方的相对能力，都是至关重

① 因为“涉己”与“涉他”的界限并不是泾渭分明的，尤其在这个人类交往高度密切的当代社会，几乎个体的任何决定都会对他人利益产生“波及效应”。

② 参见［美］乔尔·范伯格：《刑法的道德界限：对自己的损害》（第3卷），方泉译，商务印书馆2015年版，第61页。

要的。[1] 此时,居于中立角色的弱刑法家长主义的介入则显得尤为必要,一方面,弱刑法家长主义可以利用立法者具备的专业优势去评判法益主体是否在自由意愿下行事;另一方面,在将尊重法益主体自由选择置于首位的立场下,客观评估理论介入的必要性,这样既可以杜绝"专家们"过度干涉的危险,又可以最大限度保护法益主体的自由选择。

(二)弱刑法家长主义下的危险接受阻却归责

当法益主体是被害人时,弱刑法家长主义为危险接受阻却归责理论的适用提供如下支持。

其一,弱刑法家长主义尊重被害人的自由选择,当该自由选择导致法益侵害结果发生时,弱刑法家长主义通过要求被害人承担相应责任的方式,教育、引导被害人更好地珍惜、保护其法益。弱刑法家长主义不强制被害人不去做某件有可能危及其自身法益的事情。只要陷入危险的决定是被害人在对危险充分认知且自愿的情形下作出,被害人一旦作出了危险接受,就要对法益受损的结果承担相应责任。这样的责任承担理念,事实上是对弱刑法家长主义教育、引导被害人功能的

---

① See R. George Wright, *Legal Paternalism and the Eclipse of Principle*, 71 University of Miami Law Review, p. 194(2016).

践行——通过确认被害人的责任承担,教育被害人谨慎实施危险选择,更好地保护自己的法益。因此,弱刑法家长主义理论要求被害人对充分危险认知下的自陷危险行为担责。

其二,弱刑法家长主义保护被害人免受错误的、瑕疵的危险接受的不利责任承担。弱刑法家长主义并不是为了保护法益主体不受任何损害,它本质是为了帮助法益主体作出真实的、自愿的选择,即便该选择是鲁莽的、危险的、不明智的。① 但当被害人基于强制、欺骗作出危险接受时,弱刑法家长主义会通过认定被害人危险接受无效的方式予以干预,阻截面向被害人的责任承担路径,以保护被害人的法益。此外,弱刑法家长主义对被害人提供的保护会根据被害人的主体情况而有所差异,当被害人存在认知缺陷、精神障碍等影响其形成正确的危险认知能力时,弱刑法家长主义会对其提供更加严格的保护,以免行为人利用被害人的能力不足逃避责任承担。正如密尔所论证的,弱刑法家长主义与保护被害人法益的目标不谋而合,对被害人危险接受的承认,正是弱刑法家长主义的要义,即充分尊重被害人的自我选择。

其三,弱刑法家长主义对危险接受阻却归责理论提供全

① 参见[美]乔尔·范伯格:《刑法的道德界限:对自己的损害》(第3卷),方泉译,商务印书馆2015年版,第11~12页。

面的阻却归责指引，不仅保护被害人的法益，对行为人的法益也同样提供保护。在被害人危险接受中，被害人认识危险并接受危险后，尽管取得对危险的当然支配权，但行为人有时会直接或暗中将支配权转移至自己支配范围，实质支配危险结果的实现，这种情形下就不能再由被害人对危害结果自我答责，弱刑法家长主义对此种情形的责任认定也提供了依据。因为弱刑法家长主义在尊重每个自由主体自由选择的同时，要求不同主体对其自由的实现承担相应的责任，换言之，对主体自由实现的保障以主体责任范域的划定为前提。导致法益主体自由实现偏离轨迹的介入行为就不能再划入法益主体的责任范围，相应地，被害人危险接受阻却归责问题中，由行为人导致的法益侵害结果，自然就不能谴责被害人。

第四节　根据之三：被害人教义学理论

刑法领域的被害人教义学溯源于犯罪学，20 世纪 40 年代以来被害人学的发展，迅速绵延至刑法学研究领域，并直接催生了“被害人信条学”（又译为“被害人教义学”）的诞生，对以“被害人”为理论核心的被害人教义学在刑事责任中的作用的探讨迅速扩容开来。[1] 正是被害人教义学理论的发达，被害人在犯罪中的作用才得以被重视，以被害人为理论核心的被害人危险接受、被害人同意等理论才获取了强大的理论支撑与发展契机。追本溯源，对被害人危险接受阻却归责问题的研究需基于被害人教义学的整体理论体系，危险接受阻却归责理论也要从被害人教义学中寻求理论支持。

被害人教义学理论诞生于德国，其理论基础由被害人的保护可能性与刑事需保护性所建构，[2]理论发端与适用范围主要在诈骗罪领域，此后的理论发展也并未完全挣脱这一理论谱系。随着被害人教义学的理论引入以及我国一些学者对被害人教义学的内容填补与结构扩充，被害人教义学在我国被赋予更丰富的理论内涵和价值期许，被害人在刑法适用中的所有理论问题均被统摄于被害人教义学体系之下，车浩教授正是这一研究领域的代表性学者。[3] 车浩教授的被害人教义学理论超越了德国被害人教义学的理论设定，其旨在将被害人教义学型构为刑法教义学体系下的一个独立的教义学体

---

① 参见申柳华：《德国刑法被害人信条学研究》，中国人民公安大学出版社 2011 年版，第 1～3 页。

② 参见[德]托马斯·希伦坎普：《被害人教义学今何在？——对于作为立法、解释、归责和量刑原则之“被害人学准则”的一个小结》，陈璇译，载《比较法研究》2018 年第 5 期。

③ 参见车浩：《被害人教义学的理论建构》，载梁根林主编：《当代刑法思潮论坛：刑法教义与价值判断》（第 2 卷），北京大学出版社 2016 年版，第 40～58 页。

系分支。这一教义体系通过如下路径获得实现:将被害人引入刑法之中,赋予其独立的定罪量刑意义,通过对刑法总则中被害人同意等理论制度以及刑法分则中诈骗罪等具体罪名的解构适用,对相关问题展开教义学化的分析应用,建构一座连接刑法总则与分则的理论桥梁。就此而言,德国的被害人教义学近乎于一种理论研析工具,而车浩教授型构的被害人教义学则是对以被害人为刑法研究视域的理论研析体系的统称。本书对危险接受阻却归责理论中阻却归责功能的挖掘,是将被害人教义学作为理论研析工具的应用,换言之,是对德国传统的被害人教义学理论价值的绵延与借鉴。

一、被害人教义学概览:"被害人"的角色重构

被害人教义学以被害人为主体视角,其确立、发展始终伴随着"被害人"角色的再定位,被害人在犯罪过程中作用的"再发现",为犯罪构成要件提供了全新的解释路径。甚至可以说,被害人角色的再定位是解读被害人教义学的密钥。

(一)被害人教义学的确立

被害人学的兴起为其他学科研究提供了全新视角,20 世纪 70 年代伊始,有关被害人的行为对犯罪成立与否的作用的

讨论愈加激烈，被害人学原理逐渐与刑法教义学融合，被害人教义学应运而生。以 1977 年阿梅隆教授在其关于欺诈犯罪构成要件中被害人产生具体怀疑时，对认识错误的讨论为标志，[①]被害人教义学开始被纳入刑法学解释体系。[②] 被害人视角并非学者们的发明，因为这本来就是蕴含于刑法理论中的一个研究进路，在以行为人为视角对刑法的理论适用不断陷入困境、不断引发疑问时，一些学者才意识到尚未被开发的被害人研究视域的价值。在传统的行为人刑法体系下，诸如犯罪主体主观意识的认定、客观行为的定性、因果关系的排查等均围绕行为人的犯罪特征构建，被害人的主体地位长期被淡化，被害人仅处于被动的接受者的地位。被害人教义学的确立，极大拓宽了刑法学理论的研究通道。

关于被害人教义学的定义，学界存在诸多表述，本书认为，当被害人可以对容易避免的危害进行自我保护，却怠于行使自我保护，导致法益受损时，在构成要件允许的解释范围内，排除行为人责任，此即为被害人教义学。被害人教义学并非旨在推翻原有的构成要件适用体系，而是为构成要件的适

① 参见车浩：《被害人教义学的发展：刑事责任的分配与被害人自我保护》，载《政治与法律》2017 年第 10 期。

② 参见郭研：《德国被害人教义学理论阐释及其在我国的应用》，载《中德法学论坛》2017 年第 2 期。

用提供一个全新的解释路径，在被害人教义学体系下，被害人在一些犯罪中的作用被重新发现并被重视。

（二）被害人教义学的根基：辅助性原则及其刑法化

辅助性原则和刑法的最后手段原则被认为是被害人教义学的理论根基。[①] 一般认为，刑法的最后手段原则是辅助性原则在刑法领域的具体化。辅助性原则广泛存在于法哲学、宪法学等学科，其与"有限性""必要性""补充性"等价值关系密切。刑法的最后手段原则是指，刑法是法益保护的最后手段，当法益没有保护的必要时（如被害人放弃个体法益，特定情形下怠于履行对自己法益的保护），刑法不应介入。辅助性原则以及刑法的最后手段原则能否成为被害人教义学的理论根基，存在两方对立的观点。[②]

其一，反对派。持反对观点的以罗克辛、希伦坎普、京特勒为代表。罗克辛教授认为将辅助性原则视为被害人教义学的根基，则是歪曲了辅助性原则的内涵，他认为辅助性原则旨

---

① 参见张忆然：《被害人教义学理论的正当性透视——风险社会的自由主义与家长主义》，载《研究生法学》2016 年第 4 期。

② 由于刑法最后手段原则是辅助性原则在刑法领域的具体化，因此，最后手段原则与被害人教义学的关系论证思路已内含于辅助性原则与被害人教义学的关系论证中，即使论证的具体内容存有差异，但整体思路不会有偏差，故无须再进行单独论证。

在强调当存在其他更轻缓的非刑事化手段可以实现法益保护的目标、克服社会冲突之时，不宜启动刑法，绝非意在证明当被害人有自我保护可能时，刑法不应介入。他进一步指出，辅助性原则并不直接与个体行为对接，而是针对国家行为。[①] 希伦坎普教授指出，辅助性原则鼓励个体自由的释放，使公民从自我保护义务中获得解脱，而被害人教义学则限缩个体自由的发挥，要求个体分担自我保护义务，[②]两个价值相悖的理论无法衔接。

其二，支持派。许乃曼教授及其理论继任者哈赛默教授，不遗余力地证明辅助性原则作为被害人教义学理论根基的合理性。许乃曼教授对反对派的观点进行了回应，他认为被害人教义学直接来源于辅助性原则。首先，许乃曼教授不断强调被害人教义学只在解释构成要件范围内有效，因此，反对派与支持派所得出的具体结论并不会相差太多，被害人教义学并不会颠覆刑法体系。其次，被害人教义学并没有否认其他非刑法措施对被害人的保护，而是鼓励被害人对自己法益的珍惜，如果被害人的任性都由刑法"买单"，刑法辅助性原则的

---

① 参见[德]克劳斯·罗克辛：《德国刑法学总论》(第1卷)，王世洲译，法律出版社2005年版，第394页。

② 参见申柳华：《德国刑法被害人信条学研究》，中国人民公安大学出版社2011年版，第187～188页。

内涵也将被篡改。从另一角度而言，当被害人能进行自我保护时，证明存在其他法益救济手段，此时，被害人放弃对自己法益的保护或怠于履行可轻易实现的法益保护，不能对行为人追责。如此，才能确保刑法的最后手段原则（辅助原则的刑法具体化）真正得以落实。[①] 最后，辅助性原则鼓励公民从自我保护的义务中解脱，并不代表鼓励公民随意处置个人法益，随意将个人法益置于危险，被害人教义学要求被害人在一定情形下承担法益保护义务，是为了被害人更好地实现法益内容。在这一点上，被害人教义学与辅助性原则是一致的。

本书赞同许乃曼教授的论证，被害人教义学并非对个体自由的限缩，它与辅助性原则以及刑法的最后手段原则存在内在的理论契合，认为被害人教义学与这两个原则存在理论矛盾的观点，实质上是忽略了理论的本质。

（三）对被害人教义学的质疑与回应

被害人教义学的诞生困难重重，在理论初具雏形后，被害人教义学依然饱受质疑。围绕被害人教义学的正名，反对阵营与支持阵营展开了旷日持久、涉猎范围甚广的论争。在论争中，被害人教义学理论不断趋于健全、成熟，一些笼罩于被

---

① Schünemann, FS für Faller, 1984, S. 357ff.

害人教义学理论上的疑问也逐渐被释明。

1. 对被害人教义学的质疑

伴随着被害人教义学的勃兴，质疑与反对之声也随之而来。总体而言，反对者的意见可归纳为如下几点：其一，有国家怠政思想的嫌疑，有违社会契约，将国家应尽的对被害人的保护义务转移至被害人。在被害人教义学理论下，被害人不得不分担一定的自我保护义务，时刻注意、警醒自己的行为，以免出现所谓的"错误"，原本应该受到刑法保护的被害人却陷入人人自危的境况。其二，被害人教义学剥夺了被害人应享受的刑法保护，转而为犯罪人提供刑法保护。被害人教义学中的被害人恰恰是那些判断能力低下的，需要刑法给予更多保护的主体。被害人教义学剥夺了这些主体获得刑法保护的机会，背离了刑法的初衷，这可能会导致刑罚体系发生逆转，或"指责受害者"①。其三，被害人教义学实质上偏袒犯罪人，有悖刑法的公平正义理念。根据被害人教义学，当损害结果是犯罪人、被害人共同过错导致的时，结果一般是仅考虑被害人的过错因素，犯罪人一般会被去罪或免责，被害人单方因素即可决定责任的归属，这对被害人明显不公平，且从长远来看，被害人教义学理念的彻底贯彻甚至可能引发纵容行为人犯罪的局面。

① Manuel Cancio Meliá, *Victim Behavior and Offender Liability: A European Perspective*, 7 Buffalo Criminal Law Review, p. 529(2004).

2. 对质疑之回应

针对反对者的质疑，被害人教义学者也悉数进行了回应：其一，被害人教义学与国家怠政思想没有任何关联。被害人教义学的初衷不是苛责被害人，转移国家保护义务，而是保护被害人。被害人信条学不是要求被害人不断提高自我保护义务，分担法益保护责任，而是要求被害人珍视自己的法益，在能轻易避免法益受损时，被害人应该履行法益保护义务。从长远来看，这反而对被害人法益有利，毕竟对行为人施加刑罚的事后惩处方式难以对法益实现全面修复。其二，被害人教义学并不会剥夺应属于被害人享有的刑法保护。当被害人因自身能力低下不具备对相应犯罪行为的判断能力时，被害人教义学不会苛责其承担相应的刑法责任。正如上一理由中所强调的，被害人教义学放弃提供刑法保护的，是那些具备相应能力，但怠于履行对自己法益保护的被害人。轻信、懈怠与愚笨之间不具备对等关系，被害人判断出现失误并非智力缺陷所致，[①]实践研究显示，被害人教义学理念中的被害人往往有着丰富的社会经验，但轻信可以避免法益损害，导致法益受损。其三，认为被害人教义学只会产生减轻犯罪人刑罚的解

① 因被害人智力缺陷导致法益受损的，刑法可通过被害人危险接受无效或同意无效等途径保护被害人法益。

释过于片面,实质上对犯罪人刑罚适用而言,被害人教义学既可能减轻也可能加重犯罪人刑罚①,因此,认为被害人教义学是保护犯罪人的理论未免过于偏激和狭隘。更何况,放弃对部分被害人法益的刑法保护并非意味着放弃对被害人的法益保护,刑法的谦抑性要求慎用刑法,对被害人能轻易避免法益损害但怠于履行法益保护义务的,可通过其他法律救济来平衡法益保护。

二、被害人教义学与危险接受阻却归责理论的耦合

被害人教义学的诞生真正贯通了被害人学与被害人危险接受的互动。被害人教义学在刑法学领域的辐射绝非仅限于被害人危险接受,其具体化应用还包括诈骗罪中的被害人陷入"认识错误"与怀疑的关系考证,被害人同意等内容。与刑法中的其他被害人理论相比,被害人危险接受的理论独立时间稍迟。被害人危险接受曾一度被纳入被害人同意理论体系进行分析,并未被作为独立的理论类型对待。随着被害人危险接受案例样本的不断丰富,被害人危险接受的构成要件逐

① 近年来德国司法实务呈现的一个趋势是:当犯罪人利用了被害人的善意或无助的状态,实施针对被害人的危害行为,即可证明犯罪人有更高的刑事可罚性,可作为加重犯罪人刑罚的依据。

渐定型，适用被害人同意理论解决被害人危险接受阻却归责问题已然无法满足理论要求。在被害人教义学的理论支持下，危险接受阻却归责理论得以建构，在理论准备、工具导向、分析路径以及价值取向四个层面，危险接受阻却归责理论与被害人教义学理论存在高度耦合。

其一，被害人教义学的前期理论发展为危险接受阻却归责理论积蓄了理论储备。危险接受阻却归责理论被提出之时，被害人教义学已在学界实现了较为深刻的理论思辨。在支持者与反对者的论战中，被害人教义学的定义、适用范围、理论基础以及核心原则等问题得以廓清，被害人教义学在刑法中的定位也趋于明确。教义学研究的既有成果可供危险接受阻却归责理论直接借鉴，这就为理论的建构提供了充分的支持。

其二，被害人教义学为危险接受阻却归责理论的适用提供解释工具。被害人教义学具有强大的理论融合性，其对特定犯罪构成要件的解释具有无可替代的价值，可作为特定犯罪构成要件的解释准据。需要澄清的是，被害人教义学不宜被放大为刑法普遍性原则，并被广泛应用于所有类型的构成要件的解释，其对犯罪构成要件的解释适用具有针对性和限定性。以被害人危险接受为例，依循传统的以行为人为分析视角的刑法理论，被害人危险接受的责任分配等问题始终无法实现理论自洽。被害人教义学提供的以被害人为视角的分析路径，通过对被害人危险接受类案件的解构，明晰被害人在犯罪中的作用，实现对被害人与行为人责任承担的清晰解构。

其三，“刑事需保护性”与“保护可能性”为危险接受阻却归责理论提供了分析路径。承认被害人教义学的“刑事需保护性”与“保护可能性”对犯罪行为可罚性的影响，是现代被害人教义学在刑法立足的关键，也是危险接受阻却归责理论与被害人教义学理论联结的桥梁。被害人认识到危险，并自愿将法益置于危险中，被害人的法益处分行为，导致法益的“刑事需保护性”与“保护可能性”降低，由此排除行为人的责任承担，这是被害人教义学体系下危险接受阻却归责理论的适用思路。

其四，限缩犯罪圈的无限扩张，是被害人教义学与被害人危险接受的共同理论效果和价值追求。将被害人保护与犯罪圈扩大相等同，是一个重大理论误区。实证经验显示，扩大犯罪圈所诱发的司法裁判效率降低，被害人法益难以实现及时救济等问题，不仅未能实现对被害人的权利保护，反而影响了被害人权利实现。风险社会的到来，预防刑法理念占据重要位阶，犯罪圈的扩大更加难以遏制，刑法体系愈发肥大。预防刑法理念也并未随着刑法适用频率的增加以及犯罪圈的扩大而实现预防目的，相反，预防刑法观的威慑效果被严重削弱。坚守刑法的谦抑性，适当限缩犯罪圈的扩张已成为刑法学界共识。被害人教义学的应用正符合这一趋势，并非逆势而为，被害人教义学与刑法最后手段原则渊源深厚，具有客观限缩犯罪圈的效果。作为超法规正当化事由的被害人危险接受，排除特定情形下的行为人责任，克减刑法扩大化适用，与被害人教义学理论不谋而合。

三、"保护可能性"与危险接受阻却归责

作为被害人教义学的核心原则，"保护可能性"与"刑事需保护性"是运用被害人教义学理论分析被害人危险接受阻却归责的两条路径。"保护可能性"与"刑事需保护性"并不是两组平行的分析进路，而是关系紧密、多有交叉：被害人怠于保护自己法益，会导致其刑事需保护性降低；而刑事需保护性的欠缺，使得对被害人保护可能性的探讨失去意义。

（一）"保护可能性"的界定

"保护可能性"即被害人的自我保护可能性，是指被害人在无刑法帮助的情形下，运用自己的力量保护法益免受损害的能力。在刑法之外，广泛存在其他能对被害人法益进行救济的更缓和措施。被害人保护可能性与辅助性原则直接关联，当法益享有者有自我保护可能性时，法益享有者的个人保护即是较之刑法"更缓和的手段"，这符合辅助性原则和刑法

最后手段原则的要求。反之，如果被害人怠于履行可由其轻而易举实现的法益保护义务，则违背了辅助性原则。自我保护可能性是适用被害人教义学的前提，如果被害人缺乏自我保护可能性，自然不能要求被害人承担自我保护义务。

从“保护可能性”的概念可以推知，保护可能性与被害人自身情况有密切关系。被害人的经历、社会地位等因素，都会影响被害人的自我保护能力。哈赛默将对被害人保护可能性产生影响的因素归结为四类：人类共同生活的需求；社会发展；个人外部联系；普通危险（一定社会条件下的对法益损害的一般的、普通的危险程度）。并提出了“危险强度 = 普通危险/自我保护可能性”这一著名公式。① 哈赛默强调将被害人置于社会关系中，为自我保护可能性保留充分的价值填充空间。在哈赛默的公式中，危险强度、普通危险与自我保护可能性任何一个因素的改变都会导致其他因素的调整，其中，自我保护可能性与危险强度成反比，与普通危险成正比。②

① 参见申柳华：《德国刑法被害人信条学研究》，中国人民公安大学出版社 2011 年版，第 227 ~ 229 页。

② 尽管由于哈赛默并未对公式作出翔实的论证，该公式面临多种质疑，但该公式所揭露的以下两层关系仍是值得肯定的：（1）危险强度并不是一个僵化的概念，而是存在诸多变量，普通危险与自我保护可能性这两个因素虽然并未穷尽所有影响因子，但确实与危险强度的确定存在直接关系；（2）这个公式既考虑了一般社会条件下的危险程度，又考虑了被害人自身的法益保护能力，奠定了具体危险强度的确定思路：既需要考虑社会环境，又要考虑自身情况，外因与内因相结合。

(二)对"保护可能性"的质疑与辨正

"保护可能性"理论自提出之日起,围绕其内涵界定、刑法定位等问题一直存有论争。如有学者认为,保护可能性似乎是一个虚妄的概念,因为任何主体都有保护可能性,保护可能性符合什么条件才能阻却行为人刑事责任的承担,难以确定可供参照的标准。与此相关,被害人教义学暗含国家要求被害人承担自我保护的义务,甚至可以说国家把一部分义务转移至被害人,这就引发了另一个问题,什么情形、领域以及内容下的义务转移才是合理的,因为几乎任何的社会活动都伴随着一定的风险。伴随着保护主体转移的,是保护措施、能力的转移,刑法对被害人的保护手段是刑罚,被害人的自我保护手段只有能实现与刑罚的保护效果至少等同的前提下,才能说国家的保护义务转移是公平的,但被害人的自我保护与国家提供的刑法保护似乎永远无法等同。

上述观点对保护可能性的理解停留在表面含义,以致出现将保护可能性程度与阻却刑事责任承担类比转化的理论偏狭。事实上,被害人教义学并未否认法益主体的保护可能性,被害人的保护可能性对刑事责任承担的影响即在于被害人具有现实的保护可能性,却疏于行使自我保护,导致法益受损,这与被害人是否享有保护可能性不是同一含义。从法益保护者的地位、保护手段的性质而言，被害人自我保护与刑法保护似乎永远无法实现等同。由刑罚提供的法益保护一定是最严苛、最强制的，其他任何法益保护手段都无法与之类比，但这并不意味着刑罚提供的保护手段就是最适宜、最合理的，这正是辅助性原则所强调的，当被害人能轻易地实现自我保护时，就不应启动刑法的保护。

还有学者认为，被害人的介入于行为人而言始终是意志外因素，无法对行为人的判断产生强制性影响，行为人依然有自己决定权，不能将刑事责任推送至被害人一方，被害人的意志介入不能抵销行为人的过错。事实上，即使没有赋予被害人自我保护的义务，作为理性人的一般主体也不会疏于对个人法益的保护，而是会审慎照顾自己的法益，如果为了顾及极少数被害人对自我法益的疏忽，而让国家刑罚保护让位于个体自我保护，则所引发的负面效应将是难以控制的。相反，被害人教义学者所担忧的导致被害人放任法益处置，疏于照顾法益的局面，在由多数理性主体组成的社会结构里，并不会出现失控。

根据该学者的观点，行为人是可以断绝一切来自自身外影响因素的理性人，但这种推论并不现实。尚且不论作为社会主体的行为人无法完全避免来自己身外因素的侵扰，何况行为人在因果流程的发展进程中并非一直处于积极性主导地位。以被害人危险接受为例，行为人实施的冒险行为是被害人触发的，没有被害人的同意或推动，行为人并没有实施危险行为的动因，以行为人有自我决定权为由，进而否定一切意志因素的干扰，明显是对自我决定权的误用。此外，认为刑罚权让位于个体自我保护的关系定位并不妥当，刑罚权与个体自我保护并不是互相取代的关系，而是一直共存的。当个体不足以行使自我保护权时，刑法必然会积极介入保护主体法益。坚守辅助性原则的被害人教义学旨在督促个体认真对待自己法益，敦促主体保护自己法益，并不代表刑罚权的缺位，被害人教义学仍以被害人的利益为核心，刑罚的启动成本过于高昂以及对法益保护的补救性质，[①]决定刑罚并非一直是理想的法益救济手段，在被害人能够轻而易举地实现对自己法益的保护时，督促被害人保护自己法益，由此，被害人教义学并未偏离对被害人的保护，而是为了更好地保护被害人的法益。

（三）嵌接于危险接受阻却归责中的"保护可能性"

保护可能性与被害人危险接受阻却归责的关系体现在如下三个层面：其一，被害人危险接受中，被害人对自我保护可能性的怠于行使导致危险强度的相对升高，危险强度的升高

① 所谓刑罚的补救性质，具体是指刑罚是在法益侵害结果发生后予以介入，与法益未受损害前的完整状态相比，刑罚对法益的保护是一种事后的弥补或补救性的措施。

掺入了被害人的因素,被害人应对升高的危险承担相应的责任,行为人仅对由其制造的危险强度担责,不应对升高的危险担责。有学者认为,刑法的启动标准应该是确定的,不会随着被害人对危险的有意提高或者忽略而受影响。从语义来看,该论点并没有问题,但是根据该论点就得出被害人行为无法影响行为人刑事责任的结论则未免太过武断,毕竟其忽略了被害人行为可以影响对特定犯罪构成要件的解释,进而导致行为人的行为并不符合犯罪构成要件、不能成立犯罪的事实。申言之,被害人对危险的介入进而影响刑事责任承担,并非通过对刑罚适用标准的调整实现,而是通过对犯罪构成要件的重新解释,使得行为人的行为不再充足于犯罪构成要件,由此阻却行为人的责任承担。其二,被害人保护可能性认定标准的框定是一件难题,但与被害人教义学这一宏观类型中的被害人保护可能性认定相比,被害人危险接受中的被害人保护可能性的认定则相对简易。在被害人危险接受中,被害人对危险具备充分认知的前提下,可以通过不介入危险的方式切断危险关系保护自己的法益,无须过多的个人保护能力的调动,只需不介入危险关系,被害人即可实现对自己法益的保护,可谓具备充分的自我保护可能性。由此反推,在被害人具备充分的自我保护可能性前提下,怠于对自己法益的保护,不存在以自我保护可能性不足为由排除被害人的责任负担。其三,根据辅助性原则,被害人认识到危险,产生了自我保护的可能性,但是在轻易相信可以避免危险结果出现的冒险心态下,自愿介入危险之中,这意味着被害人疏于对自己法益的保护,法益侵害结果由被害人怠于履行自我保护所致,被害人对自己法益的冒险使在特定情形下刑法的介入失去准据,换言之,对于那些被害人基于自愿自主作出法益处分,导致法益陷入危险并受损的情形,不能再将责任全部推至行为人一方。

四、"刑事需保护性"与危险接受阻却归责

作为被害人教义学的另一核心原则,"刑事需保护性"为危险接受阻却归责理论的阻却归责应用提供重要依据。

(一)"刑事需保护性"的界定

"刑事需保护性"是指当某一行为具有普遍和具体的危险强度时,刑法才会加以介入,换言之,刑法的介入必须以法益面临足够的危险强度为要件。刑事需保护性和保护可能性一样,都是被害人教义学的核心原则,在二者的关系认定上,刑事需保护性与保护可能性关系密切,具体而言,被害人怠于履行保护可能性,会导致刑事需保护性的丧失,因此,保护可能性可以为刑事需保护性的界定提供辅助证明。此外,从刑事

需保护性的概念界定中可以发现,刑事需保护性与危险强度有直接关联,一般而言,危险强度增加,被害人的刑事需保护性也会加强。但若这一危险强度是由被害人自己的行为所提升,与行为人的行为无关,那么就不能要求行为人对此承担责任,而应由被害人对自己提升危险强度的行为承担相应责任。

(二)"刑事需保护性"判断标准的论争

关于"刑事需保护性"的判断标准,学界一直存在论争。哈赛默认为,除了危险强度外,被害人刑事需保护性的判断还与行为当时有选择实施其他行为的可能性有关,如果并不存在实施其他行为的可能,即使被害人提升了危险强度,也不能认为其丧失了刑事需保护性。还有学者主张,应以社会相当性为标准,判断被害人是否具备刑事需保护性。这两种观点均未取得通说地位,反而广受指摘。哈赛默提供的判断标准,因为指涉范围过于宽泛,最终还要归结到期待可能性的认定上,学界对期待可能性的认定也存在主观说与客观说之争,因此,哈赛默的主张有将论争场所转移至期待可能性问题的嫌疑,并未提供明确的判断标准。而以一般的社会相当性为判断标准,可能导致对刑事需保护性的判断取决于当下的社会安全形态,在越安全的社会环境,被害人承担的自我保护义务越少,相反,在治安越差的社会环境,被害人越需要承担更多的自我保护义务,这样的局面显然不是被害人教义学所追求的。

刑事需保护性判断标准的悬而未决阻滞了被害人教义学的理论应用。与保护可能性理论从被害人角度出发相比,刑事需保护性是从刑法角度对被害人的限定,其判断标准的确定直接关乎刑法的适用,如果刑事需保护性的判断标准过于宽松,被害人教义学对被害人的限定几乎形同虚设,如果刑事需保护性的标准过于严苛,则会侵蚀被害人的利益。在被害人教义学尚未获得普遍性应用的当下,对后一种情形的担忧更为显著。一些学者认为若将被害人教义学普遍适用于所有犯罪,这一忧患将会更加难以遏制。以阿梅隆为代表的部分被害人教义学支持者辩解,被害人教义学并不会普遍适用于所有犯罪,如阿梅隆教授认为尽管尚不能确认被害人教义学的普遍适用性,但至少在以下三个领域可以对不法的认定产生影响:(1)当立法者可以期待被害人能进行回避时;(2)微罪领域的妨害秘密罪的构成要件,如果被害人对自己的隐私不进行保护,行为人的妨害行为就不能追责,因为不受被害人保护的隐私不能谓之隐私;(3)在客观归责领域,被害人自我保护义务的破坏可排除结果归责。①

限缩被害人教义学适用范围的模式确实可以避免刑事需保护性的误用所带来的消极影响,但阿梅隆教授的这种列举式范

① Amelung,GA 1984,582f.

围框定并非没有疑问，例如这种列举式框定方式容易出现列举不周延或泛化的情形，缺乏理论应用的弹性空间，此外，对被害人自我保护义务的破坏为何直接排除结果归责，也并未提供足具说服力的阐述。本书认为，目前更为理想的“刑事需保护性”的判断标准，是将哈赛默的危险强度与实施其他行为可能性相结合的标准与阿梅隆教授的列举范围操作相联结，进行理论互补与互为限定。具体而言，用哈赛默的理论为阿梅隆列举的三类情形提供理论佐证依据，为其提供理论解释空间，反之，用这种列举式方式将“危险强度”与“实施其他行为可能性”的概念适用情境具体化，避免理论场域的转移，因为阿梅隆教授提供的限定条件中已经包含了特定情形下对期待可能性的理解。

（三）“刑事需保护性”下的危险接受阻却归责

“刑事需保护性”对危险接受阻却归责理论的阻却归责支持体现在以下三个方面。其一，在被害人危险接受中，被害人认识到危险却自愿选择介入其中，这是一个立法可以期待被害人进行危险回避，被害人却主动将自己的法益置于危险之中，放弃将法益置于安全情境下的行为，正是这一行为导致被害人的法益最终受损，导致被害人需保护性的丧失。[①] 正如有

① 被害人危险接受的成立，以被害人存在实施避免危险结果发生的其他行为的可能，如果当时被害人不存在选择其他行为的可能性，不能成立被害人危险接受。

学者所言，正当防卫、被害人同意等行为阻却归责的实质在于，其中没有需要保护或值得保护的被害人法益。[①] 因此，被害人危险接受导致刑事需保护性的全面或部分丧失，并最终影响行为人的刑事责任承担。其二，根据刑事需保护性，刑法的启动需要满足一定的条件，在限缩犯罪圈扩张的大背景下，刑事需保护性提倡的谦抑、最后手段性原则，要求刑法的适用保持克制，对能通过其他手段实现法益救济的，不宜再启动刑法手段。被害人危险接受中法益侵害结果的发生由被害人主导实现，不符合刑法需保护性的条件，因此被害人需要承担相应的刑事责任。其三，刑事需保护性与危险强度有关，被害人危险接受中，被害人主动介入危险，提升了危险强度，但这一危险强度的提升不是因为行为人，而是被害人自己实施的行为所致，被害人的刑事需保护性因此降低。也许有学者质疑，危险强度升高应该提高刑法保护，不应由被害人负担，但被害人危险接受中，该危险强度升高是被害人行为所致，被害人提升的危险强度已经超越了刑事需保护性的一般范围，由此溢出的危险强度无法通过刑法对行为人的责任追究实现，被害人应对此承担相应的刑事责任。

---

① 参见劳东燕：《被害人视角与刑法理论的重构》，载《政法论坛》2006 年第 5 期。

第四章　认识危险中的阻却归责

“认识”即主体对其所面临的客观情状通过抽象的思维活动形成的主观判断，是其作出行为决定的主观参考。就完整的危险接受阻却归责理论而言，“认识”是主体责任承担的前提，让主体对其根本没有充分认知的事实承担全部责任是荒谬的。危险接受阻却归责理论体系中，从时间序列来看，被害人的危险接受以对危险的认知为前提，从理论逻辑推演来观察，没有对危险的充分认知，无从谈对危险的接受。在认识危险阶段，危险接受阻却归责理论的阻却归责应用具体体现在如下方面：对危险的认识是被害人行使自我决定权和具有保护可能性的前提条件，同时，被害人是否具有刑事需保护性，刑法是否要对被害人的危险接受进行介入和教育引导,都需要以危险认识为依据作出判断。认识的对象、内容、程度决定了被害人作出的危险接受是否充分,认知偏差以及认知能力的不足将会阻碍被害人危险接受的成立,自然无法产生阻却行为人责任的效果,因此,在认识危险阶段,危险接受阻却归责理论的适用可内化为两项考察标准,即被害人对危险的认知程度和行为人是否具有认知优势。

正如前文所言,被害人危险接受理论突破了传统刑法以行为人为中心展开的理论建构,被害人在行为人归责中的作用得到理论重视。尽管被害人危险接受以被害人为视域展开理论应用,但是理论的应用效果是阻却行为人的刑事责任,因此,对认识危险如何发挥阻却归责作用的评价必然要从被害人与行为人两个维度展开。被害人危险接受阻却归责的整个理论体系皆依循此归责理念展开,即不仅要考察被害人对危险的实质介入与支配情况,还要权衡行为人在危险接受中的实质作用,归责走向在这样的双向考察与角力中得以廓清。

第一节　被害人维度:对危险的充分认知

危险是否存在以及被害人是否认识到危险只是一个抽象

的概括性结论,并未回答被害人对危险到底实现了什么程度的认知,而对危险不同程度的认知,直接决定了被害人所掌握的危险客观情况的多少,继而决定被害人作出接受危险的决定是否真实、自愿,是否基于充分的自由意志。因此,危险的认识程度问题是认识危险阶段、决定归责走向的一个重要标准。

一、认识危险的学说论争

针对被害人危险接受中被害人是否应对危险有认识以及认识程度问题存在诸多争议,学界主要有以下代表性学说,即危险充分认识说、危险认识不要说、危险认识可能性说,三种理论观点分别代表着三种不同的对被害人危险接受的解读逻辑。

(一)危险充分认识说

危险充分认识说主张只有当被害人对危险形成了充分的认识时,才可谓“认识了危险”,才符合危险接受的成立条件,该学说得到了诸多学者的支持,是当前学界通说。

第一,对危险的充分认知是开启被害人危险接受的前提性条件,没有对危险的充分认知,被害人对危险的接受就是不自由的。盐谷毅教授赞同这一主张,他认为被害人危险接受中被害人需要对行为的危险性以及特定构成要件的结果发生可能性有完全认知。被害人危险接受是被害人对自我决定权的贯彻,自我决定权的行使要求被害人必须对危险的情况产生了全面的认知,否则被害人无法基于其主观认识对危险作出接受。被害人危险接受的整个流程是紧密衔接的,从被害人认识危险到接受危险再到实现危险,每一阶段都必须以前一阶段的结论为参考,如果被害人对危险都没有形成充分的认识,那么根本无法进入被害人对危险接受的判断,因此,被害人对危险的充分认识是被害人危险接受必须具备的要件。

第二,被害人充分认识危险才能消解行为人的刑事责任,才能由被害人自我答责。日本学者岛田聪一郎持此主张,他认为,只有当被害人对危险有充分的认识时才能产生回避动机,如果被害人没有认识到危险,自然就不会回避,相应地,就不能免除行为人责任,因此,被害人对危险的充分认知是必要的。[①] 被害人危险接受以被害人对法益侵害结果自我答责为结论,正是这样的归责结论才要求设置严格的阻却归责成立要件,个体享受的权利越大,相应地,承担的义务或责任也应

① 参见[日]岛田聪一郎:《被害人的危险接受》,王若思译,载《刑事法评论》2013年第1期。

该越重，这是被害人自我答责应遵循的理论逻辑，因此，若要让被害人对法益侵害结果自我答责，那么就必须充分赋予并保障被害人对危险的认知权利，只有当其充分认识危险时，才能要求其对根据该认识作出的决定承担相应的责任。

（二）危险认识不要说

与危险充分认识说相反，危险认识不要说认为只要被害人具备相应的危险认知能力即可，无须其具体行使危险认识，该理论主张主要基于以下几个考量因素。

首先，在具体的实务案例中，被害人是否认识到危险，是否认识到危险的法律意义，都是难以准确量定的，不能以这些不确定的因素来决定被害人危险接受成立与否。根据该观点，危险的判断具有强烈的主观性，不同的人对危险的判断是不一样的，同样的客观现实，有些人认为存在危险，但还有人认为并不存在危险。即便是都认为存在危险，不同的人对危险的认知程度也是不一样的，以这样的主观任意性标准来评判客观上危险存在与否以及危险的现实状况是不具有参考性和说服力的，因此，不能将被害人对危险的认识作为被害人危险接受的成立要件。

其次，被害人危险接受中被害人认识危险与否不是决定性前提条件，接受危险与否才是真正的考量准据。该种理论解读一般认为，危险是普遍存在的，现实社会中充满不确定性，对危险认识情况的不同不具有决定性意义，因为对危险的不同认识情况不能绝对改变被害人作出危险接受的意愿，因此，认识危险与否的考察是没有实际意义的，只要被害人对其所面临的充满不确定性的行为走向作出概括性接受即可。此外，被害人作出危险接受的原因往往是复杂的，我们很难判定被害人是基于什么原因对危险作出了接受，被害人危险接受中被害人认识危险与否并不重要，对危险的认识不能成为被害人作出危险接受的决定性前提条件。换言之，危险接受的阻却归责考察是一项整体性的考察，被害人认识危险与否不应该成为阻却归责体系中的一个要素，就被害人危险接受阻却归责而言，被害人接受了危险的事实远比是否认识到危险更重要。

最后，危险认识不要说认为，危险充分认识说过于死板，不符合现实情况，不利于被害人危险接受的适用。根据危险充分认识说的要求，被害人必须充分调动其危险认知能力来识别周遭可能存在的危险，但是周遭危险充满了未知性和不确定性，这样的条件设定过于严苛，会导致被害人危险接受成立范围的不当限缩。与此相比，危险认识不要说避开了认识危险的理论困局，理论的关注点不再沉湎于难以证成的危险认识情况，对被害人的危险认识情况不再设限，被害人只需要具备与其应认知的危险相匹配的认知能力即可，被害人是否调动其认知能力去识别、判断周遭的危险不纳入被害人危险接受阻却归责的成立要件，这有利于被害人危险接受的适用。

（三）危险认识可能性说

还有学者认为，被害人危险接受中被害人对危险的认识达到“抽象危险”程度即可，不需要产生具体的认识，甚至只有危险认识可能性也可，[①]该种学说被称为危险认识可能性说。主张危险认识可能性说的学者一般基于以下理由。

首先，由危险本身的属性所决定，被害人难以对危险形成具体的、充分的认知。被害人危险接受中的危险是一种对被害人法益可能产生实际损害的潜在性状态，这一概念本身就意味着危险是一种风险，是一种不确定性的事物，在危险最终转化为法益侵害前，始终处于一种不确定的状态，因此，由危险的属性所决定，被害人很难对危险形成非常具体的认识。此外，危险的认识程度是一个相对性的概念，我们很难判定被害人对危险到底形成了什么程度的认知，因此，在被害人危险接受中，只要被害人抽象地认识到危险的存在即可，不能要求

① 参见［日］岛田聪一郎：《被害人的危险接受》，工若思译，载《刑事法评论》2013 年第 1 期。

被害人必须对危险形成充分的认知，否则过于限定被害人危险接受阻却归责的适用。

其次，危险充分认识说以及危险认识不要说都存在严重理论障碍，无法为被害人危险接受阻却归责提供适用依据，危险认识可能性说较好地处理了危险认识在被害人危险接受中的定位而应被采纳。从现实来看，不管是危险认识不要说还是危险充分认识说都过于绝对，与此相比，危险认识可能性说更贴近理论现实，因为对危险的认识一般介于完全没有认识与充分认识之间的状态。且从理论适用效果来看，对危险完全没有认识，则被害人无法对该危险作出接受，但是要求被害人对危险形成充分的认知则对被害人而言又过于严格，因此，要求被害人对危险形成抽象的、一般性的认识更为合理。

最后，被害人危险接受以被害人对危险有认识为必要，但是对危险的认识仅需要可能性即可，如果要求被害人对危险形成充分认知后并接受危险的，就不应该再是被害人危险接受阻却归责理论的适用范畴了。一般而言，被害人对危险的认识都是抽象的，带着这样抽象的危险认识，被害人以冒险、试试看的心态对危险作出了接受，危险的最终实现背离了被害人的意志，即被害人对法益侵害结果的发生持排斥态度，这完全符合被害人危险接受的理论构造。而如果被害人已经对危险形成了具体的、充分的认识时还积极接受危险的，那就不再是被害人危险接受了，而应该是被害人同意等其他理论了。

二、危险充分认识说的提倡

对危险的充分认识是自我决定权、弱刑法家长主义以及被害人教义学为危险接受阻却归责理论提供阻却归责依据的前提。只有当被害人对危险形成了充分认识，被害人才能客观、真实了解自己所处境遇，才能基于对危险的认识情况自由决断自己的行为。没有对危险形成充分认识，无法准确评估被害人介入行为发展进程对行为人刑事责任的影响，鉴于此，危险充分认识说是被害人危险接受阻却归责的理论依据。

（一）危险认识不要说的失焦

在理论的适用上，危险认识不要说对被害人认识危险的理论定位出现了偏差，将被害人认识危险与接受危险、实现危险的关联性强行阻隔，认识危险作为被害人危险接受阻却归责第一阶段的理论定位被抹杀，破坏了被害人危险接受阻却归责理论的完整性。

其一，危险认定的主观性与危险是否需要被认识是两个层面的理论问题，不能以危险认定的主观性为由推断危险不应被认识。危险认识不要说认为危险的判定具有强烈的主观性,不同的主体对危险的认识情况往往存在较大差异,不能以这样的主观任意性标准作为判定被害人危险接受成立与否的依据。诚然,不同主体的危险认识能力有别,但从理论逻辑来推演,我们是无法从被害人危险认识能力有差异推断出危险不应该被认识的。认识危险是被害人危险接受的第一个阶段,只有认识到危险,才能进一步求证被害人对其认识到的危险是否接受,被害人不能对其在尚不清楚自己面临何种处境的情况下就贸然进入的危险所产生的法益侵害结果自我答责。而且,正是由于不同主体的危险认识能力存在差异,我们才更应该强调危险认识的重要性,主体因其认识能力较低未对危险产生认识时,不能让其对该危险产生的法益侵害结果自我答责,这才有利于保护被害人的利益。

其二,认识危险是接受危险的前提性条件,没有对危险的认识就无法证成被害人对危险的接受。危险认识不要说认为,对被害人是否认识到危险的考察没有实际意义,对被害人危险接受阻却归责至关重要的是被害人对危险作出了接受,即被害人接受危险这一事实改变了归责走向。但是这样的论证方式存在漏洞,认识与接受是一组对应的行为范畴,被害人只有基于对危险的充分认识,才能根据其主观认识判断该危险意味着什么,才能决定是否对该危险作出接受,要求被害人对其并未认识到的危险自我答责是不公平的。

其三,被害人危险接受中被害人需要认识的危险,并非泛指社会中存在的一切不确定性的危险,而是与其行为紧密相关的、指向被害人法益的危险。根据危险认识不要说的理解,社会关系中存在着多种不能确定的因素,行为的开展可能会触动多个危险,这些危险的走向在危险现实化之前也很难准确预判,要求被害人充分发挥其危险认识能力去识别、判断危险,对被害人而言过于严苛,这样的理论认定会过度限制被害人危险接受的成立。显然,危险认识不要说对被害人危险接受中"危险"的理解并不准确,正如本书开头所言,被害人危险接受中的"危险"是经过严格限定的,与被害人法益密切相关的危险,而并非泛指隐藏的各种危险。被害人需要充分调动和发挥其危险认识能力,去识别可能对其法益造成侵害的危险,就被害人需要对其认识、接受的危险最终自我答责的结论而言,被害人充分发挥其认识能力去认识危险是必要条件,放弃对被害人认识危险情况的要求,反而会不当侵蚀被害人的利益。

综上,我们可以发现,危险认识不要说仅强调被害人对危险的回避义务,在被害人对危险未形成充分认识的前提下,就要求被害人对危害结果自我答责,过于扩大被害人的责任承担范围。被害人危险接受对被害人介入行为发展进程进行合理评估,科学划定被害人与行为人之间的责任承担界限,这一理论的适用可以排除行为人责任。由被害人自我答责要求对被害人介入行为发展进程予以客观评估。在认识危险阶段，只有当被害人对危险形成充分认知时，被害人才能对危险作出接受，这是被害人危险接受成立的前提。危险认识不要说完全忽视对被害人主观要素的考察，扩张了被害人的义务范围，导致被害人合法权益的不当限缩，不符合被害人危险接受理论的法理基础。以作为阻却归责根据的弱刑法家长主义的适用为例，在弱刑法家长主义中，被害人自我答责的前提是在明知存在危险的情况下依然选择进入危险，因此引发对被害人与行为人之间责任划分的讨论。如果被害人对危险没有认知，就不能要求其自我答责。根据危险认识不要说，被害人的担责情形被极大扩充，被害人承担刑事责任将成为一种常态，这不符合被害人危险接受理论的价值构造。

（二）危险认识可能性说的舍弃

危险认识可能性说存在难以解决的理论症结，不符合被害人危险接受阻却归责的理论要求，具体理由如下。

第一，危险的属性并不能决定危险不能被充分认识，两者之间不具有理论对应关系。危险认识可能性说中有观点认为，从危险本身的特性出发，危险即表征着一种不确定性的关系，危险的走向以及最终可能造成的法益侵害后果都是不确定的，因此，囿于危险本身的性质，被害人难以对危险形成非常充分的认知,被害人对危险的认识一般都是抽象的。该观点对危险性质的解读并没有什么疑义,但问题在于,危险的性质与危险能否被认识并不存在对应关系,危险虽然表征着一种不确定性的动向,但是这并不意味着危险不能被认识,不能以危险所蕴含的不确定性态势抹杀被害人对危险认识的可能性与重要性。不管被害人是否对危险形成了充分的认知都不能改变危险的走向,但被害人对危险的认知状况能对被害人是否接受并陷入危险产生直接影响。当被害人对危险只有着抽象的认识时,被害人对危险情况的了解并不清晰,甚至都无法准确判定危险是否存在,在这样的危险认知状况下被害人无法作出危险接受,反之,只有当被害人对危险有着充分的认知时,才能基于对危险的认知状况作出是否接受危险的决定,这才是被害人认识危险对危险接受阻却归责的理论意义。

第二,危险认识可能性说的适用标准较为模糊,同样可能导致被害人担责概率的不当提升。支持危险认识可能性说的学者提出,危险认识不要说与危险充分认识说都过于绝对,危险的认识一般介于完全没有认识与充分认识之间的状态,因此,危险认识可能性说更贴近现实,但是这样的理论解读会将被害人对危险的认识由此滑向另一个极端,从担责角度而言,它会变相扩充被害人自我答责的概率。社会生活充斥着各种风险,被害人作为社会参与者,其在从事社会活动时,很难完全否定其对所面临风险的预知和判断,但这种预知和判断往往是一种不确定的、抽象的认识,如果仅凭被害人有危险认识的可能性就要求其对法益侵害结果担责,对被害人而言过于严苛。危险认识可能性说的严格适用可能导致被害人担责概率的极大提升,在适用结论上其实已经和危险认识不要说无异。为避免陷入自我答责结局,被害人可能会尽量避免参与任何蕴含风险的活动,社会参与者将陷入人人自危状态,长期来看,这将导致社会运转的缓慢以及社会秩序的混乱,不符合被害人危险接受理论的适用预期。

第三,充分认识危险才构成被害人接受危险的前提,由此才能产生阻却行为人责任的效果。危险认识可能性说的部分观点认为,被害人正是基于对危险的抽象认识与危险判断的不确定性,才在这样的心态支配下对危险作出了接受,这才与被害人对法益侵害结果的排斥心态相契合。如果被害人已经对危险产生充分认知了,在这样的情况下仍自愿陷入危险的,那就不存在被害人对法益侵害结果的排斥态度了,就不再符合被害人危险接受的理论构造了。然而,这明显曲解了被害人危险接受的理论意旨。被害人危险接受是被害人行使自由意志的产物,被害人只有在充分认识了危险的前提下,才能基于自由意志决定是否接受危险,对危险的认识是否抽象与危险转化为法益侵害结果的可能性不存在直接对应关系,因此,即使被害人对危险已经形成充分认识了，他也不能准确预判危险发展趋势，但是被害人危险接受能产生阻却行为人责任的关键就在于要保证被害人对危险的充分认识，否则，让被害人对其尚未形成充分认识的危险所导致的法益侵害结果自我答责是不公平的，这侵犯了被害人的利益。

（三）危险充分认识说的合理性

首先，危险需要被认识。认识危险以危险的现实存在为前提，对现实并不存在的危险无法论及认识与否，因此，危险的现实性是认识危险阶段应首先确定的问题。危险的现实性，即实然层面危险的存在，不能是假想的危险。如果客观上并不存在危险，但被害人或行为人错误地认为危险现实存在的，属于假想的危险。被害人假想危险存在，并对此作出“接受”，且最终发生了法益侵害的，法益侵害结果的实现与其假想的危险之间并不存在因果关系，法益侵害结果是由其他原因导致的，不能适用被害人危险接受，符合其他犯罪成立条件的，应认定为其他犯罪或意外事件。同样，如果行为人假想危险存在，并错误地认为被害人对该“危险”作出了接受，且最终发生法益侵害的，也不能成立被害人危险接受，其处遇方式应参照被害人假想危险存在的情形。

必须申明的是，危险的现实存在与危险是否被认识是不同层面的问题。在被害人危险接受中,如果危险没有被认识,就不会有接受危险与否的讨论,自然也就无法成立被害人危险接受。更进一步讲,被害人危险接受中的危险不仅需要被害人有认识,还需要行为人也有认识,任何一方没有认识到危险的,都不能成立被害人危险接受。如果说假想的危险是将“无”认成“有”,那么没有认识到现实存在的危险就是将“有”认成“无”。根据认识主体的情况不同,危险未被认识并导致法益侵害结果实现的,其具体的处遇方式可分为三种情形。第一种情形,被害人认识到危险的存在,而行为人并未认识到危险并导致危险实现的,一般认定为过失犯罪或意外事件。第二种情形,如果被害人没有认识到危险的存在,但行为人认识到危险存在且最终导致危险现实化的,一般应认定为故意或过失犯罪。第三种情形,若被害人与行为人皆未认识到危险存在并导致危险现实化的,一般应认定为意外事件。

其次,被害人对危险的认识需要达到充分的程度。对危险的认识有程度之分,作为阻却归责的适用依据,被害人对危险的认识必须达到充分的程度,唯此,才能作为阻却归责的依据。当然,“充分”只是一种相对的状态,并非意味着被害人要对与该危险有关的所有信息都形成了明确认知,而只需要对与被害人的法益紧密相关的信息有充分认识即可,例如该危险的存在,该危险有可能对其法益构成侵害,有可能转化为实害结果，等等。这与危险认识可能性说存在本质性差异，正如上文所论述，如果只是要求被害人有危险认识的可能性即可，那么在阻却归责的适用上其实已经滑向了危险认识不要说。

最后，危险充分认识说契合被害人危险接受阻却归责的理论构造。正如前文所述，被害人危险接受以被害人对危险的充分、完全、准确[①]认知为要件，以此为前提，被害人才能作出是否接受危险的决定。根据自我决定权原理，被害人行使自我决定权就应对自愿冒险行为所产生的后果承担相应责任，而责任的承担以对危险的充分认知为前提条件，因此，危险充分认识说契合自我决定权理论。弱刑法家长主义对危险接受中责任分配的介入，也是秉持对双方主体公平担责的精神，通过要求被害人对自己行为的担责使被害人更好地保护自己法益的目标，只能以被害人对危险的充分认识为要件，要求被害人对自己并未认识的行为承担责任根本无法实现弱刑法家长主义的理念。此外，被害人危险接受中保护可能性与刑事需保护性的判定也要求被害人对危险具有充分认识，否则无从谈及对被害人是否有保护可能性与必要性。被害人危险接受合理排除行为人责任，而由被害人自我答责，对这一理

① 参见[日]山口厚：《刑法总论》，付立庆译，中国人民大学出版社2018年版，第183页。

论的适用要尤其慎重。如果让被害人对自己的行为担责，必须确保其在对危险形成充分认知的前提下作出危险接受，否则不能排除行为人责任。危险充分认识说充分考量了被害人主观认识情况对被害人危险接受理论的影响，具有实质合理性。

综上，在被害人认识危险问题上，危险充分认识说更为可取，应成为被害人危险接受阻却归责的条件之一。

第二节　行为人维度：不具有优势认知

被害人危险接受中不仅有被害人一方，还涉及行为人一方，因此，欲考察认识危险这一因素对阻却归责的作用，不仅要考察被害人，还要考察行为人。危险发生时，行为人对危险也会形成认识，由于被害人危险接受排除行为人责任，由被害人自我答责，因此对行为人认识危险的评价必须结合被害人的危险认识情况展开，而且对行为人危险认识情况的考察应比被害人严格，否则不利于保护被害人法益，申言之，在被害人危险接受受阻却归责中，行为人对危险的认知情况不能优越于被害人。[1] 因此，行为人的优势认知是认识危险阶段影响

---

① 需要申明的是，是否有认知与认知的程度是两个层面的问题，行为人对危险有认识与行为人不能具有优越于被害人的危险认识程度是两个层面的问题。

危险接受阻却归责理论应用的另一重要因素。

一、危险接受中的“优势认知”

（一）什么是优势认知

优势，即相较于对方处于优越、有利之势。“优势”一词本身就暗含着比较的含义，无比较则无法体现出优越。被害人危险接受中的“优势认知”，是指主体对危险特别是危险的现实化具有更好的理解力。更好的理解力意味着主体对危险实现的判断更接近于危险的真实走向，而被害人危险接受本身即建立在对危险的判断的基础上，危险的判断情况与被害人作出危险接受的决定存在重要关联，因此，主体对危险的认知情况在被害人危险接受中居于重要位阶。申言之，被害人危险接受中的危险以被害人、行为人均对危险有认识为前提，但是两方主体对危险的认识情况往往存在差异，主体对危险的认知情况在特定情形下可以影响危险实现走向，最终影响归责问题。

法益侵害结果以行为人担责为常态，以被害人自我答责为例外，因此，被害人自己承担法益受损的结果应受到严格的限制，要分别审慎考察被害人和行为人对危险的理解力。被害人危险接受即由被害人自我答责，当被害人对危险有着更好的理解力而仍作出危险接受时，有利于充足被害人危险接受的要件。而当行为人对危险的现实化有着更好的理解力时，特别是其对被害人接受危险的决定产生了实质性影响时，行为人的优势认知对归责的意义就应该被考虑。这两种情形就是被害人危险接受中优势认知的理论意义所在，在归责层面，更为复杂、更需要关注的是行为人优势认知对被害人危险接受阻却归责的影响。

在对优势认知进行界定时，要特别注意其有别于特别认知。特别认知，即行为人认识到了一般人所没有认识到的与构成要件有关的危险。① 随着对"飞机案"、②"毒蘑菇案"③的讨论，特别认知对不法归责的影响，以及对刑法归责模式的冲击引发了学界关注，例如其所引发的客观归责主观化的争议、不法归责实质根据的争议等。一些学者认为，行为人的特别认知不应该成为其担责的依据，否则会有行为人因为自己更

① 参见何庆仁：《特别认知者的刑法归责》，载《中外法学》2015 年第 4 期。

② 行为人明知有人计划在飞机上安装爆炸装置，而促使被害人乘坐该飞机去旅行，最终飞机由于该爆炸装置而坠毁。参见[德]克劳斯·罗克辛：《德国刑法学总论》(第 1 卷)，王世洲译，法律出版社 2005 年版，第 244 页。

③ 德国一位生物学系大三的学生假期在一家餐厅打工，工作内容是端盘子，有一次他端一盘蘑菇给客人时，他凭借专业知识发现这是一盘有毒的蘑菇，这盘蘑菇可以毒死人，但是仍将蘑菇端给了客人，结果几位客人被毒死了。参见冯军：《刑法的规范化诠释》，载《法商研究》2005 年第 6 期。

多的事实认知而承担责任的嫌疑，例如雅各布斯教授否认行为人的特别认知对不法归责的作用，只要行为人没有义务避免危害结果的发生，就不能要求他利用认知来避免危害。[①] 还有一些学者认为，在归责认定上，行为人的特别认知应该被考虑，[②]同时根据其对特别认知的理论定位，将特别认知对归责的影响具体分为多种模式，这种观点得到了诸多学者的支持。相似的概念结构与理论效果使得优势认知很容易与特别认知混淆，优势认知与特别认知的确存在一定的相似之处，例如在对危险的认识上，行为人都具备比被害人更有利的信息优势，但是对这两个概念进行认真剖析后，会发现它们之间存在诸多差异，两个概念不能通用。

其一，被害人危险接受中所要探讨优势认知的前提是，被害人与行为人对危险都必须形成了充分认识，否则无法成立被害人危险接受，也正是如此，优势认知对归责效果的考量要严格限定，要谨慎考察行为人或被害人一方是否比另一方掌握了更为优势的信息，该信息能否对被害人接受危险产生重要影响。与之相比，特别认知的应用一般发生在被害人对与构成要件有关的危险并未形成认识的场合，一般情形下被害

① 参见喻浩东：《反思不法归责中的“特别认知”——以德国相关学理为参照》，载《苏州大学学报（法学版）》2018 年第 3 期。

② 参见何庆仁：《特别认知者的刑法归责》，载《中外法学》2015 年第 4 期。

人并未意识到自己正陷于危险之中,也正是被害人对该危险认识的缺失,才引发行为人特别认知对归责认定影响的争议,如若被害人对该危险也有着较为充分的认识,那就可能适用被害人危险接受或被害人同意等理论了。

其二,承接上一理论区别,优势认知与特别认知这两个概念的主要差别在于主体所认知的优势或特别危险的参照对象。具体而言,被害人危险接受中的优势认知判断在被害人与行为人之间展开,申言之,在对危险的认识上,被害人的优势认知利于充足被害人危险接受阻却归责的成立,而当行为人比被害人具有更好的理解力,对危险的认识更为准确时,即使其他人对危险有着比被害人更好的理解力,也不影响行为人优势认知的认定,因为归责走向的参照在行为人与被害人之间展开。而特别认知中的认知程度判断在行为人与一般人之间进行,特别认知更强调行为人本身的能力或信息优势使其掌握了一般人并未了解的信息,且通常情况下在特别认知的判定中,被害人往往并不知晓危险的信息,因此特别认知的判断参考更强调一般性、普遍性。

其三,从认知程度或性质来看,特别认知所认知的危险更具决定力,是与构成要件有关的危险,而优势认知中行为人对危险程度的认识并没有要求该限定条件。行为人特别认知的危险一般情形下必然会导致法益侵害结果的出现,即该危险以导致法益侵害结果的出现为常态,以危险的未实现为例外。与此相反,被害人危险接受中,行为人所具有的优势认知并未达到如此确定的程度,具备优势认知的情形下,行为人对危险发生与否并不确定,且该情形下危险不会实现为常态,法益侵害结果的出现为例外。如果行为人确信该危险必然或极有可能会导致法益侵害结果的出现,那就不是被害人危险接受问题了。因此,特别认知比优势认知所认识的危险的程度更深刻、更准确,是与构成要件有关的危险,也正是基于这样的理论特征,在归责问题上,优势认知对归责影响的判断更为复杂。

(二)行为人优势认知应否被考虑

优势认知的归属在于其在被害人危险接受阻却归责理论中的定位,即优势认知在被害人危险接受中能否对归责认定产生影响,产生什么样的影响?在被害人危险接受中优势认知应否被考虑是一个非常复杂的问题,这直接关乎被害人危险接受阻却归责理论体系的构建。和特别认知面临的理论争端一样,优势认知对归责的影响也存在诸多问题。

学界一般认为主体认知情况对刑法归责问题有重要意义,①

① 欧阳本祺:《论特别认知的刑法意义》,载《法律科学》2016年第6期。

但关于认知情况对归责的影响准据以及程度问题，学者们则有着不同的理论解读路径。优势认知是被害人危险接受中针对行为人与被害人的危险认知情况进行的比较，其理论本质仍为主体认知情况对刑法归责的影响。优势认知仅是归责判断的事实问题，不能直接依据优势认知产生归责结论。在认知的程度上，优势认知是一种比较优势，其对阻却归责效果的影响还要结合案件情况具体认定，否则会不当限制主体的权利。被害人、行为人对危险的认识水平将影响归责方向，这已获理论和实务认可：当被害人具备优势认知时，有利于充足被害人危险接受要件；当行为人具备优势认知时，则可能排斥被害人危险接受的适用，即产生否定被害人自我答责的效果。在“海洛因注射器案”的判决中，德国联邦最高法院确认了优势认知在归责中的作用：当参与者对事实有更深的了解，比将自己置于风险之下的人更了解风险时，在这些假设中都可能产生可惩罚性。[①] 由此可见，主体优势认知影响责任认定。

对主体优势认知的归责意义要严格限定，一般而言，优势认知对归责效果的考察要结合案件具体情况进行分析。被害人优势认知构成被害人危险接受成立的单方面强化要素，在

① Manuel Cancio Meliá, *Victims and Self-Liability in Criminal Law: Beyond Contributive Negligence and Foreseeability (without Blaming the Victim)*, 28 Pace Law Review, p. 739(2008).

被害人优于行为人的危险认识的情形下仍基于自由意志将其法益置于危险之中的，被害人应对法益侵害结果自我答责，这是没有理论争议的。问题的关键与难点在于如何认定行为人优势认知对归责的影响，是否只要行为人的危险认识优越于被害人就能对归责认定产生影响？或者行为人的优越认知达到什么程度或具备什么条件才能对归责认定产生影响？对此应该进行实质性判断，优越认知应是一种基于对危险“质”的认知基础上进行的比较权衡，行为人优势认知在被害人危险接受阻却归责中应否被考虑取决于优势认知对危险实现走向的具体作用，行为人的优势认知本身不能成为要求其担责的依据，当其优势认知参与到因果流程发展走向中，例如行为人的优势认知对被害人作出危险接受的自由意志形成了直接影响或干预，并促成被害人作出危险接受的，那么行为人的优势认知对归责的影响应该被考虑。反之，如果行为人的优势认知与危险的实现并不存在直接关联，对被害人接受危险不存在任何影响的，那么就不宜将其作为归责认定的参考，否则会对行为人苛加过多的义务。

需要厘清的是，行为人优势认知与被害人对危险的充分认识并不冲突。前文我们已经证成被害人对危险的充分认识是被害人危险接受成立的前提条件，那么可能会产生这样的质疑，既已释明被害人对危险充分认识的理论意义，再从行为人角度论证当行为人有优势认知时对归责的影响岂不是没有意义了吗？因为既然被害人对危险的认知已经充分，行为人又怎么会产生优势认知？这一疑义肇因于对被害人充分认识危险的理解并不准确。被害人对危险的充分认识旨在强调被害人对危险的存在以及危险对其法益可能产生侵害要有充分的了解，而不是要求被害人已经对危险转化为法益侵害的可能性高低或实现概率形成非常清晰的认识，换言之，对危险的充分认识强调对危险的事实性、存在性认识，并不要求其对危险的法益侵害实现路径与实现可能性形成非常具体的、清晰的认识。在此前提下，当行为人对被害人面临的危险转化为法益侵害可能性或现实性有着更为确定的认知，特别是当这一优势认知与其身份紧密结合，对被害人作出危险接受产生心理强化和推动作用时，行为人的优势认知就是被害人危险接受必须要考虑的归责要素。

（三）行为人优势认知的形成要素

在多数情况下，行为人和被害人对危险的认识情况都是一样的，但是在一些特殊情况下，同样都是对危险形成了充分认识，但是在不同人的专业知识体系或生活阅历下，对危险的判定与解读并不相同，有的主体对危险发生的概率或可能性有着更科学、更准确的判断，而有的主体则只能形成一般性的判断，这就产生了优势认知的问题。

行为人认知水平的形成往往与其所从事的职业、专业技术背景等因素有直接关联。除了职业性、专业性因素外，行为人特定的生活经历、日常生活行为有时也会成为其对特定危险优势认知的来源。根据优势认知形成机理的不同，其来源可分为如下几个方面。

其一，基于行为人的职业属性形成的优势认知。职业不仅为社会主体提供经济来源，它还限定了社会主体的活动空间、接触对象以及社会分工定位。职业以职能和行业为组成要素，每一种职业都承载着一定的技术要素，职业从业者以具备一定的专业技能为要件，不同职业间往往存在较大的专业技术性差异。依托于职业属性，行为人一般会比未从事该项职业的主体具有先天性认知优势，且随着职业时间的增长，行为人的职业经验会逐渐累积，对与职业内容有关的事态的判断会更加准确。当行为人与被害人面临同一危险情境时，若该危险情境与行为人的职业属性存在密切关联，而被害人从事的职业与该危险情境没有直接关联，那么尽管两人都充分认识到了危险的存在，但是对危险具体走向和实现可能性的预判能力并不一致，行为人比被害人有着更高的职业认知能力。例如，专业的河豚处理师比一般的食客要更了解河豚的毒性和致死可能性，专业的药剂师要比普通病人更了解药品的作用机理和副作用。从归责角度来讲,和职业本身所承载的专业技能相比,对归责影响更为直接的是职业往往承载着行为人的社会角色,正是基于这样的社会角色,被害人才会形成心理信赖和职业期待,基于对职业的信赖才往往加剧了被害人作出危险接受的决心,也正是在此意义上,职业赋予行为人的优势认知成为归责判断的重要因素。

其二,基于行为人的专业背景形成的优势认知。行为人所具备的专业背景知识,如医学、生物学、化学等专业的知识,使得其在面对与其专业背景有关的危险时,比一般人具备更好的危险理解力。例如,具备专业医学背景的行为人会比普通人更清楚某种病毒的危险性及致死率,当行为人和被害人都对该病毒存在的危险性有着明确的认识时,行为人明显比被害人更清楚该病毒的病理作用以及医学意义,此时行为人就存在优势认知。行为人专业背景的形成一般来源于其系统的教育经历,或者通过其自行研究、学习等途径成为某一专业领域的专长者。当行为人的专业知识体系涵摄了危险属性时,他就能对危险的发展态势展开更准确、科学的预判。需要注意的是,职业属性与专业背景这两个要素容易发生交集,职业往往具有一定的专业性,但是专业的所指范围不限于一定的职业身份,且二者对归责的影响效力在一些情形下并不相同,因此,作为行为人优势认知的形成要素,职业属性与专业背景不能相互替代。同时,与行为人基于职业属性形成的优势认知类似,从归责角度而言,当行为人具备专业背景优势时,往往也会加强被害人的信赖感,基于对行为人专业性的信赖,被害人对危险接受与否的心态可能会发生改变,可能会对被害人作出危险接受产生心理推动效果。

其三,基于行为人的生活阅历或日常生活行为形成的优势认知。优势认知的形成不仅可以来源于行为人的职业经历或专业背景,还可以来源于其日常生活。丰富的生活阅历和经验可能会成为行为人优势认知的依据,丰富的生活阅历意味着行为人具有较为广泛的生活经验和常识,对生活中出现的一些危险具有更好的判断和处理能力,面对同样的危险,具有丰富生活阅历的行为人和生活经验较为欠缺的被害人可能都对危险的存在有着充分的认识,但是在对危险实现可能性的判定上,具有丰富生活阅历的人可能会对特定情形下的危险具有更好的判断能力。日常生活中的偶然性行为,例如具有专业性、职业性背景的人将特定危险的专业知识告知行为人,使得行为人获知有关该危险的专业知识的,也可以成为行为人优势认知的来源。如果行为人之前偶然听他人提起过有关该危险的专业知识,但是提起者并不具备特定的专业或职业背景的,也无法提供证据证明其所讲内容的科学性的,换言之,提起者所讲内容的科学性无法得以证实或被人合理信赖的,不能作为行为人优势认知的来源。

厘清行为人优势认知的形成要素主要是为了厘清行为人优势认知的来源或形成缘由,优势认知的来源对被害人形成心理依赖的影响程度不同,对被害人是否作出危险接受的影响力不同,因此,弄清行为人优势认知的形成要素对归责认定有着重要意义。在对行为人优势认知来源的判断上,与日常生活经验相比,行为人从职业经历或专业背景中获取的优势认知显然更为可靠,也更值得被赋予角色期待,而对行为人从日常生活经验中获取的优势认知在归责认定时显然不能过于苛责。被害人危险接受类案件并非均涉及优势认知问题,即使被害人或行为人一方确实存在优势认知,也并非一定能对归责走向产生决定性影响。优势认知对归责的影响需要结合具体案件而定,在被害人选择冒险进入与行为人专业领域有关的危险活动时,如竞技比赛、食用危险食品等场合,行为人优势认知对归责走向的影响更为显著。当行为人具有比被害人更好的危险理解力,而依然选择为被害人的冒险行为提供物质或精神帮助时,被害人自陷危险行为的自我答责性就此终止。[①]

① 参见申柳华:《德国刑法被害人信条学研究》,中国人民公安大学出版社 2011 年版,第 283 页。

二、行为人优势认知对阻却归责的影响

正如上文所述，被害人优势认知可以充足被害人危险接受阻却归责的成立，其对归责关系的影响非常清晰，无须赘述，需要研究的是行为人优势认知对被害人危险接受归责走向的影响。

（一）行为人优势认知与归责

上文已经将行为人优势认知的形成要素总结为三个方面，即职业属性、专业背景、生活阅历或日常生活行为，那么行为人优势认知对归责的影响到底是什么程度？是否只要行为人有优势认知就应该对其进行归责，这是需要我们详细探讨的问题。

对被害人危险接受中优势认知归责意义的讨论以行为人对该危险发生的不确定性判断为前提，该问题的核心是优势认知与故意的关系。优势认知有别于故意，优势认知是对危险本身的认识，是一种事实性认识，而不是对实现危险结果的意志。如果行为人根据其优势认知明知该危险会实现，仍为被害人实现危险提供积极辅助的，那么行为人的主观方面是故意，不符合被害人危险接受的成立要件，行为人要对法益侵

害结果承担相应的刑事责任。例如,行为人明知被害人要注射的毒品剂量远远超过其身体所能承受的最高剂量,注射毒品后会造成被害人死亡的结果,而被害人对该剂量的毒品的危害性虽然有认识,但对危险的实现可能性并非十分清晰,在此情形下行为人仍为被害人注射毒品提供帮助的,那么行为人应该对被害人死亡的结果承担相应的刑事责任。

不同的优势认知来源对被害人作出危险接受的影响力不同,因此,优势认知对归责的影响不可能是全有或全无的问题。认为只要行为人存在优势认知就应该对法益侵害结果担责的观点,显然是一种过于粗犷的归责认定方式,这样的观点对行为人苛加了过多的义务,这意味着行为人知道的越多,责任就越大,担责的概率就越高,而无法让人信服的是,这样的理解并未合理揭示行为人优势认知与归责之间到底是什么关系就直接达成了优势认知构成归责准据的结论。同样,完全忽视优势认知的归责意义也不可取,这会成为行为人不当逃避责任的机会,当行为人的优势认知对被害人作出危险接受的决定产生实质性推动作用时,不能仍然坚持被害人自我答责。认定行为人优势认知与阻却归责的关系必须回归被害人危险接受本身,被害人危险接受存在被害人与行为人两方主体,其中作出危险接受的主体是被害人,法益侵害结果实现的实质支配者与承担者也是被害人,因此,行为人层面的优势认知若想成为归责依据必须对被害人作出危险接受的决定产生影响，换言之，行为人的优势认知对归责产生影响的本质应该还原为行为人的优势认知对被害人作出危险接受的意志或决定产生了推动作用。据此，行为人优势认知对归责的影响必须符合如下两个条件。

1. 行为人的优势认知符合其角色期待

行为人的优势认知对被害人作出危险接受的意志或决定产生推动作用的前提必须是被害人已经认识到了行为人存在优势认知。如果即使行为人存在优势认知，但是被害人并未意识到，而是基于自己对危险的认识和判断作出危险接受的，那么行为人的优势认知不能对归责认定产生影响，因为行为人的优势认知对被害人作出危险接受的决定并未产生任何影响。在此前提下，我们才能进一步框定行为人的哪些优势认知能让被害人对其的信赖是合理的，才能让行为人对此担责。

来源于职业属性和专业背景的行为人优势认识具有明显的身份或角色属性，对行为人的角色期待应与行为人的角色属性和能力相匹配，在社会日渐频繁的匿名交往中，每位参与者都只能期待对方标准能力的付出。[①] 这意味着，过高的期待并不要求行为人承担更多的义务，而低于实际情况的期待无

---

① 参见何庆仁：《特别认知者的刑法归责》，载《中外法学》2015 年第 4 期。

法否定行为人的优势认知,并不意味着行为人承担更少的义务。这种期待应当是客观的,被害人的主观愿望不能代替现实情况,因此,被害人对行为人优势认知的期待必须具备客观合理性,否则会不当扩张行为人担责范围。以此作为判断标准,行为人基于其职业或专业属性形成的优势认知由于与其承担的特定社会职能紧密关联,在面对特定的危险情境时,被害人往往会基于对行为人社会身份或角色的信赖而强化作出危险接受的选择,由此,行为人基于职业属性和专业背景形成的优势认知应成为对其归责的依据,不能适用被害人危险接受理论由被害人自我答责。值得探究的是行为人基于生活阅历或日常生活行为形成的优势认知能否成为其归责依据。行为人在日常生活中也能根据其生活经验或经其他人告知等途径获得信息优势,但是与基于职业或专业背景形成的优势认知相比,这种情况下形成的优势认知具有一定的偶然性,且被害人难以对行为人的危险判断形成合理的信赖,即使行为人向被害人作出明确的信息披露,被害人也难以通过行为人的身份产生确信,即行为人的优势认知无法对被害人作出危险接受产生实质性影响,因此,行为人基于生活阅历或日常生活行为形成的优势认知无法对归责产生影响,否则会过于扩张行为人担责范围,被害人对危险作出接受的,应排除行为人的刑事责任。

2. 危险在行为人优势认知的涵摄范围

行为人优势认知对归责产生影响的另一个条件是行为人对危险的优势认知必须与存在的危险相契合,换言之,现实存在的危险必须在行为人优势认知的涵摄范围内。对主体优势认知的判定需结合具体案情展开多维度考察,既需考察其优势认知的水平,被害人对行为人的优势认知信赖是否符合行为人的角色期待,更需判定主体的优势认知是否与危险的实现有直接关联。①

危险在行为人优势认知的涵摄范围内的第一层意思是,行为人优势认知的内容和现实存在的危险属于同一知识领域,毕竟我们不能要求一个专业的赛车教练对河豚的毒性有着优势认知,这是行为人优势认知对归责产生影响的前置性条件。优势认知是行为人针对特定事态、情境、对象所具备的优越于被害人的认知优势,这是与被害人的认知情况进行比较后得出的结论,如果危险的性质并不在行为人优势认知的范围内,那么行为人对该危险的认知自然没有优势可言。危险在行为人优势认知的涵摄范围内的另一层意思是,行为人必须参与到被害人的危险接受中。如果行为人的优势认知与被害人的危险没有发生关联,那么行为人就没有发挥其优势

① 参见何庆仁:《特别认知者的刑法归责》,载《中外法学》2015 年第 4 期。

认知的义务，更不应该对此承担责任。以“河豚案”为例，除向坂东三津五郎供应河豚肝脏的河豚处理师外，该店的其他河豚处理师也具备明显的业务性优势认知，但是由于他们的优势认知并未参与到被害人的危险接受中，因此，其他河豚处理师的优势认知不能被纳入被害人危险接受阻却归责的考察体系中。

总之，优势认知对归责的影响是一个非常复杂的因素，需要我们结合案件的具体情况以及行为人的优势认知属性进行多维度判定。以行为人的优势认知来源为基础，关注行为人的社会角色属性，即行为人优势认知来源与其职业属性、专业背景有关，在此基础上，若现实存在的危险在行为人优势认知的涵摄范围内，则应将结果归责于行为人，若优势认知与其所承载的社会角色期待无关，那么一般会阻却归责。

（二）行为人优势认知的归责应用

在被害人危险接受阻却归责理论的第一阶层，即危险认识阶层，被害人对危险不具备充分认知的，就可以单方排除被害人危险接受的成立，即被害人对危险的认识情况是单方决定要件。相反，对行为人优势认知的考察则要进行双向考察，不仅要判断行为人的危险认识情况，还要与被害人的危险认识情况相比较。在具体适用中，行为人优势认知对归责的影响还需结合案件具体情况综合判断，其影响具体体现在如下两个层面。

其一，行为人的优势认知会强化被害人对行为人的能力信赖、消解被害人对所面临危险的疑虑，增强被害人避免危险现实化的信心，对被害人作出危险接受产生推动作用。当行为人的身份角色赋予被害人合理的信任与期待，被害人认为行为人具有相匹配的对危险的支配能力，被害人基于这种信任而选择进入危险时，应否定被害人自我答责的应用。因为在这种情形下，被害人一般认为危险不会现实化，被害人的判断受到了行为人优势认知的影响，被害人对刑法保护放弃的真实性被动摇。[①] 被害人的自我决定权被影响后，其自我保护可能性相应降低，刑法对被害人的保护性介入成为应然，由此，行为人的优势认知成为行为人担责的重要依据。行为人的优势认知一般与其职业身份相关，被害人基于行为人的职业身份相信行为人具备对危险的支配力和控制能力，例如尽管某种药物具有危险性（被害人明知这一危险性），但作为医生的行为人允许患者（被害人）服用该药物时，医生的职业身份影响了患者（被害人）对危险性的评估，被害人认为行为人

① 参见熊琦：《从“戏言逼死人命”案看客观归责的“规范之维”》，载《刑事法判解》2012 年第 1 期。

具有足够的对危险的控制力。在日本经典案例“河豚案”中，食客(被害人)当然知道河豚肝脏的剧毒性,但由于该食物由专业的、具有河豚料理资格的厨师(行为人)提供,行为人的专业身份部分消解了被害人对危险的判断和疑虑,基于此,尽管被害人自愿陷入危险中,但行为人的职业身份无疑强化了被害人作出危险接受,此时不宜再由被害人对法益侵害结果自我答责。然而,当被害人具有优势认知时,则有利于充足被害人危险接受的成立,例如在日本发生的“赛车同乘者案”中,作为拥有七年赛车经验的被害人对危险的优势认知是排除行为人刑事责任、认定该案成立被害人危险接受的重要判断依据。

其二,优越的风险认知往往表征着更强大的风险支配能力,当行为人基于其专业身份、职业背景等因素比被害人具有更好的风险理解力时,其往往更能掌握或驾驭危险走向,及时避免法益侵害结果的现实化。基于此,行为人具备优势认知时,若其任由被害人作出冒险行为选择、将被害人法益置于危险之中,而仍然怠于行使对危险的预判与防控能力的,行为人的优势认知可能成为行为人担责的依据。被害人危险接受中行为人的优势认知使得行为人与被害人处于实质不平等状态,此种情形下,刑法应对被害人施以更积极的保护,阻却行为人责任的适用条件应变得更为严格。在“海洛因注射器案”中确立了被害人自我答责的应用以行为人对危险的认识不超过被害人为基准，此案中被害人与行为人任何一方都不具备优越于对方认知的情形。但若将该案案情调整为，本案行为人为常年吸毒者或是一名资深化学专家，对毒品的毒性有着充分认识，而被害人对毒品的毒性、危害性并不了解，那么本案就不能适用被害人危险接受理论了。此时行为人的优势认知使被害人危险接受要件不再充足，不能产生阻却行为人责任的效果，否则将不当侵害被害人法益。

总之，优势认知对被害人危险接受归责效果的影响要综合各种因素进行判定。行为人的优势认知来源，行为人优势认知对被害人作出危险接受的影响程度，行为人优势认知的内容与危险之间的关系等，都是判定行为人优势认知对被害人危险接受成立与否的考量因素。如果被害人无法对行为人的优势认知产生合理期待，或者现实存在的危险并不在行为人优势认知的范围内时，就不宜以此为由对行为人归责。

第五章　接受危险中的阻却归责

接受危险是危险接受阻却归责理论的第二个阶段，在通过了危险接受阻却归责理论第一阶段（认识危险）的阻却归责限定考察后，如果被害人充分认识危险且行为人不具备对危险的优势认知时，则可进入下一阶段，即被害人是否作出了接受危险的判断；反之，如果被害人与行为人并未符合第一阶段中的阻却归责限定条件，则可以排除被害人危险接受的成立，无法根据危险接受阻却归责理论排除行为人责任。在接受危险阶段，危险接受阻却归责理论的阻却归责适用体现为：被害人对危险的接受是行使自我决定权的行为，对这一行为产生的法益侵害后果，要由被害人自我答责，因此，对接受危险的行使要进行严格限定,不符合自我决定权的行为,不能以刑法家长主义要求被害人承担相应的责任,而被害人是否具有刑事需保护性与保护可能性,都需要根据被害人作出的危险接受的具体样态作出判断。在接受危险阶段,危险接受阻却归责理论的阻却归责适用需要考察如下内容:被害人作出的危险接受的范围,被害人作出的危险接受是否自愿、有效,危险接受的内容是否具有社会相当性,以及危险接受的形式是否被表示并被认识。

第一节　被害人危险接受的权限:个人法益

被害人危险接受是被害人对其法益作出处分的行为,以被害人法益受损为结局,被害人接受危险的行为对其他主体的法益造成侵害的,不能适用危险接受理论排除行为人或被害人责任,由此,被害人的法益支配范围划定了危险接受阻却归责理论的适用场域,决定了被害人危险接受的权限。根据自我决定权理论,被害人只能对自己的法益作出处分,刑法对被害人保护的介入也以被害人在自己法益范围内的行为为限,因此,被害人仅有权对其个人法益作出危险接受,当某个构成要件所保护的法益是超个人法益等主体不可支配的法益时,被害人无权作出危险接受,即无法产生排除行为人责任的效果。被害人危险接受中的超个人法益表现为两种形式,一种是集体法益,另一种是被害人外的其他自然人法益。国家与社会法益具有集体性,无法由个人独享和支配,被害人放弃国家或集体法益的行为无法产生效力,一般情形下当行为人或被害人的处分行为侵犯集体法益时,要承担相应的法律责任。法益具有强烈的身份属性,对被害人之外的其他自然人法益,被害人无权处分,其处分行为侵犯其他自然人的法益时一般要承担相应的法律责任。[①] 例如,被害人明知行为人饮酒仍执意乘坐其车辆,结果发生交通事故,导致被害人死亡的,不能适用危险接受阻却归责理论排除行为人责任。因为公共安全这一超个人法益并不在被害人支配范围,被害人无权对公共法益作出处分,尽管行为人的冒险行为得到了被害人的认可,但是一旦法益侵害结果的发生溢出了被害人个人法益的范域,被害人接受危险的行为就不能成立。因此,在接受危险阶段,被害人接受的危险在个人法益范围内是成立被害人危险接受的重要因素。

---

① 强调"一般情形下",是排除了正当防卫、紧急避险等违法阻却事由,以及无违法性认识可能性、无期待可能性等责任阻却事由的情形。特定情形下,当被害人基于保护国家法益、社会法益以及其他人法益而造成了法益侵害,可以免除刑事责任。

一、个人法益的认定

个人法益,即为自然人所有,并被刑法保护的重要生活利益。国内外学界通说一般依法益主体,将法益分为不同类型,如分为个人法益、社会法益和国家法益的三分法,还有分为个人法益和超个人法益的二元论。[①] 当然,还有学者另辟蹊径,如德国学者马克思(M. Marx)主张法益的一元论,即所谓的超个人法益不过是多数人法益的集合,本质上仍是个人法益,因此没必要作出区分。该主张虽然对法益的形式结构进行了剖析,但却未对法益背后的利益关系展开认定,具体而言,一元论只是认识到了法益间的共性,但是却忽略了不同法益间的"质差",社会法益和国家法益在对一定数量的个体法益进行抽象重组后,就获得了独立的价值内核,并非所有的集体法益都可以还原成个人法益,[②]集体法益代表着大多数人的利益诉求,甚至在一定的层面上,社会法益和国家法益会与某些个人法益存在一定的冲突。因此,法益仍有必要根据主体的不同进行不同的分类,至于二元论和三分法的分类方式哪一种更

① 参见张明楷:《法益初论》,中国政法大学出版社 2000 年版,第 239 - 241 页。

② 参见陈家林:《法益理论的问题与出路》,载《法学》2019 年第 11 期。

为可取,并非本书研讨的重心,确认了将个人法益与其他法益分离的必要性即已完成了本书目标。

厘定个人法益的界域,对被害人危险接受的适用至关重要,因为法益主体仅能就其个人法益作出处置。根据法益具体内容的不同,个人法益一般包括人身法益(包括生命法益)、自由法益、名誉法益、财产法益等。在被害人危险接受中,被害人仅能对其个人法益作出处分,意味着被害人只能对与其有关的人身、自由、名誉、财产等法益作出危险接受,被害人对个人法益外的其他法益作出处分的,不能适用危险接受阻却归责理论排除行为人责任。由于法益间存在一定的交叉和共性,因此对个人法益需要进行实质判定,表面上与个人利益相关的不一定就是个人法益,例如,虽然公民身份与公民个人法益存在密切关联,但是与公民身份有关的犯罪,如伪造身份证件罪,其侵犯的法益却是社会法益,即国家对居民身份证件的管理秩序,个人对此法益无权处分。在对法益性质的认定时,由于我国刑法典的罪名体系分类与位置编排基本遵循了法益的同类性,因此罪名在刑法典的体系位置可以作为罪名所侵犯的法益内容的判断标准,在此基础上展开对法益性质是否属于个人法益的实质判定不失为一个理想的路径。需要注意的是,生命法益在个人法益中具有特殊性,个人对生命法益的有限处置权与被害人对生命法益的冒险行为并不矛盾,对此问题，前文已进行了详细论证，在此需要说明的是，尽管特定情形下法益主体对生命法益的处置受限，但这是基于社会整体利益考量的结果，并不是对生命法益属于个人法益的否定。

二、复数法益的处置

被害人危险接受中出现复数法益时，其处理路径与个人法益相比更为复杂。

（一）复数法益处分的学说

如上论证，被害人仅有权对其个人法益作出处理，对超个人法益的处理不能适用危险接受阻却归责理论排除行为人责任。但是当构成要件所保护的法益是复数法益，即构成要件中存在两种或两种以上法益，[①]且被害人仅能就其中的部分法益有权作出处分时，该如何适用危险接受阻却归责理论呢？这一问题的解决需要我们结合复数法益的理论本质来释明。关于复数法益的处理方法，学界目前存在三种代表性学说。

---

① 参见［日］関哲夫：《法益概念与多元的保护法益论》，王充译，载《吉林大学社会科学学报》2006 年第 3 期。

(1)选择性保护说。该学说主张,排除对一种法益的侵害,并不能由此当然排除对其他法益的侵害。换言之,对一种法益作出危险接受,并不代表能对整体法益作出危险接受。该学说将复数法益视为由单个法益组成的法益整体,在复数法益中每个法益仍保持其独立性,对部分法益的接受并不能视为对整体法益的接受。(2)累积性保护说。该学说认为,复数法益间的组合难以彼此割裂,因此,只要对复数法益中的可支配法益作出了危险接受,就意味着对整个法益都作出了接受。累积性保护说将复数法益视为单个法益的紧密结合,由单个法益组成的复数法益难以进行分解,单个法益构成了该复数法益不可拆分的一部分,因此,只要能对其中的单个法益进行支配即视为可以对整体复数法益进行支配。(3)优势法益说。该说认为,在复数法益中,对法益的处分权能取决于哪一种法益居于统治地位,若居于统治地位的是主体可支配的法益,则其对法益的处分整体有效,反之则无效。[①] 与累积性保护说相似的是,优势法益说也认为由单个法益组成的复数法益不能当然排除单个法益主体的支配权,但是在支配权的认定上,优势法益说更为严格,该说认为并非所有单个法益主体均对该

---

① 参见车浩:《复数法益下的被害人同意——“优势法益说”之提倡》,载《中国刑事法杂志》2008年第5期。

复数法益有支配权,只有当居于统治地位的是主体可支配的法益时,才能认为该主体对整体法益均有处分权。在分析被害人同意的复数法益处理问题时,车浩教授主张优势法益说。

(二)选择性保护说的提倡

复数法益的认定理论与其理论应用场域存在直接关联,在被害人危险接受复数法益认定的理论选择上,本书认为选择性保护说更为可取,具体原因如下。

其一,累积性保护说和优势法益说分别存在难以消解的痼疾。累积性保护说将法益主体对自己法益的处分权能扩张至整体复数法益,从适用效果来看,通过确认法益主体对整体法益处分权的方式利于抑制入罪扩张的态势。但是这样的认定方式僭越了公民自治的底线,法益主体对个人法益的处分权能可不经筛选地直接涵摄超个人法益,抹杀了法益的价值属性。复数法益虽然是多个法益的组合,但是在该组合中仍存在对复数法益性质起主导作用的重要法益以及处于辅助(或次要)地位的次要法益之分,根据累积性保护说,即使法益主体所能支配的法益属于次要地位,其仍能对该整体法益享有支配权,这样的认定逻辑完全忽视了复数法益内部的法益关系,将复数法益视为由多个法益组成的没有独立理论定位的产物。此外,法益具有强烈的身份属性,法益背后一定与特定主体的利益相关联,依循累积性保护说的理论,这些主体的利益都是共享或共通的,侵犯了其中一个主体的法益即意味着其他主体的法益也相应受到了损害,即使该法益在复数法益中的地位较为轻微,但是这样的理论解读人为混淆了法益的独立性,逾越了公民自治权的权利边界。每个法益主体都仅能对自己的法益作出支配,即便法益的组合也不能否认这一理论前提,复数法益不能消解个人法益的独立性,至于基于利益考量因素由主要法益决定复数法益性质或定位的理论选择与此并不矛盾,累积性保护说已然突破了法益的独立性这一底线,理论无法立足。

与累积性保护说相比,优势法益说的适用条件则相对严格了一些,只有当复数法益中居于统治地位的是被害人可支配的法益时,被害人的法益处分方为有效,对累积性保护说中完全无视超个人法益的现象适用起到了一定的矫正效果。但是,根据优势法益说,当被害人可以作出处分的法益在复数法益中处于优势地位时,就可以忽略其他法益,当然产生阻却行为人责任的效果,这样的认定思路存在两方面的问题:一方面,从操作层面而言,优势法益的判断标准并未统一,难以确定优势法益。优势法益的确定往往是利益权衡的结果,在不同的评价体系下,优势法益的认定可能存在偏差,容易造成法律适用的不稳定。另一方面,即便确定了优势法益,但这种优势仅是相对优势,优势法益仅是复数法益中处于相对优势地位的法益,至于其比其他法益优越的程度以及重要的程度,都是难以准确测定的,甚至有时基于刑事政策的考量,才将其中一种法益确定为优势法益,在不同的被害人危险接受情境下该如何确定优势法益也是需要具体判定的。因此,优势法益的认定本身即存在一定的不确定性,而一旦确定了优势法益就忽视了其他法益的做法在此理论背景下难以自圆其说。

其二,与前两个学说相比,选择性保护说则更好地顾及了被害人危险接受的性质,具体而言,被害人危险接受以排除行为人责任,由被害人自我答责为责任承担结局,这样的责任分配状况要求对阻却归责的成立设置严格的条件,只有当被害人能同时对所有的法益作出危险接受时,才能排除归责。复数法益由不同的法益内容组成,不同的法益内容构成法益整体发挥作用,彼此间不能拆分。复数法益间的法益组合并未抹杀个体法益的独立性,只有对复数法益中的每个法益都有危险支配权的才能对该复数法益进行支配,选择性保护说即遵循了这一理论特点。此外,与其他学说相比,选择性保护说符合危险接受阻却归责理论的要求,根据自我决定权理论,被害人可以支配的法益范围是提前已经确定的,不能支配的法益内容不能通过对重要法益的支配获得处分权,法益主体仅能对其自己的法益进行支配,刑法对被害人行为的评价与介人不能无视复数法益中被害人无法支配的法益，而对复数法益中一部分法益（尽管是非优势法益）的支配无能，决定了被害人对该整体法益无法行使支配权。申言之，被害人对部分法益的危险接受权并不能扩张至整体复数法益，因此，当复数法益中存在被害人不能处分的法益时，不能适用危险接受阻却归责理论排除行为人的责任承担、由被害人自我答责。

第二节　被害人自愿、有效的危险接受

被害人危险接受是被害人自我决定权的行使，被害人作出危险接受的主观意志必须是自由的、自愿的，当被害人被迫作出违反其真实意志的危险接受时，不能适用被害人危险接受理论排除行为人责任。

一、危险接受的意思自治

被害人危险接受中的意思自治即被害人根据自己的意志自由支配、实施其行为的权利，不受其他主体的非法干预。危险接受的意思自治是被害人作出自愿、有效的危险接受的理论前提和保障，违反被害人意志自由的行为不能认定为被害人危险接受。

（一）被害人的意志自由

被害人的意志自由，即被害人在自由、自愿情形下作出行为决意的主观状态，它获得了以符合意义的方式去实现自我决定的自由。[①] 被害人危险接受是自我决定权实现的结果，在非自由状态下，如受到威胁、胁迫、强制情况下作出的危险接受，背离了危险接受阻却归责理论中被害人自由处分的基本前提，不能成立危险接受，不能要求被害人对由此发生的危害结果自我答责。对被害人危险接受中被害人意志自由的判断不能仅从形式上观察被害人是否接受了危险，还要探究其作出危险接受的背后动因是否受到了强制。导致被害人非自由决定的因素有很多种，常见的足以排除被害人危险接受阻却归责成立的因素如下。

1. 营救者身份下的不自由

被害人特定的身份属性会对其行为选择产生重要影响。当被害人拥有营救者身份时，在其明知有危险的情形下，仍然选择对行为人所侵害的他人法益予以救助，并导致被害人自己法益受损的，一般被称为营救者损害。在理论内容上，营救

① 参见［德］汉斯·韦尔策尔：《目的行为论导论：刑法理论的新图景》，陈璇译，中国人民大学出版社2015年版，第64页。

者损害与被害人危险接受存在一定的交叉，即当被害人具备营救者身份并“自愿”去实施相应的危险救助行为导致其法益受损时，营救者损害问题就与被害人危险接受问题产生了理论纠葛，因此学界有观点主张对营救者损害可适用被害人危险接受排除行为人责任。然而，该理论主张并未对营救者损害的动因进行类型性分析，并未实质掌握被害人危险接受的要旨，忽视了身份属性对被害人作出危险接受的自由意志的影响。当被害人具备特定的身份时，其行为选择会受到其特定身份的制约，导致被害人作出冒险行为（选择危险救助）时经常是非自愿的，[①]此时的被害人并不具备充分行使自我决定权的可能性。因此，特定情形下的营救者损害，不能当然适用危险接受阻却归责理论排除行为人责任，[②]这类情形包括以下几种情况。

其一，基于法定救助义务的营救行为。在我国法律体系中，这种救助义务来源于三个方面，即职业要求（如消防队员扑灭火灾及救护义务），保证人地位（如父母对子女的保护义务），法律对普通公民要求的救助义务（如《消防法》第44条中

① 参见［德］赫尔穆特·萨茨格：《作为客观归责问题的所谓“救援者案件”》，梁奉壮译，载《中德法学论坛》2017年第2期。

② 参见［德］英格伯格·普珀：《客观归责的体系》，徐凌波、曹斐译，载《刑事法评论》2016年第2期。

规定任何人发现火灾有报警义务)。[1]法定救助义务要求被害人在面临危险情境时必须履行施救义务,如果其不履行救助行为,则要面临被追责的风险。在这样的情境中,难以证明被害人的主观意志是自由的,因为即使被害人不想实施危险行为也必须基于法定救助义务去冒险,被害人的行为并不一定是其自由意志的实现。被害人基于法定救助义务导致自己法益受损的,也可能排除行为人责任承担,而由被害人自我答责,然而这种情境下的归责结论并不是基于被害人危险接受的法理,而是基于其他理论,如基于被害人的法令行为阻却行为人的违法性。

其二,被害人为挽救近亲属或伴侣的生命、身体等重大法益,而不得已实施救助行为的。与基于法定救助义务的营救者不同,这类主体挽救近亲属或伴侣等关系密切者的重大法益,并不是基于法律的规定,而是基于亲密的情感联系。不能忽视的事实是,一些情形下亲密情感对营救者意志自由的影响甚至比法律规定对营救者的影响更为深刻,即使被害人没有法定救助义务,但是当其关系密切的近亲属或伴侣的生命、身体等重大法益面临危险时,被害人作出冒险决定的自由意志也会受到严重影响,这些因素导致基于亲密情感实施营救

① 参见王刚:《营救者的损害与自我答责原则》,载《法学研究》2010 年第 3 期。

行为所致法益受损的归责关系认定更为复杂。应当坚持的处遇理念是,亲密情感对营救动机的影响应该被适当考虑,那些因与营救者长期生活在一起而形成的,与法定保证人地位关系结构相似的事实关系,应该被法律保护。同时,那些长期生活在一起,虽未经婚姻登记机关登记,但具备实质夫妻关系的伴侣间的关系也应该被法律保护。亲密情感关系会深刻影响营救者的意志自由,仅因为没有法律的明确规定便否定营救者的营救动机,不利于保护营救者的利益,在这种情境下适用被害人危险接受理论,由被害人自我答责对被害人而言并不公平。同时,对营救者损害能否适用被害人危险接受理论的认定不能过于宽松,因为施害者仅对被营救者的法益进行了直接侵害,而没有对营救者的法益进行直接侵害,营救者的法益受损结果是施害者所难以预料的,如果对亲密关系的范围不作任何限定,那么会导致追责范围的无限扩张。

除上述情形外,营救者的损害可适用危险接受阻却归责理论排除行为人责任,由被害人自我答责,当然,在具体的责任认定中,还需结合案件的具体情况,如营救者是否遵循了职业规范要求等去进一步判定责任承担。

2. 先侵害引起的不自由

除了身份的影响外,被害人在行为时面临的情境同样会对被害人的自由选择意志产生重要影响。行为人在被害人还没认识、接受危险的情形下先实施了某种行为，该行为导致被害人不得不陷入危险的，不能认为被害人陷入危险的行为是自愿的，其行为不能成立被害人危险接受。在这种情形下，被害人虽然“自愿”陷入危险中，但是其并没有对该危险作出接受，其行为选择不具有自愿性，无法排除行为人责任，这就是被害人危险接受中“先侵害”所要探讨的问题。从时间顺序来看，先侵害的时间先于被害人危险接受中面临的危险，先侵害预先创设了一个两难选择情境，该两难情境构成了促使被害人实施对自己法益危险行为的动因和前提条件，如果没有先侵害的出现，被害人不会实施该冒险行为。例如行为人将被害人的车点燃，被害人发现后，明知车随时会爆炸仍只身扑救，结果车发生爆炸，被害人死亡的。这个案件不能适用危险接受阻却归责理论排除行为人责任，行为人要对被害人的死亡结果承担刑事责任。在该案中，行为人预先实施、创设了与被害人法益紧密相关的危险，这样的法益关联性容易促成被害人“接受”危险，事实上，此种情形下被害人对危险的接受是不自由的，其主观自由意志已经被行为人预先制造的危险所影响，不符合被害人危险接受的主观要件。

先侵害对被害人危险接受中意志自由的影响并不是绝对的，并非所有的先侵害都可以对行为人的意志自由产生影响，否则会不当扩大行为人的责任范围。对行为人实施的先侵害是否对被害人自由意志产生影响要进行实质性判断,先侵害至少应同时满足以下几个条件,才可以被认定为否定了被害人的自由选择意志。其一,先侵害必须与被害人的冒险行为选择存在紧密联系。一般情况下先侵害威胁或损害了被害人的重要利益,才会引发被害人选择冒险行为,如果先侵害与被害人的利益关系较疏远,或者损害的被害人的利益偏于微小,则不宜就被害人冒险后遭遇的法益侵害结果向行为人追责。例如,行为人开玩笑将被害人的墨镜扔入水中,被害人在明知自己水性不佳的情况下仍跳入水中捞墨镜,最终溺水而亡的,行为人扔墨镜的行为虽然对被害人的法益造成了一定的侵害,但是所损害的被害人的利益非常微小,不足以促使被害人冒着生命法益危险去实施保护财产的行为,因此,该情形下行为人并未对被害人的选择自由产生实质性影响。其二,先侵害必须是由行为人所创设的,如果先侵害是由行为人之外的其他人所创设,则不具备行为人的先行为对被害人的自由选择意志构成干涉的前提,自然也就不会在责任认定时追溯行为人的先前行为。其三,对于先侵害对被害人自由意志是否构成实质影响的判断要坚持一般人的标准。如果先侵害与被害人的行为选择存在紧密关系,在当时的情形下一般人也同样会选择进入危险,则可以证明被害人选择冒险行为的决定具有一般性,行为人创设的侵害合乎规律地对被害人的行为选择产生了实质性影响。反之,如果在当时的情形下,一般人并不会选择介入危险,则不宜认为行为人的侵害合乎规律地引起了被害人的冒险行为,可以推断,被害人的行为选择切断了先侵害的干扰,是基于自由意志的自愿冒险行为,应由被害人对这一行为选择自我答责。

3. 强势身份下的不自由

主体身份往往表征着一定的社会资源支配能力,与身份承载的支配力相匹配,不同身份者在特定情形下所拥有的自由选择空间并不相同,一般而言,拥有强势身份者具备更多的选择可能性。所谓强势身份,是指拥有较高社会地位,具备较强支配力的身份。强势身份是一个经过比较而得出的概念结论,在被害人危险接受中,强势身份的判定在行为人与被害人之间展开。在一对关系范畴中,强势身份者往往居于事态发展的主导位置,能左右事态发展走向,决定因果关系发展流程,而弱势方往往处于被动的执行地位,由此,身份属性成为归责判断时必须要考虑的因素。

当行为人与被害人处于不对等的社会关系中,进行危险接受阻却归责理论的认定时,需要考量行为人具有的强势身份是否对被害人接受危险产生了影响。确实存在一种情形,即表面上看被害人是自愿陷入危险之中,但事实上行为人的强势身份对被害人的选择产生了现实压力,例如公司上级领导在行使职务行为过程中要求作为下属的被害人从事冒险行为,如果被害人不听从行为人的命令,则面临被免职的情况。因为行为人的强势身份,被害人不得不接受行为人命令的,不能认为被害人基于自由意志接受了危险。德国曾出现过类似判例,被告人为煤气管道铺设公司经营者,被害人为该公司雇佣的施工者,在一次施工中,多个施工小组在不同场地施工,但只配备了一个呼吸保护器具,被害人为了节省从其他施工场地去拿呼吸保护器具的时间,在没有佩戴呼吸保护器具的情况下直接进入地下管道铺设洞穴,在此之前被告人曾告诉过被害人,如果不佩戴呼吸保护器具,直接进入地下煤气管道施工场所很危险,被害人最终因一氧化碳中毒而死。法院认定被告人应对被害人的死亡承担过失致死罪,原因是虽然能肯定被害人的危险接受,①但是和行为人具有的强势经营者身份相比,作为被雇佣者的被害人居于从属地位,二者的身份导致其权利、地位并不匹配,因此应判决行为人承担相应刑事责任。当然,行为人强势身份并不必然在任何情形下都导致被害人的自由选择意志被否认。在被害人危险接受中,对行为人的强势身份要进行实质判断,只有当行为人的强势身份足

① 裁判说理中的"肯定被害人的危险接受",是指从形式上观察被害人作出了"危险接受",并不表示被害人危险接受已经成立。

以且确实对被害人作出危险接受的自由意志产生影响时，才能将行为人的强势身份与被害人作出危险接受的行为相关联，否则会不当扩大行为人的责任范围，对行为人造成不当归责。具体而言，在进行行为人强势身份对被害人危险接受成立与否的判定时，要掌握以下两方面的要素。

其一，行为人的强势身份与被害人作出危险接受决定存在内容及身份上的紧密关联。行为人相对于被害人的强势身份多形成于双方参与的工作领域或社会活动领域，以双方参与的工作领域为例，在与工作相关的事项上，处于更高职位的主体往往比低职位的主体拥有更多的管辖权限和支配权。在工作场合，低职位者的职业发展机会多取决于高职位者的提拔，因此，低职位者一般想通过良好的表现来获取更好的职业发展机会。特别是当高职位者拥有雇佣、晋升等重大事项的决定权时，其对低职位者的影响力会更大。如果行为人处于高职位，被害人处于低职位时，行为人的强势身份很可能会对被害人的意志自由决定产生重要影响，由此，行为人的强势身份通过影响被害人的自由选择意志，进而影响归责走向。但是强势身份对归责走向的影响应与主体身份所对应的活动范围相联结，换言之，对强势身份归责影响的判断不宜过度扩张，应限定在工作、社会活动等与双方主体身份相关的领域，不宜随意扩大强势身份的判断范围，否则会对行为人的责任承担过分苛责。需要注意,行为人强势身份对被害人意志自由的影响要与被害人单方面想讨好行为人区分开,在一些情形下,被害人为了谋求更好的职业发展机会,可能会通过自陷危险的方式帮助行为人实现利益,以此讨好行为人,但是行为人并没有希望被害人陷入危险的意志,甚至对被害人陷入危险的行为持排斥态度,那么这种由被害人的单方讨好行为所导致的法益侵害结果,不宜归责于行为人。

其二,行为人的强势身份对被害人意志自由的影响构成强制。行为人居于强势地位并不必然对被害人的行为决定构成影响,且即便造成影响,影响轻微的也不足以对归责走向产生影响。行为人强势身份对被害人的影响是通过心理威慑来实现的,即行为人的强势身份对被害人作出自由选择的意志产生干扰,导致被害人不得不作出违背其意志的行为选择。行为人强势身份对被害人的影响可归结为三种情形,第一种情形中,行为人的强势身份不足以对被害人的行为选择造成任何影响。这种情形一般发生于被害人的行为选择与行为人的强势身份不产生实质性交叉的场合,即被害人的行为选择无须考虑行为人的主体身份,被害人作出的行为选择结果不会与行为人的主体身份相冲突,在这样的情形下,行为人的强势身份与被害人面临的危险情境不存在实质性关联。第二种情形中,行为人的强势身份对被害人的危险行为选择仅产生轻微影响。一定情形下，行为人的强势地位确实会给被害人的行为选择带来现实压力，会压缩被害人的自由选择空间，但是影响的程度存在差异，当影响是轻微的，不足以影响或撼动被害人的行为选择时，行为人的归责链条应被切断。第三种情形中，行为人的强势身份对被害人的行为选择产生了实质性影响。这是被害人危险接受中影响归责走向所要探讨的情形，在此情形下，行为人的主体身份所承载的资源及地位优势，现实性地压缩了被害人的行为选择空间，对被害人的行为选择产生了主导甚至决定性因素，行为人的强势身份与被害人的行为选择由此产生紧密关联。对于行为人强势身份对被害人行为选择影响程度的判定，除要考虑两方的主体身份外，还要结合被害人面临的行为处境与行为性质展开一般性判断。例如，被害人是否在有更好的行为选择下主动将自己的法益置于危险之中，行为人的强势身份是否会形成一般性威慑，即对处于被害人角色的一般人都会形成心理威慑并影响行为决定。此外，还可反向考虑如果被害人没有接受行为人的建议，其会面临什么代价，如果对被害人几乎没有什么影响或影响不大，则不能向处于强势地位的行为人追究责任。

与法益威胁下的不自由相比，强势身份强调行为人的身份本身对被害人作出行为选择带来的影响，而非通过对被害人法益的威胁影响被害人的行为选择，该强势身份并没有外化为实际行为，因此，对行为人强势身份是否对被害人行为选择产生影响的判断更为隐性、更为复杂，也正是基于这样的现实，对行为人强势身份是否对被害人行为选择产生影响的判断要严格认定，不可过度扩张行为人责任范围。

4. 法益威胁下的不自由

法益处于被威胁状态时，被害人的自由选择意志会受到侵扰，被害人会出于保护法益的动机作出冲动行为，申言之，在此种情形下，被害人作出冒险行为本质上是为了保护法益，其在当时情境下并不具备自由选择行为的自由意志，因此，当被害人的法益处于被威胁状态并会影响其作出接受危险的决定时，应该认为在此情形下被害人作出接受危险的决定是不自由的，应将法益侵害结果归责于行为人，不能适用被害人危险接受阻却归责，西班牙最高法院裁决的“跳车案”（Vehicle Jump Case）即是此例。该案被害人是一名乘客，其搭乘被告人便车，在车辆行进过程中，被告人突然要求被害人交出所有钱财（还索要了被害人的手表），同时威胁被害人其有刀具（这一事实未得到证实）。在此情境下，被害人要求被告人停车并归还自己的手表，同时被害人打开车门威胁被告人若不停车，他将跳下去，被告人拒绝停车，被害人选择从车中跳下并导致自己身体受伤。西班牙最高法院法官认为本案被害人应该为自己对法益冒险的错误权衡后果（财产受损与跳车所导致的生命或身体法益受损)负责。①

但是综合该案的全部要素,该裁决结果并不令人满意,该裁决错误忽视了被害人作出危险行为的客观情境。本案被害人虽然“自愿”选择跳车,但是该选择是在行为人对其法益进行威胁下作出的,被害人作出危险行为的决定是不自由的,因为在被害人看来,他当时没有更好的选择,其“自愿”陷入跳车所导致的危险是不得已的,这一非自由的冒险选择不符合被害人危险接受理论的实质,对法益危害的错误权衡后果不能归咎于被害人,行为人应对此担责。我国 2021 年发生的“货拉拉跳车案”与该案案情类似,2021 年 2 月 6 日 20 时 38 分,货拉拉平台注册司机周某某根据平台订单到达用车人车某某楼下,周某某询问车某某是否需要付费搬运服务,车某某拒绝。其间,车某某数次将生活用品搬至周某某车上,周某某多次催促车某某快点出发,车某某未予理会。21 时 14 分,周某某驾车出发前往目的地,车某某坐在副驾驶并拒绝了周某某提出的到达目的地后为卸车搬运服务付费要求。车辆行驶过程中,周某某为节省时间擅自更改行车路线,21 时 29 分,车辆行驶至林语路佳园路口时,车某某两次提出车辆偏航,周某某

① See Manuel Cancio Meliá, *Victims and Self-Liability in Criminal Law: Beyond Contributive Negligence and Foreseeability (without Blaming the Victim)*, 28 Pace Law Review, p. 745(2008).

刚开始未予理会，后用恶劣语气表达对车某某的不满。车辆行驶至林语路曲苑路口时，车某某又两次提出车辆偏航并要求停车，周某某并未理睬而是继续驾驶。此后，车某某离开座椅将身体探出车窗外，周某某没有采取语言和行动制止车某某，也没有紧急停车，只是轻点刹车减速并打开车辆双闪灯，车某某从车窗坠车，经抢救无效去世。鉴定发现，车某某系头部与地面碰撞致重度颅脑损伤死亡。一审法院在判决书中指出，周某某发现车某某的危险举动后已经预见车某某可能坠车，但轻信可以避免，未及时采取有效措施以致发生车某某坠亡的危害结果。周某某的过失行为与车某某的死亡结果之间具有刑法上的因果关系，其行为构成过失致人死亡罪，判处有期徒刑一年，缓刑一年。[①] 一审判决发布后，行为人周某某提出上诉，湖南省长沙市中级人民法院依法作出刑事裁定，驳回上诉，维持原判。[②] “货拉拉跳车案”的一审判决书虽然未明确指出被害人作出危险行为选择的不自由性，而是从行为人具有主观过失以及因果关系角度证成行为人的有责性。但是，这一案件如果适用被害人危险接受理论分析可得出同样的裁判结论，因为本案被害人车某某选择跳车的决定是不自由的。

① 参见湖南省长沙市岳麓区人民法院刑事判决书，(2021)湘0104刑初1060号。

② 参见湖南省长沙市中级人民法院刑事裁定书，(2021)湘01刑终1436号。

具体而言，在该案件中，行为人周某某在夜间偏僻路段行驶时多次偏离导航建议，行为人不仅未与被害人车某某进行有效沟通，还对其恶语相向，面对被害人的跳车警告，行为人置之不理，结合案件当时的情境，被害人法益面临紧迫威胁，这一威胁足以影响被害人的行为选择，因此，即使被害人选择陷入危险之中，但其作出行为选择的意志是不自由的，不能适用被害人危险接受理论排除行为人责任，应由行为人对法益侵害结果担责。

以上两个案例皆是被害人法益陷于被威胁状态所导致的行为决定不自由的典型，正如前文所言，法益受到威胁会影响被害人的行为选择，但是并非任何情形下的法益受到威胁都能完全否定被害人的意志自由。我们要判断该威胁是否对被害人的行为选择产生实质性影响，如果该法益威胁并未对被害人的意志自由产生重大影响，那么不宜将该法益侵害结果归责于行为人，反之，则应该由行为人对该法益侵害结果担责。对法益面临威胁下被害人行为选择的意志是否自由要进行限定性判断，不宜过度认定，一般可从以下三个方面进行考察。

其一，被害人受到威胁的法益是否重大，一般而言，受到威胁的法益越重大，被害人就越容易陷入非自由意志决定。特别是当被害人的生命、身体等重大法益面临威胁时，其作出自由选择的意志就越容易被动摇。相应地,对非重大法益的威胁一般并不会导致理性人将自己的重大法益陷于危险情境,若单纯威胁到被害人的非重大法益,被害人就将自己的身体,甚至生命等重大法益陷于危险之中的,不宜将由此导致的法益侵害结果归责于行为人。在“跳车案”中,行为人虽然没有对被害人的生命或身体重大法益进行直接侵害和威胁,但在当时的情境下,行为人先是让被害人交出所有财物,对被害人的财产法益作出了侵害,并威胁被害人其有刀具,而刀具可直接对被害人的生命或身体法益造成损害,在当时由行为人驾驶的正在快速行进的车辆内,面对被害人想要跳车的警告,行为人置若罔闻,被害人有充分的理由认为行为人会作出进一步侵害的举动,被害人认定自己的身体或生命法益面临严重威胁并非没有依据,因此,这并非简单的可归结于由于被害人对自己法益冒险的错误权衡后果所引发的被害人自我答责,这样的裁判思路是典型的唯结果论。

在“跳车案”中,被害人跳车是由于其重大法益面临威胁,被害人为了保护自己的身体或生命重大法益,不得已才选择跳车,跳车的举动是其在重大法益面临现实紧急威胁的情形下做出的。该选择是否理性应该从被害人作出选择的时点进行判断,而非从选择后所发生的结果进行事后判断,因为事后的判断并未考虑被害人行为选择时的情境,尽管从理性的法益衡量角度来看，被害人的行为选择可能弊大于利，但是从被害人行为选择时面临的情境来看，对被害人而言，他宁可冒着损害身体法益的危险，也不愿意承受将来可能发生的更严重的法益损害结果，是一种牺牲现实较小法益来保全将来更大法益的行为选择，因此，于被害人而言，他不仅未主动将自己重大法益置于危险之中，反而是为了保护自己的重大法益才选择冒险行为，该冒险行为选择并不是其基于自由意志作出。该选择合理与否，仅应从行为选择时的情境来判断，事后的判断并无意义，法益威胁也正是基于这样的理论逻辑发挥作用。所谓威胁，即意味着该威胁既可能转化为现实，也可能并不会转化，这样的内涵就决定了威胁本身转化为现实法益侵害的不确定性，然而，不确定并不意味着其没有任何意义，这种不确定性正是影响被害人行为判断和选择的重要参考，因为在特定情形下，这种不确定性极有可能转化为重大法益侵害，正是这种转化的可能性才导致被害人作出行为选择的不自由，这也是行为人法益威胁对被害人自由意志产生影响，进而影响归责走向的理论路径。如果完全从事后的角度来评判，那么法益威胁对归责走向影响的判断将丧失客观性。

其二，行为人的法益威胁状态是否紧迫，紧迫的法益威胁会影响被害人的意志自由，进而影响被害人的行为选择。对法益威胁的事态是否紧迫的判断必须结合行为当时的客观环境，如是否为公共场所，一般而言，在公共场所中，对个人法益威胁的紧迫性要稍低于在封闭空间，因为公共场所是一个开放式空间，被害人逃离可能性或向外界求助可能性均较高，更有利于被害人脱离危险，而在封闭空间中，被害人逃离可能性较低，同时获得外界救助的机会也较少，因此，封闭空间中的法益威胁紧迫性更强烈。行为人的法益威胁形式及内容同样与法益威胁的紧迫性有直接关联，行为人用工具特别是枪支刀具等凶器对被害人的威胁要明显重于口头威胁，对被害人生命法益的口头威胁要明显重于对被害人财产法益的口头威胁，法益威胁的内容及形式不同，对被害人意志自由的影响程度也会存在差异。在“跳车案”中，危险行为发生于一个由行为人驾驶的正在行进的车辆中，属于一个相对封闭的空间，该空间对被害人法益威胁性较高，此外，在被害人跳车前，行为人已经对被害人的财产法益进行了侵害，同时还向被害人暗示了其有能力对其身体甚至生命法益进行侵害的能力（行为人说自己有刀具），在被害人打开车门以跳车相威胁的情形下，行为人依然不为所动，继续驾车前行，从法益面临威胁的紧迫性角度而言，被害人当时面临的情境符合紧迫性要件。

对被害人法益威胁状态是否紧迫的判断，还可以以行为当时是否具备其他行为可能性作为辅助证明标准，即被害人在当时的情境下选择实施其他非冒险行为或法益危险性更小的行为的可能性,如果被害人没有选择实施其他行为的可能性,那么证明此时的法益威胁性较高,我们不能对被害人的冒险行为选择予以苛责。反之,如果被害人完全可以选择实施非冒险行为或法益危险性更小的行为,那么此时的法益威胁性较低,被害人完全可以避免使法益陷入更加危险的境地,如果被害人放弃这样的优势选择而去实施法益危险性更重的行为,则只能由被害人对法益侵害结果自我答责。在"跳车案"中,被害人被限制于行为人驾驶的车辆之中,车辆行进状况完全由行为人所掌握,且被害人已经明确警告行为人再不停车,其将跳车,面对这样的警告,行为人仍不减速,被害人更有理由确信其重大法益陷于危险情境,在当时的情境下,被害人想要摆脱危险的最有效办法就是脱离这个空间,那么跳车几乎是其当时所能选择的最直接有效的办法。从他行为选择可能性角度判断,"跳车案"中的被害人,其他行为选择的可能性较低。综上,在"跳车案"中,被害人面临的法益威胁状态较为紧迫,跳车行为是基于紧迫事态作出的不得已的冒险行为选择,该行为选择违背了被害人的主观意志,因此,该法益侵害结果不应由被害人自我答责,而应由创设了该法益侵害威胁的行为人所承担。

其三,法益受到威胁的主体不限于被害人自己,还包括与被害人关系密切的近亲属、伴侣等其他主体。法益威胁通过即将对法益实施侵害为要挟,迫使被害人作出违背主观意志的行为选择,与现实性的法益损害相比,法益威胁是一种指向未来的法益损害可能性。尽管法益威胁并未对法益造成现实性损害,但该种威胁同样会对被害人的行为选择产生影响,对被害人法益的威胁所产生的对被害人自由意志的影响机理,前文已经论述,需要我们探讨的是对其他主体法益的威胁能否对被害人的行为选择产生决定性影响,该影响是否可以成为归责考量因素?法益威胁之所以能对行为人的行为选择产生影响,是因为它关乎行为人的切身利益,行为人为了保护他所认为的更重要的法益不得已将现实法益置于危险之中,当法益威胁的对象指向与被害人的近亲属、伴侣等与被害人关系密切的其他主体时,这种威胁同样会对被害人的自由行为选择产生直接影响。例如,行为人以侵害被害人近亲属的生命法益相威胁,要被害人实施冒险行为,被害人为了保护其近亲属的生命法益,不得已实施冒险行为的,在这种情形下被害人实施冒险行为的选择,不能认为是其主观自由意志的产物,其实施危险行为的选择是在行为人胁迫下作出,对该法益侵害结果不能由被害人自我答责。但是对关系密切者的范围及法益的性质要进行严格限定,关系密切者的范围应仅限于被害人的近亲属、伴侣等主体。法益威胁的内容应限于这些主体的身体、生命等重大法益。

综上,被害人的意志自由在被害人危险接受阻却归责理论的构成中占有重要理论位阶,对危险接受阻却归责理论体系中被害人意志瑕疵阻却被害人自我答责的确认即为理论回应。对那些存在迫使被害人不得不接受危险的情形,应排除被害人自我答责。但是对这一理论的贯彻不能极端化,当行为人引起的危险状态已经消失或不足以对被害人自由选择产生强制或者与被害人法益关联度不高、存在其他可替代性措施时,①不能完全否定被害人危险接受的成立,否则会不当扩张行为人的担责可能性。

美国刑法中“停止的危险力”(dangerous forces which come to rest)理论可以为这一情形提供佐证,该理论认为一旦由行为人引起的危险消失了,那么任何此后的危害结果必须是在先行行为失去影响时其他原因导致的,才可以排除行为人责任。北卡罗来纳州诉普雷斯拉尔案(State v. Preslar)中的裁判说理生动地诠释了这一理论内容。该案中的丈夫(行为人)

---

① 例如“天花案”中,如果照顾隔离区的病人并非牧师的工作职责,其进入隔离区仅是为了更好地为病人祈祷,那么尽管被告人制造了传播天花的危险,但是当危险被控制在隔离区时,其并没有对牧师作出危险接受的自由意志构成直接的、强烈的介入。此时牧师完全可以采取其他方式替病人祈祷,牧师决意进入隔离区的行为已经超越了被告人的可控范围,与被告人制造的“先危险”环境无法产生直接关联,因此,不能认为牧师的危险接受是非自愿的,如果此时仍让被告人对牧师死亡的结果负责,对被告人并不公平。

对妻子(被害人)实施了暴力行为,导致妻子离家出走,妻子本可以回到其父亲家过夜,但是其自愿选择在寒冷的户外过夜,最终妻子被冻死。本案中,妻子的离家出走行为由丈夫的暴力行为所导致,然而,妻子选择在户外过夜并被冻死的结果与丈夫的施暴行为之间没有因果关系,即此时丈夫施暴行为的因果效力已经消灭,不能要求丈夫承担妻子死亡的刑事责任。①

丈夫对妻子的暴力行为对被害人(妻子)意志自由的影响已经消失,被害人选择在寒冷户外过夜的决定是其基于自由意志作出的行为选择,不能将该行为选择的原因追溯于行为人,“停止的原因力”理论与被害人危险接受中考察被害人的自由意志有着相似的理论逻辑,即要对被害人作出行为选择的自由意志进行实质性考察,要结合行为当时的客观情境、被害人面临的法益状态等因素综合进行判断,如果行为人对被害人所创设的行为选择影响力已经消失,那么被害人作出冒险行为的选择就不能再追溯于行为人,不能让行为人对该法益冒险行为所产生的法益侵害结果担责。

(二)错误危险接受中的阻却归责问题

行为人通过隐瞒真实信息获取被害人的信任,导致被害

---

① 参见[英]威廉姆·威尔逊:《刑法理论的核心问题》,谢望原等译,中国人民大学出版社2014年版,第193~194页。

人“自愿”陷入危险时能否成立被害人危险接受,是错误危险接受拟解决的问题。例如,行为人向被害人隐瞒其饮酒驾车或者未取得驾驶证的事实获取被害人信任,被害人同意乘坐行为人车辆后,车辆出现危险事故。此时,能否适用被害人危险接受理论排除行为人责任有待讨论。此外,如果行为人向被害人隐瞒的是其曾经驾驶车辆发生过交通事故的事实,对这类性质事实的隐瞒是否会影响被害人危险接受的成立也有待求证。可以明确的是,“酒驾”“未取得驾驶证”这类事实的性质与“曾发生过交通事故”的性质显然不一样,行为人酒驾以及未取得驾驶证这类事实足以影响被害人是否自愿接受危险(选择乘坐行为人车辆)的决定,而曾发生过交通事故类的事实并不会对被害人选择乘坐行为人车辆产生根本性影响。因此,问题的本质在于判断行为人对被害人信息披露的内容或披露达到何种程度才足以影响被害人危险接受理论的适用。

在解决错误危险接受对被害人危险接受阻却归责理论的影响之前,先要作出说明的是,错误危险接受问题应被置于接受危险阶段讨论,而非认识危险阶段,原因如下:其一,错误危险接受是对被害人作出的危险接受行为是否有效的判断,即被害人基于对危险的认识已经接受危险后,若其得知真实情况(被行为人隐瞒的情况)时,被害人是否仍选择介入危险,旨在考察实情对被害人接受危险的影响,这契合接受危险阶段的任务。其二,行为人隐瞒实情会影响被害人作出危险接受的真实、自由意志。当行为人隐瞒实情后,被害人只能对已经披露的危险有认识,对行为人隐瞒的危险无论再怎么努力也无法认识,行为人隐瞒实情影响的并不是被害人认识危险的能力,而是影响被害人作出自由决定的意志,即影响被害人得知实情后是否仍愿意接受危险的自由意志,因此,错误危险接受应被置于接受危险阶段进行研究。

"重大错误说"与"法益关系错误说"这两个理论可以为错误危险接受问题提供较理想的解决方案。依据"重大错误说"理论,如果存在"若被害人知道真实情况便不会作出危险接受"的关系时,就可以排除被害人危险接受理论的适用,因为被害人从未对"真实情况"作出危险接受,其接受的内容并非"真实情况"。

依据"法益关系错误说",只要被害人对处分法益的性质、类别、法益是否存在等本质性内容不存在错误,就应认为被害人对危险的接受有效,而被害人动机或目的的错误不影响被害人危险接受理论的成立。

针对错误危险接受问题,"法益关系错误说"更为可取,原因如下:其一,"重大错误说"理论本身存在一定缺陷导致其适用存在不足。一方面,针对"重大错误说"中所谓的"真实情况"并未予以明确解释,导致理论适用存在不明确之处。另一方面,该说有偏离法益保护目的的倾向,导致对被害人是否受到欺骗的关注要高于对法益本身保护的重视。其二,“法益关系错误说”认为只要对法益处分的内容、性质等重要事项未陷入错误,就不能否定危险接受的有效性,这一理论适用思路既充分尊重了被害人的自我决定权,又未影响被害人的保护可能性,对判断被害人危险接受阻却归责理论的有效性提供了合理的界定标准。根据“法益关系错误说”,行为人向被害人隐瞒其酒驾或者未取得驾驶证的事实,属于事关法益内容、性质的重大事项,足以影响被害人对法益实现产生错误评价,因而不能成立被害人危险接受。而针对行为人隐瞒其曾经发生过交通事故的行为,这类事实不会对被害人的法益实现产生本质性错误影响,不能否定被害人危险接受的成立。

二、被害人具备危险接受的能力

被害人危险接受的能力是被害人在理解危险的内容和意义后对危险作出接受的能力,这是危险接受阻却归责理论适用的主观前提。如果被害人不具备接受危险的能力,就不可能成立被害人危险接受。对被害人危险接受能力的考察要根据不同案件、不同危险情境予以综合认定。

(一)危险接受的能力:辨认能力与控制能力

对刑事主体“能力”的认定一向是一个复杂的任务,对被害人危险接受中危险接受能力的认定也是如此。我国刑法理论中对行为人刑事责任能力的认定采纳辨认能力与控制能力综合认定的标准,尽管刑事责任能力不同于危险接受能力,但这一认定标准为被害人危险接受能力的认定提供了有益参考。被害人充分认识了危险,并不代表其具备完备的接受危险的能力,危险接受的能力旨在考察被害人在充分认识危险的基础上,是否有能力对该危险作出接受。从被害人的辨认能力与控制能力两个层面进行考察,辨认危险的能力意味着被害人拥有对危险的性质清晰认知的能力,意味着被害人能辨认危险的属性。被害人控制危险的能力,即被害人在对危险的性质有了充分认识的基础上,能控制危险发生走向、避免危险现实化。辨认危险的能力与控制危险的能力是危险接受能力的两个考量与判断因素,两个因素互相制衡。

对应于被害人危险接受的概念,危险接受的辨认能力,是指被害人对可能导致法益侵害结果发生的危险的性质、意义、危险性的辨析识别能力。危险接受的控制能力,是被害人具备的、决定是否让自己接受或进入危险的能力。被害人的年龄、精神状态、生理功能、意识状态等因素是证明被害人辨认能力和控制能力的具体标准，可以这些标准为依据，具体解构被害人危险接受能力。

1. 被害人的年龄

年龄是对一个人行为能力作出判断的重要参考，一般而言，年龄越大，一个人的能力就越健全；年龄越小，能力就越不完善。也正是基于这样的考量，在对主体能力的判断上，我们一般将年龄与能力相关联。辨认能力和控制能力与被害人的年龄有直接关系，儿童由于年龄小，无法形成辨认和控制能力；少年的身心不成熟，社会经验不足，人格尚在形成中，[①]对特定事务的辨认和控制能力也不成熟。也正是基于此现实，法律中才分别设定了不同的责任年龄。当然，年龄仅是判断被害人危险接受能力的一个重要考量因素，并不是唯一决定因素。在具体认定时，还需要结合危险的性质等因素，例如，如果该危险发生于特定专业领域，对其认知需要一定的专业性，而一般成年人不具备该认知能力的，不能苛责缺乏专业背景的被害人具备危险认知能力。相反，如果该危险显而易见，仅需要一般生活性常识即可判断，则不能完全否定未成年人对其的危险认知。

---

① 参见［日］大谷实：《刑事政策学》，黎宏译，中国人民大学出版社2009年版，第351页。

处于相同年龄的人,由于其成长环境、受教育程度、先天性智力情况等因素都存在着一定的差异,因此,以年龄作为判定被害人危险接受能力的标准并不一定准确。但被害人危险接受毕竟涉及主体间的刑事责任承担问题,完全不考虑被害人年龄对危险认知情况的影响显然不科学,可能会导致对未成年人的不当追责,因此,仍需划定被害人作出危险接受的年龄界限。鉴于已满 14 周岁的未成年人已基本掌握社会常识,具备基本的危险认知能力,因此,本书认为以 14 周岁为界,不满 14 周岁的未成年人一律被推定为不具备危险接受的能力较为妥当。不满 14 周岁的未成年人作出"危险接受的",不能适用危险接受阻却归责理论产生阻却归责效果,14 周岁以上的行为人作出的危险接受,要根据其年龄,结合案件的其他具体情况进行综合判定。

2. 被害人的精神状态

被害人的精神状态直接影响被害人对危险的判断、领悟,继而影响被害人对危险的接受能力。针对精神障碍者的刑事责任能力认定,多国刑法采纳了生物学标准与法学标准相结合的模式,该认定方法可为精神障碍者危险接受能力的认定提供参考。生物学标准旨在考察主体在实施犯罪行为时是否患有精神疾病并处于发病期,法学标准侧重考察主体的病情是否导致其不能辨认或控制自己的行为。[①] 对被害人危险接受中被害人是否具备相应的危险认知能力的判断，可采取“生物学+法学”的认定标准。患有精神疾病的被害人在不能辨认或控制自己行为的情形下不具备接受危险的能力，不能由被害人对法益侵害结果自我答责。例如，患有精神疾病的被害人在发病期间，在不能辨认自己行为的情况下，即使行为人向其披露了自己患有艾滋病的事实，同时详细向被害人告知艾滋病的传染性以及传染方式，对于被害人自愿与行为人在不采取任何安全措施情况下发生的性关系，不能适用被害人危险接受阻却归责理论排除行为人责任。

3. 生理功能丧失

被害人重要生理功能的丧失会影响其学习和判断能力，会限制其辨认能力和控制能力的发展，最终影响刑事责任承担。但是被害人生理功能丧失对其辨认和控制能力的影响不具有必然决定性，鉴于此，各国对主体生理功能丧失对刑事责任能力的影响采取了慎重的认定立场，例如，我国刑法规定又聋又哑的人或盲人犯罪，仅“可以从轻、减轻或者免除处罚”，即主体的生理功能丧失并非必然降低其刑事责任。这一认定的立场值得肯定，因为主体辨认能力和控制能力的情况受诸

① 参见马克昌主编:《犯罪通论》，武汉大学出版社1999年版，第271~272页。

多因素的影响，生理功能丧失未必会影响主体的辨认和控制能力。综上，被害人生理功能丧失是否影响被害人的辨认和控制能力，继而影响被害人和行为人的刑事责任承担情况，需要结合案件情况予以具体分析。被害人危险接受中被害人生理功能丧失，并非必然否定被害人的辨认和控制能力，不能直接否定被害人危险接受的成立；当被害人生理功能丧失确实对被害人辨认和控制能力产生重大影响时，应当排除被害人危险接受的成立。

4. 陷入意识不清状态

酒精、毒品等物质会影响主体对危险的判断能力，被害人危险接受中，被害人在服用酒精或毒品后陷入意识不清状态，如果认为此种情形下可以绝对适用被害人危险接受理论要求被害人对法益侵害结果自我答责，反而会不当侵害被害人法益。针对行为人在生理醉酒状态下实施的犯罪行为，我国刑法基于原因自由行为理论要求其承担刑事责任。但是和行为人实施的犯罪行为相比，被害人危险接受中被害人是法益的受损者，要求法益受损者对法益受损结果自我答责必须设定更为严格的适用条件，否则有违刑法的实质正义。因此，当被害人陷入意识不清状态时，对其作出的危险接受的效力的判定应具体化，要结合被害人是否自愿陷入意识不清状态、被害人在此种状态下是否具有危险辨认和控制能力、行为人对被害人陷入意识不清状态是否知情等条件予以具体、综合判定。如果行为人利用被害人自愿陷入意识不清的状态，诱导被害人作出“危险接受”，以此排除行为人刑事责任的，因不符合被害人危险接受理论，不能排除行为人责任。

（二）危险接受能力的综合判定

以辨认能力和控制能力为参照，可以为被害人危险接受中被害人的危险接受能力的判定提供相对客观的认定标准。然而，现实案件异常复杂、主体间的情况也存在各种差异，仅僵化地依据辨认和控制能力这两个层面的因素还不足以为被害人危险接受能力的判定提供最理想的解决路径。鉴于此，对被害人的危险接受能力的判定不能仅依据被害人的辨认能力和控制能力，还需结合行为人的行为、权衡案件的具体情况等各种因素，才能实现综合判断。

被害人具备的危险接受能力的程度将影响被害人危险接受的成立。被害人具备完全的、充分的危险接受能力，是成立被害人危险接受的重要条件。被害人完全不具备危险接受能力时，其无法充实被害人危险接受的成立条件，不能要求被害人对法益侵害结果自我答责。但是此种情形下仍需综合考量行为人的因素，如果行为人对被害人完全不具备危险接受能力的事实并不知情，误认为被害人具备完全的危险接受能力并自愿作出危险接受的,对由此导致的法益侵害结果虽然不能依据被害人危险接受理论排除行为人责任,但可依据其他理论酌情降低甚至免除行为人的刑事责任。更为复杂的情形是,被害人具备限制的或限定的危险接受能力,处于完全有和完全没有危险接受能力之间的状态,在该状态下实施了“接受”危险的行为,对此,应结合行为人对危险的认知情况、危险的复杂性以及案件其他要素进行综合判断,以准确划分行为人和被害人的刑事责任承担。

(三)代理的危险接受的否定

代理的危险接受是为了解决当被害人欠缺危险接受的能力时,法定代理人代理被害人作出的接受能否成立危险接受的问题。该问题的实质是,被害人是否应该对其他人代理其作出的危险接受担责,换言之,第三人代理被害人作出的危险接受能否排除行为人的责任,这两个责任承担面向是一体的。根据被害人危险接受的性质,危险接受并不具备代理行使的可能。原因如下。

其一,被害人危险接受具有人身专属性,无法转让。从被害人认识危险,接受危险,直至最终的危险实现,每个阶段都是被害人自我决定权行使的结果,也是刑法要求被害人对自己的行为担责,对被害人消极行使保护可能性,导致其刑事需保护性降低的否定性评价。被害人对危险的接受以及被害人自我答责的实现是一体的，被害人危险接受的特殊之处即在于被害人要为自己自愿陷入危险的行为承担责任，这是被害人基于对自我决定权的实现所应付出的代价，是刑法行使家长主义以及被害人教义学的必然结果。由第三人代替被害人作出危险接受，其间并没有被害人自我决定权的实现，是第三人基于自己的认知作出的冒险选择，不符合被害人危险接受阻却归责的价值基准。

其二，即便行为人基于对被害人的利益保护，不得已替被害人行使危险接受的权利，也不能适用危险接受阻却归责理论排除行为人责任。因为在这一法律关系中，危险的接受与责任的承担是不公平的，代理人作出危险接受后所发生的一切危害后果，包括对生命的危害，都将由被害人自己承担，法定代理人并不会承受这一不利后果，而代理人在作出危险接受时也认识到了这一冒险行为可能会给被害人造成不利后果，那么代理人有什么理由拿着被害人的法益去冒险呢？且行为人又怎能根据第三人作出的危险接受去阻却其对被害人法益造成危害的责任呢？这些都是代理的危险接受无法回答的问题，代理的危险接受无法从危险接受阻却归责理论中找到阻却归责的理论依据。而在紧急情况下，代理人基于对被害人的法益保护不得已作出的“危险接受”应适用紧急避险理论解决，并不能适用被害人危险接受理论处理行为人责任问题。

综上，法定代理人代被害人作出危险接受实质上是法定代理人个人意志的实现，无法成立被害人危险接受，无法适用危险接受阻却归责理论，让被害人对由此产生的危害结果自我答责。

第三节　危险内容的社会相当性

被害人危险接受以排除行为人责任，由被害人自我答责为责任分配终局，这一对被害人不利的责任承担走向必须在行为内容层面予以严格限定，否则会导致被害人担责的不当，因此危险内容的社会相当性是必须要考量的因素。

一、危险接受的对象是行为

关于被害人危险接受的对象是否涵摄危害结果，学界依然存在纷争，有些学者认为被害人危险接受的对象及于危害结果。前田雅英教授认为“当被害人置于高度危险时，对由该危险当然能预测到的结果存在同意”，持相同观点的还有深町晋也教授，“被害人同意仅对行为危险性有认识就已足够，对危险行为的同意就足以认定对必然产生的结果的同意”，我国学者黎宏教授也认为，“既是危险行为，就表明该行为蕴涵有发生结果的可能，行为人既然同意参与行为，就绝不能说对该行为所可能产生的结果表示不同意”①。对被害人危险接受及于结果的论述，德国学者德林作出了进一步详细论证，他认为，虽然在被害人危险接受中，被害人一般不希望危害结果的发生，但不会因为被害人同意的对象仅限于行为而不包括结果，就否定同意的有效性，即同意的范围或对象止于行为即可。德林将被害人同意拟制为一种可以免除刑法保护的权能，被害人同意即意味着被害人取得了一个同意他人实施原则上被禁止的侵害行为的权能，他的同意抵销了个案中所涉及的行为禁止规定，使得被害人法益不受刑法保护。被害人的同意是否有效，需要考察被害人是否放弃了对法益的保护。被害人的主观心态不会影响他对法益的放弃结果，更不是判断被害人同意有效的关键，若被害人将法益置于危险状态下，对危害结果发生与否持放任心态，一旦发生了法益侵害结果，应该由被害人自己负责。

学界通说认为被害人危险接受的对象不含结果，本书赞同通说理论，并认为被害人危险接受涵摄危害结果的观点，至

① 黎宏:《过失犯若干问题探讨》，载《法学论坛》2010年第3期。

少在以下三个层面无法实现理论自洽。其一,这样的演绎路径直接将认识与接受等同,被害人在特定情形下只需有对危险的认识,即能成立危险接受。从事实经验上考证,认识与接受处于不同的阶段,被害人认识危险后既可能作出接受危险的选择,也可能作出不接受危险的选择,否则实无必要再创设一个“接受”的概念。从犯罪成立的主观层面分析,在对危险产生认识后,对危害结果持排斥态度正是过失行为的主观特征,被害人危险接受即发生于过失行为场合。其二,这是一种不利于被害人的过度推测,只要被害人对危险作出了接受,责任就全部转移至被害人一方,忽视了被害人对危害结果的主观意识。对一个有效的被害人危险接受而言,被害人的主观心态是非常关键的,危险具有较高的转化为实际危害结果的可能性,被害人往往也能意识到这一点,但仍选择介入其中,这蕴含着被害人为了实现社会交往或提高社会活动效率而作出选择的社会学缘由,这种选择并不代表被害人已经放弃了对其法益的保护。其三,这样的分析面向事实上架空了冒险的语义,否定了冒险心态的存在,在该理论中只要冒险即代表对结果的同意,但冒险并不代表冒险者愿意接受危害结果,恰恰相反,冒险的人往往持有一种侥幸心理,觉得危害结果并不会发生。冒险心态在现实案例中大量存在,它与被害人对法益侵害结果持接受心态的被害人同意存在本质性差异,正是这样的差异促使司法裁判将被害人危险接受从被害人同意理论中剥离,赋予被害人危险接受独立的阻却归责探讨语境。

综上,将被害人危险接受的对象限定于行为,决定了被害人危险接受的阻却归责走向以及责任分配界标。在责任认定上,将危险接受的对象扩展至结果,将导致被害人自我答责范围的失控性扩张。当被害人危险接受的对象是行为且对危害结果的实现持排斥态度时,根据被害人的意愿,行为人应当谨慎行事,尽力避免危险的现实化;而将被害人危险接受的对象扩展至结果,则意味着行为人可以以实现对被害人的法益危害为行事目标,行为人故意导致被害人法益受损的,也不能追究行为人的刑事责任,这彻底曲解了被害人危险接受的理论意旨,被害人不仅不能充分保护自己的法益,还将不合理地为行为人的不法行为担责。因此,将危险接受的对象扩容至结果,会导致被害人危险接受的面目全非,被害人危险接受阻却归责的适用以及被害人自我答责的标准被无限降低,被害人危险接受被实质等同于被害人同意,丧失了其独立的阻却归责品格。

二、行为的内容具有社会相当性

行为内容的社会相当性是被害人危险接受中必须考量的因素。在2008年“加速测试案”的裁决中，德国联邦最高法院就对此作出了确认，该案的裁决指出，本案中的被害人同意[①]因违反了《德国刑法典》第228条规定的“被害人同意需符合善良风俗”的条件而无效，认定行为人成立过失杀人罪。[②] 行为内容的社会相当性在被害人自陷危险类案件中的作用，在两个有关“飞镖表演案”的裁决中得以生动诠释。在案例一中，两个未经训练的人因过于狂妄，进行掷刀表演，结果其中一位身受重伤，法院判定掷刀者构成伤害罪，因为尽管经被害人同意，但依刑法规定，此项同意违反善良风俗（或不具社会相当性）。案例二中，两位马戏团成员进行掷刀表演，在表演过程中导致其中一人身受重伤，法院判定掷刀者无罪，因为该表演旨在为公众提供合法的娱乐，因此具有社会价值。[③]

社会相当性，既不等同于社会生活上的通常性，亦不意味

---

① 本案中对基于合意的他者危险化采纳了被害人同意理论解决阻却归责问题。

② BGH,20. 11. 2008 4 StR 328/08.

③ 参见[德]阿图尔·考夫曼：《法律哲学》，刘幸义等译，法律出版社2011年版，第322页。

着历史形成的伦理秩序范围内的行为,归根结底,社会相当性就是"社会观念上能够认可的"。[①] 危险接受阻却归责理论中所谓行为的内容具有社会相当性,具体是指危险接受的内容应满足社会善良风俗的要求,符合社会的一般期待。如果被害人作出危险接受的动机、目的违背了社会善良风俗或不具有社会相当性,行为人据此实施的行为不能被认为是合法的,无法排除行为人责任。对危险接受内容社会相当性的要求也契合了危险接受阻却归责理论的阻却归责依据,以自我决定权为例,自我决定权的行使并不是不受限的,当自我决定权的行使对其他法益造成危害时,被害人要为此担责,但如果行为人参与或促成了这一有违社会相当性的行为,行为人也要为此承担相应的责任,无法实现阻却归责。危险的大小和危险的合理程度决定了在无责任、过失杀人和谋杀之间的正确选择。[②] 在德国判例"赛车者案"[③]中,法院在裁判中就指出,在判断行为人是否对他人过失的自我伤害存在加功时,行为的

---

① 参见[日]山口厚:《刑法总论》,付立庆译,中国人民大学出版社 2018 年版,第 107 页。

② See Vera Bergelson, *Victims and Perpetrators: An Argument for Comparative Liability in Criminal Law*, 8 Buffalo Criminal Law Review, p. 440(2005).

③ 本案案情如下:本案被害人在夜晚饮酒后(事后查明其酒精含量为 1.5‰)提出与被告人(喝了少量的酒)赛车,鉴于被害人的摩托车是轻骑,被告人的摩托车马力更大,被告人提出先让被害人开出 200 米,比赛中被害人为了防止被告人超车,采取转弯驾驶技术等危险驾驶行为,最终导致与被告人的摩托车相撞,被害人死亡。参见 BGHSt 7,112 – 115。

动机和目的要被考虑进来。① 社会相当性理论的发展使其内涵不再局限于目的行为论最初旨在证明自身对社会行为论的包容力的目的,随着社会发展,社会相当性理论的内涵也不断作出相应调整,社会相当性与容许的危险等理论也开始产生交集。② 因此,社会相当性是一个十分抽象、③需要不断进行价值填充的概念,如果不对其作出限定,会因判断上灰色地带的广泛存在而使该标准流于形式。

危险接受的内容不具有社会相当性虽然不会对被害人的行为评价产生直接影响,但是行为人参与并促成这一不具有社会相当性的危险行为的实现,不符合危险接受阻却归责理论的要求,因为对这一不具有社会相当性的行为,行为人无法完全摆脱关联,同时,这一不具有社会相当性的行为不仅对被害人自己的法益,甚至对善良的社会秩序都形成了恶劣的影响,无法完全排除行为人的责任,这使得刑法对行为人的责任追究成为必要。在危险接受阻却归责理论中,应从两个层面对社会相当性作出限定。其一,危险接受阻却归责理论中的

---

① 参见[德]克劳斯·罗克辛:《德国最高法院判例:刑法总论》,何庆仁、蔡桂生译,中国人民大学出版社2012年版,第8页。

② 参见方泉:《犯罪论体系的演变——自“科学技术世纪”至“风险技术社会”的一种叙述和解读》,中国人民公安大学出版社2008年版,第250页。

③ 参见陈璇:《刑法中社会相当性理论研究》,法律出版社2010年版,第56~57页。

社会相当性认定应以“刑法有无明文规定”为最低标准。社会相当性以合(刑)法[①]为最低限度,具体而言,如果行为人根据被害人作出的危险接受实施的行为被刑法所禁止,该行为就不具有社会相当性,这是从内容层面限定被害人危险接受阻却归责的最低标准,如果该行为被刑法规范所否定,那么就不能再以危险接受阻却归责理论排除行为人责任。其二,刑法规范外的补充标准。刑法的禁止性规范是危险接受阻却归责理论内容评价的最低标准,还有大量的行为虽然其内容并未违反刑法禁止性规范,但这些行为并不值得鼓励,对其适用危险接受阻却归责理论排除行为人责任会造成被害人危险接受阻却归责的误用,换言之,会通过扩张阻却行为人责任的方式,使被害人危险接受成为某些不当行为的保护伞。与刑法的禁止性规范这一明文规定的最低标准相比,补充标准的内容更具理论弹性和解释空间,也因此成为评判被害人危险接受行为内容是否符合社会相当性的理论症结。

危险接受阻却归责理论中行为内容社会相当性补充标准的体系建构需立基于被害人危险接受的理论语境,既不能扩张社会相当性的认定标准,使被害人危险接受成为不当行为

---

① 由于行政法规的体系过于庞大,规范评价内容过于宽泛,行政违法行为与危险实现之间并不存在必然关联,因此不能将行政法规作为社会相当性认定的最低标准,否则会导致被害人危险接受阻却归责范围的失当。

的除责借口,亦不能对社会相当性采取过于严苛的界定,导致被害人危险接受中对行为人的责任认定不利。结合司法实务案例,危险接受阻却归责理论行为内容补充标准中应排除如下行为。

其一,以参与者的重大法益受损为行为内容实现的危险行为。以“联邦诉阿特西奥案”为例,马歇尔、阿特西奥和布里奇三个朋友玩“俄罗斯轮盘赌”[①]游戏,马歇尔先检查了一下手枪,发现里面有一颗子弹,他把它旋在胳膊上,用枪指着自己的头扣动了扳机,什么都没有发生。马歇尔把枪递给阿特西奥,阿特西奥又重复了一遍,也什么都没有发生。阿特西奥把枪递给被害人(本案死者布里奇),被害人转动枪,对准自己的头然后扣动扳机,被害人应声倒地而亡。马歇尔和阿特西奥都因被害人的死亡而被判过失杀人罪。[②]不同于被害人危险接受中参与各方尽力避免危险结果的实现,“俄罗斯轮盘赌”之类的被害人自陷危险行为以追求参与者的重大法益甚至生命法益受损为行为内容,参与者的重大法益受损是行为内容的组成部分。这类被害人自陷危险

① “俄罗斯轮盘赌”的规则如下:在左轮手枪的六个弹槽中放入一颗或多颗子弹,任意旋转转轮后关上转轮,游戏参与者轮流用手枪对准自己的头部并扣动扳机,死者自动退出游戏,最后的生还者获得游戏胜利。

② See Vera Bergelson, *Victims and Perpetrators: An Argument for Comparative Liability in Criminal Law*, 8 Buffalo Criminal Law Review, p. 423(2005).

行为的内容严重违背了社会的善良风俗,如对其适用危险接受阻却归责理论排除行为人责任,将会纵容甚至变相鼓励这类不当行为。

其二,以追求刺激、娱乐等为目的,实施针对重大法益的高风险、不合理的危险行为。[①] 德国法院曾审理过这样一个案件:被告人没有驾照,被告人的四个朋友知悉这一事实,但为了寻求刺激仍选择以危险方式乘车,被告人的四个朋友两个两个叠着,并排横卧于车顶,躺在上面的两个人只能靠旁边的人以及躺在下面的人的力量维持平衡。当被告人以 70 公里时速转过一个平缓弯道时,在离心力的作用下,在上面的一个人被甩了出去并受重伤。法院认为,在这样危险性高而目的价值低的行为中,不存在被害人对危险的同意,不能阻却被告人成立犯罪。[②] 在英美法系国家,自愿接受非治疗性、不必要性且有危险性的整容手术所发生的危害后果,一般被认为不能作为合法性辩护事由。这类行为不符合正当业务行为的条件,因此不能以正当业务为由出罪,同样也不能以被害人同意或危险接受为由规避行为人的刑事责任,因为这类手术不必

---

① 这类行为在一定情形下会与第一类情形(以参与者的重大法益受损为行为内容实现的危险行为)发生交叉,因为有些被害人自陷危险的行为同时符合这两个条件,但是这两个条件有各自的评价偏好,并不能互相取代。

② OLG Düsseldorf, NStZ – RR 1997, S. 325.

要地冒着伤害患者重大法益的危险。医生对该类不合理的、严重违反社会相当性的危险行为的实现有着不可推卸的责任,尽管被害人对陷于该危险情境作出了自愿接受,但是没有行为人的参与、配合,这种有违社会相当性的危险行为并不会实现法益侵害结果,故不能打着医疗行为的幌子规避行为人的刑事责任。[①] 认为只要获得有效的被害人同意或危险接受,即使是不符合医事规则的伤害行为,医生也不承担刑事责任的说法过度侵蚀了被害人的法益。[②] 需要明确的是,应予排除的有违社会相当性的危险行为,在危险接受阻却归责理论体系中宜限定为对重大法益造成侵害的行为,这样的理论限定主要是为了避免对法益主体自由处分法益行为的过度干预,因此,对一些虽然不合理,但对非重大法益作出处分的自陷危险行为,不宜以其不具有社会相当性为由排除其对危险接受阻却归责理论的适用。

---

① See Dennis J. Baker, *Should Unnecessary Harmful Nontherapeutic Cosmetic Surgery Be Criminalized*?,17 New Criminal Law Review, p. 588 – 594(2014). 为了防止对正常医疗行为的不当刑事干预,贝克教授提出了排除合法性的两个限定条件:(1)手术是非治疗性的。(2)手术是不合理的,因为它不必要地冒着伤害患者的风险。在非治疗性手术虽然不必要但是是合理的情形时,如果这种手术不会造成长期伤害,而且有利于双方当事人的自主选择,如一些技术较为成熟、风险较低(包括并发症的风险)的整容手术,可以作为抗辩事由。

② 参见蔡桂生:《医疗刑法中的假设被害人承诺》,载《法律科学》2017 年第 4 期。

第四节　被害人危险接受需要被表示、被认识

危险接受阻却归责理论的适用还必须满足一定的形式要件，形式要件是理论规范适用的保障，在阻却归责的认定上，被害人危险接受的不同阶段都需要经过认真考证，而这些行为阶段需要依靠形式性规范将其固定下来，以确保能直观判断被害人确实自愿对危险作出了接受，这是适用危险接受阻却归责理论排除行为人责任的重要准据。

一、被害人危险接受必须被表示出来

意思的传达是行为人与被害人之间达成行为合意的路径，被害人危险接受中被害人通过将行为的意思传达给行为人，使行为人知悉被害人的行为决议，进而根据被害人的决定实施相应的行为。意思的传达与意思的表示不能等同，意思的表示是意思传达的路径之一，意思表示是通过一种积极的方式将意志表现于外部，而意思的传达是一种带有目的性的行为。关于意思是否必须被表示出来，学界存在“意思表示

说”与“意思方向说”的争论。[①] 相应地,被害人危险接受是否必须被表示出来,也存在两种观点的交锋。意思表示说认为,被害人危险接受必须被表示于外部时,危险接受才可以成立。意思方向说认为,被害人危险接受只需在被害人内心形成确信即可,无须表现于外部。与意思表示说相比,意思方向说是一种消极的意思传达方式。在被害人危险接受的阻却归责认定中,意思表示说更为可取,具体而言,被害人危险接受必须以一定的方式客观表现出来,使行为人明确认识到被害人作出了危险接受才可以,因为存在于被害人心中的确信过于抽象、难以判断,无法为被害人的意志选择提供证明。被害人的表达形式既可以是明示的,也可以是默示的,但必须以行为人可以认识到被害人作出了危险接受为要件。“明示”并非仅指语言形式的明示,被害人直接通过行动表现出来的,也是明示的一种形式,如被害人认识到行为人醉酒驾车,一声不吭坐上车的,也应认为被害人作出了危险接受。

二、被害人危险接受需要被认识

被害人对接受危险是否作出了表示与行为人是否认识

① 参见冯军:《刑法问题的规范理解》,北京大学出版社2009年版,第161页。

到被害人对该危险作出了接受是两个层面的问题，接受危险的表示并不意味着接受危险的认识，被害人危险接受阻却行为人责任，相应地由被害人自我答责，被害人接受危险的行为对双方主体的责任承担同时产生了影响，因此要成立被害人危险接受，必须双方主体都认识到被害人对危险作出了接受。

根据危险接受阻却归责理论，被害人作出的危险接受必须要被行为人所认识，进而行为人根据被害人对危险的授意行事，这是被害人危险接受成立的前提，即被害人危险接受的成立以认识必要说为要件。申言之，被害人危险接受以行为人与被害人之间形成危险接受的合意为要件，行为人必须根据被害人作出的危险接受从事危险行为。如果被害人作出的危险接受并未被行为人所认知，那么行为人实施的危险行为只是由自己的意志支配，行为人是在一种应受谴责的心理状态下实施的危害行为，并未受到被害人意志的干涉，完全符合犯罪成立的主观要件，不能适用危险接受阻却归责理论排除行为人责任。被害人危险接受的表示和认识是两个维度的问题，“表示”以被害人为主体，“认识”以行为人为主体，因此，主张意思表示说的并不必然主张认识必要说。

三、危险接受需符合时机要求

危险接受阻却归责理论要求危险接受的表示和认识必须符合时机要求,即被害人危险接受必须于危险发生前或发生之时作出,且行为前作出的危险接受要在行为时还未被撤销,危害结果已经发生的就不能再成立被害人危险接受。对被害人危险接受中的“危险发生前”要进行实质解释,危险已经存在与危险已经发生并不能等同,尽管在一定情形下危险的出现即意味着危险的发生,但也存在危险已经客观存在,但若被害人不主动介入其中,危险并不会发生的情况,因此,不能将危险发生前理解为危险出现前,当危险现实存在但被害人仍有充分的自由选择是否介入其中时,不能认定此时危险已经发生。将被害人危险接受限定于危险发生前或发生之时作出,源于以下两方面的考虑。其一,在被害人危险接受中,被害人对危险接受的授意,是行为人行为的前提。行为人根据被害人作出的危险接受实施的行为与行为人根据自己的意志实施的行为,即使客观结果一致,但主观方面也并不相同,对行为人责任认定的评价也当然有所差异。其二,事后的危险接受在民法中受到保护,但是刑法对法益的保护更为严苛,刑法法益一旦受损,无法通过事后的被害人危险接受实现完全恢复。因为危害结果已经发生,法益已经遭受实际损害,国家公权力已开始介入,被害人的态度只能在行为人量刑时提供参考,不能完全排除行为人的违法性。如果被害人在危险行为实施后但危害结果尚未出现前做出危险接受的,行为人的行为宜认定为犯罪未遂。

作出危险接受的被害人享有撤销权,其有权在危险行为实施前随时撤销自己作出的危险接受。对被害人在危险行为发生中,即危害结果尚未出现前作出的危险接受的撤销该如何认定,需要分别讨论。如果被害人在危险行为发生过程中提出撤销危险接受后,行为人立即停止危险行为的,不论最终的危害结果发生与否,都不能将最终的危害结果归咎于行为人。对于,危险接受撤销前已经产生的危害结果以及危险接受撤销后发生的危害结果,当然不能归咎于行为人。当被害人在危险行为发生过程中提出撤销危险接受后,在危害结果的发生仍可避免的情形下,行为人并未接受被害人的指示,继续实施危险行为并导致危害结果发生的,应要求行为人对最终的危害结果承担相应的刑事责任,但是在最终的刑罚适用时,被害人先前作出的危险接受对整个事件的影响仍应被考虑,可作为对行为人从宽处罚的依据。

四、对推定的危险接受的否定

推定的危险接受,是指尽管被害人并未明确作出危险接受,但是从当时情形的特殊性判断,如果被害人知道当时的情况,就会作出危险接受,进而推定被害人作出了危险接受。关于是否存在推定的危险接受,学界存在广泛争议,一些学者参照推定的同意理论支持推定的危险接受的可能性,但本书认为,囿于被害人危险接受的特殊理论构造,不存在推定的被害人危险接受,原因如下:其一,被害人危险接受中被害人要为自己的法益侵害结果自我答责,与被害人同意相比,被害人危险接受中被害人对法益侵害结果的出现持排斥态度,因此,尽管存在推定的被害人同意,但是不能以此为由类比证成推定的被害人危险接受的合理性。其二,从被害人的法益实现来看,推定被害人作出危险接受的认定过于主观化,不利于保护被害人法益,因此,有必要对推定的被害人危险接受设置严格的认定条件,不宜过度扩大危险接受的成立范围。其三,否认推定的被害人危险接受并不意味着对该类情形完全没有处遇办法,对于如果被害人知道行为时的具体情况,便会作出冒险行为的情形,其不再属于被害人危险接受的理论范畴，而涉及被害人同意或紧急避险等正当化事由，应适用推定的同意或紧急避险等理论来解决，不宜适用危险接受阻却归责理论解决责任承担问题。

第六章　实现危险中的阻却归责

从被害人基于自由意志接受危险到危险的实现之间存在一个时间间隔，这个时间间隔即实现危险阶段。从被害人危险接受的整个流程来看，被害人认识并接受危险是进入到实现危险阶段的前提，只有这三个阶段同时具备才是一个完整的被害人危险接受流程。实现危险虽然是被害人危险接受的最后一个阶段，但危险的实现在该阶段完成，因此，该阶段对阻却归责理论的适用至关重要。具体而言，在实现危险阶段，被害人对危险的掌握、支配即对自我决定权的实践，如果被害人丧失了对危险的支配权，那么意味着被害人自我决定权被削弱了，法益侵害结果的实现偏离了被害人自我决定权的辐射范围。同样，弱刑法家长主义理论不会让被害人为自己不具有支配权的事项担责，被害人对危险支配权的丧失还导致被害人刑事需保护性的升高以及保护可能性的削弱，最终对危险接受归责走向产生实质影响。

由于法益侵害结果在实现危险阶段出现，因此其是划分被害人危险接受责任承担问题的基础，也正是基于此现实，一些传统的被害人危险接受阻却归责问题的解决路径仅仅依据该阶段的事实决定归责走向，认识危险与接受危险的归责意义被全然抹杀。危险的实现阶段固然直接启动了被害人危险接受阻却归责问题的探讨，但是在具体的责任分配问题上，它和认识危险及接受危险并不存在轻重之别，这是一个递进式的阻却归责考察体系，每个阶段的考察内容与理论偏向均存在差异性和不可替代性。实现危险阶段纵然决定了危险的最后走向，但是其以被害人充分认识危险并在此基础上接受危险为前提，否则在此前的阶段归责的走向就产生了偏离。实现危险阶段的阻却归责问题主要是廓清是否真的存在类型化归责的适用空间，行为人、被害人对危险实现的真正作用是什么，其与责任承担的关系该如何界定。

第一节　实现危险阶段类型化阻却归责的辨正

正如前文所论及，传统的被害人危险接受阻却归责问题考察将理论重心放置于实现危险阶段,并以此为依据,将被害人危险接受分为不同的类型,分别探讨不同类型的被害人危险接受的归责问题。因此,在解决实现危险阶段的阻却归责问题前,有必要先对此类型化归责的现象作一辨正。

一、类型化阻却归责现象

依循在实现危险阶段的不同理论形态,一些学者将被害人危险接受区分为自己危险化的参与和基于合意的他者危险化,并分别适用不同的阻却归责路径,换言之,根据一些学者甚至理论通说的观点,被害人危险接受在实现危险阶段会发生归责路径转向,被害人危险接受被区分为不同的类型并分别适用不同的阻却归责路径,甚至会产生截然不同的责任认定结局,由此产生了类型化归责的现象。

一般而言,被害人危险接受阻却归责问题与对被害人危险接受的类型区分理论有直接关联,在依据不同的标准对被害人危险接受作出类型区分的同时,亦决定了其不同的归责结局。总体而言,主张被害人危险接受类型区分否认说的学者一般将被害人危险接受阻却归责问题一体化对待,且一般认为被害人危险接受产生排除行为人责任的效果。与此不同,主张对被害人危险接受进行区分的学者一般将被害人危险接受的阻却归责问题类型化对待,即对自己危险化的参与和基于合意的他者危险化分别适用不同的阻却归责路径,至于最终的归责结论则与不同学者选取的具体理论有关。此外,还有少数学者认为,被害人危险接受的类型化区分与阻却归责问题并没有实质关联,这是两个理论层面的问题,类型区分与阻却归责不存在对应关系。当前,主张将被害人危险接受作出类型化区分,并分别适用不同的阻却归责理论的观点在学界颇具影响力。

二、类型化阻却归责之争

总体而言,关于被害人危险接受的阻却归责问题是否采取类型化的解决思路,学界存在两种不同的立场,一种观点支持采纳类型化阻却归责思路,另一种观点反对类型化阻却归责思路的采纳。

(一)类型化阻却归责支持论的见解

根据犯罪事实支配、危险来源等不同的理论内容,将被害人危险接受相应区分为自己危险化的参与和基于合意的他者危险化,并分别适用不同的阻却归责路径已成为学界主流观点。该观点认为,自己危险化的参与和基于合意的他者危险化之间的差异非常明显，不能作出统一化对待，两种情形下，被害人、行为人对犯罪行为因果关系走向的影响能力并不相同，不能等同视之。以德国为代表，德国司法实践对危险接受案件解决路径的通说标准确立于2008年的"加速测试案"，该案在司法实践层面确认并完成了将被害人危险接受区分为自己危险化的参与和基于合意的他者危险化，并适用不同的阻却归责径路的历程：对自己危险化的参与，在构成要件该当性阶层考察，适用被害人自我答责原则阻却构成要件该当；对基于合意的他者危险化，在违法性阶层考察被害人同意的有效性，即考察是否给被害人造成具体的生命危险。[①] 德国司法实践的这一操作标准与学术界主流观点一致。申言之，自己危险化的参与不在构成要件保护范围内，进而排除构成要件符合性，基于合意的他者危险化中行为人完成了法益侵害，无法排除构成要件符合性，但可在违法性层面借助被害人同意理论实现归责排除，对自己危险化的参与原则上不可罚，而对基于合意的他者危险化原则上可罚，仅在特定条件下排除归责。

"加速测试案"之后，对被害人危险接受的阻却归责问题采取类型化区分的做法在德国获得了更广泛的理论支持与应

---

① 参见周子实：《危险接受理论的历史考察与概念界分——以德国为镜评我国的研究现状》，载《东南法学》2016年第2期。

用，这一理论立场深刻影响了大陆法系其他国家和地区的实践。将被害人危险接受区分为自己危险化的参与和基于合意的他者危险化并分别适用不同的阻却归责理论的做法也成为大陆法系占据主流地位的观点。

（二）类型化阻却归责否定论的主张

在类型化阻却归责的观点之外，还有一些学者坚持对被害人危险接受适用统一的阻却归责路径。持区分否认说的学者一般认为，自己危险化的参与和基于合意的他者危险化的构成要件都一致，因此这种区分实际上是没有理论意义的，被害人危险接受应统一适用相同的阻却归责路径，在具体的阻却归责路径的适用上，对基于合意的他者危险化的阻却归责路径参照自己危险化的参与即可。

此外，持被害人危险接受区分说的学者中，也有学者认为，尽管应对被害人危险接受进行类型化区分，但是在阻却归责效果及阻却归责路径的选择上，二者应完全相同，即排除行为人责任。[①] 如德国学者许乃曼主张将基于合意的他者危险化处理成与自己危险化的参与一样。[②] 我国学者江溯认为，将

---

① 参见张明楷：《刑法学中危险接受的法理》，载《法学研究》2012 年第 5 期。

② 参见［德］克劳斯·罗克辛：《德国刑法学总论》（第 1 卷），王世洲译，法律出版社 2005 年版，第 270 页。

被害人危险接受区分为自己危险化的参与和基于合意的他者危险化仅具有将案件类型化的作用，不具规范上的意义，自己危险化的参与和基于合意的他者危险化均具有排除行为人责任的效力，应给予相同的规范评价。[①] 马卫军主张被害人自我答责理论可普遍适用于被害人危险接受，其不仅完全契合自己危险化的参与的阻却归责证成，而且对基于合意的他者危险化同样适用。在基于合意的他者危险化中行为人所实现的危险，并未溢出被害人可管辖支配的个人法益范畴，既然如此，该危险就是被允许的危险，行为人的行为也就没有实现不被允许的危险，故应由被害人自己答责。[②]

三、实现危险阶段类型化阻却归责的否定

从行为模式来看，自己危险化的参与和基于合意的他者危险化存在一定的偏差，而这样的偏差在认识及接受危险阶段并不存在，而仅出现于实现危险阶段，这正是一些传统理论观点将被害人危险接受阻却归责问题聚焦于实现危险阶段的

① 参见江溯：《日本刑法上的被害人危险接受理论及其借鉴》，载《甘肃政法学院学报》2012 年第 6 期。

② 参见马卫军：《被害人自我答责研究》，清华大学 2012 年博士学位论文，第 85 ~ 86 页。

原因。在此基础上,这些学者将被害人危险接受划分为不同的类型,并将行为模式与阻却归责路径的选取直接关联,但是在被害人危险接受的实现危险阶段采取类型化阻却归责的思路并不可取,具体原因如下。

其一,危险接受的类型与阻却归责进路处于不同的理论位阶,将二者相对应,是错误的。被害人危险接受的类型是从不同的角度对被害人危险接受作出的类型化区分,依据不同的划分标准,被害人危险接受可以被区分为不同的类型,同一案由可以同时隶属于不同划分标准下的危险接受类型。被害人危险接受阻却归责路径是对不同类型的被害人危险接受在阻却归责问题上的解决方法,换言之,具体的危险接受类型是阻却归责进路的解决对象,二者之间是解决与被解决的关系,在理论层面上无法对应。

此外,既然都是被害人危险接受,那么正如前文所论证,不同的危险接受类型仅是依据不同的标准进行的形式性划分,彼此之间的理论共性决定了其仍未脱离被害人危险接受所依循的被害人认识危险、接受危险、实现危险的理论结构,本质仍是一样的。在不同的阶段中被害人危险接受的不同类型仅具有形式性差异,对阻却归责走向产生实质影响的因素并没有本质不同,因此,被害人危险接受阻却归责问题必须依循统一的解决路径,任何类型的案由都不得有例外,得出的阻却归责结论也必须具有唯一确定性。也正因如此,支持对被害人危险接受进行类型化区分的学者依然可以在阻却归责问题上采取一体化解决进路,因为这是属于不同理论阶层的问题。根据被害人危险接受的不同类型分别适用不同的阻却归责路径从根本上偏离了阻却归责的本质,这种对阻却归责进路进行人为切割的方式,导致被害人危险接受阻却归责解决路径的全面性失焦,被害人危险接受被置于不稳定性的阻却归责解决体系之下,成为支离破碎的理论内容。

其二,被害人危险接受的类型化区分标准无法为阻却归责解决路径提供实质支持。主张将被害人危险接受类型化区分与阻却归责解决路径的选择问题相关联的学者并未释明这样操作的原因,更未廓清被害人危险接受类型化区分标准的选取与最终的阻却归责解决路径的选择之间是什么对应关系。囿于被害人危险接受类型划分与阻却归责路径的不同理论内容与体系定位,试图将类型划分标准与阻却归责解决路径进行实质关联的操作根本无法行得通。被害人危险接受的不同类型区分是为了依据不同的分类标准对危险接受作出不同的分类,依据不同的目的,对被害人危险接受可以作出完全不同的分类,分类的标准可以有多个,类型的划分也可以有多个,但是阻却归责是被害人危险接受的实施效果,阻却归责的结论是确定的,如何达致或实现阻却归责的结论,是被害人危险接受内部必须统一的，因为不同的被害人危险接受类型具有相同的理论构造，不同的危险接受类型适用不同的阻却归责理论导致被害人危险接受被切割成不同的理论内容，被害人危险接受不再具有完整且统一的理论结构，而仅具有形式意义。

以犯罪事实支配说为依据对被害人危险接受作出的类型区分为例，在被害人危险接受的类型区分中以行为人或被害人“支配”危险结果实现，对被害人危险接受作出类型区分的，是基于对“支配权”进行形式性观察得出的结果。而被害人危险接受的阻却归责认定中，必须以实质性的“支配”为阻却归责准据，因为被害人危险接受以被害人对危险的实质性支配为成立要件，对此问题下文将展开详述。主张对被害人危险接受采取类型化阻却归责路径的学者混淆了“支配”的形式与实质内涵，抹杀了阻却归责问题的本质，以至于将被害人危险接受类型与阻却归责路径相统一，这也是为何在类型化的阻却归责理念下，对同一案件，不同学者能得出不同的危险接受类型并适用不同的阻却归责路径的缘由。在类型化阻却归责理念下，形式内容掩盖了问题实质，形式成为主导阻却归责的凭证。

其三，类型化阻却归责理论瓦解了被害人危险接受内容构造的整体性，使阻却归责问题仅在危险的实现阶段发挥作用。被害人危险接受阻却归责问题解决路径的选取必须要顾及被害人危险接受本身理论内容的特殊性，即被害人危险接受是一个由被害人认识危险、接受危险、实现危险组成的，前后延续但又彼此独立的阶段性内容体系，不同的组成阶段构成一个整体评价体系发挥作用，换言之，被害人危险接受阻却归责问题解决路径必须是一套整体性的、分阶层的理论结构，在认识危险、接受危险、实现危险的不同阶层，分别发挥不同的阻却归责作用，每个阶层都可以独立发挥阻却归责机能。

根据现行的关于被害人危险接受的类型区分标准，危险接受的类型区分与阻却归责问题解决路径的选择都发生在被害人危险接受的第三个阶段，即实现危险阶段，类型化阻却归责理论实质性架空了认识危险与接受危险阶段的阻却归责功能，使这两个阶段成为实现危险阶段的附属，仅依据在实现危险阶段对行为人行为的形式性判断决定被害人危险接受的类型以及相应的阻却归责问题解决路径，被害人危险接受阻却归责问题的认定被全部推至实现危险阶段，导致被害人危险接受阻却归责问题事实上仅在危险的实现阶段发挥作用，因此，从被害人危险接受的内容结构来看，类型化阻却归责的思路并不可取。

综上，将被害人危险接受区分为自己危险化的参与和基于合意的他者危险化仅具有类型化区分的形式意义，无法与阻却归责问题解决路径的选择形成直接对应。被害人危险接受阻却归责问题的解决路径应具有内部统一性与体系完整性,人为对其进行类型化分割,将被害人危险接受阻却归责问题区隔化处理的思路并不可取,因为不论是自己危险化的参与还是基于合意的他者危险化所具有的差异都是形式性的,都是被害人认识并接受危险,在被害人实质支配下导致危险实现,这决定了被害人危险接受阻却归责问题的一体化解决思路。危险接受阻却归责理论的提出契合了这一理念,它将被害人危险接受阻却归责问题视为一个独立的、具有内部统一性的事态类型,尊重被害人危险接受的特殊理论内容与结构,实现了对被害人危险接受阻却归责问题的一体化解决。

第二节 以危险支配为实现危险阶段的阻却归责准据

解决实现危险阶段的归责问题,其本质就是要厘清实现危险阶段从危险到法益侵害结果的实现之间对其走向产生实质影响的因素是什么,此因素是被害人危险接受在实现危险阶段的阻却归责考察内容。在对此因素进行判定的时候,应透过实现危险中的表面现象,找出实质的影响症结。

一、实现危险阶段的危险支配

被害人危险接受中,被害人完成对危险的接受后,便进入实现危险阶段,该阶段对责任承担的判断核心是考察究竟是行为人还是被害人实质支配了危险的走向和实现。被害人危险接受由被害人对法益侵害结果自我答责,因此,只有当被害人实质支配危险实现时,才可以成立被害人危险接受。如果实现危险阶段由行为人实质支配了危险的实现,则法益侵害结果的担责主体应为行为人。基于此,实现危险阶段的核心是考察是否由被害人支配了危险实现。

支配,是指主体对事态发展走向具有实质性决定和控制的状态。相应地,危险支配即主体对危险发展态势予以决定和控制,掌控其发展走向的状态。被害人危险接受中,危险支配是实现危险阶段判定归责问题的核心因素,该阶段的危险支配必须符合以下要求。

其一,实现危险阶段对危险的实质支配主体应为被害人,不能为行为人。被害人危险接受排除行为人责任,由被害人对法益侵害结果自我答责,该责任承担结果要求被害人在认识危险、接受危险及实现危险阶段皆保持充分的自由意志性、自愿性和主导性,要求被害人在充分认知危险的前提下基于自由意志对危险作出接受，要求在实现危险阶段对危险导致法益侵害结果的出现这一过程仍由被害人所主导。如果在实现危险阶段，对危险的实质支配权转移至行为人，则法益侵害结果不能由被害人自我答责，因为这偏离了被害人的主导性，背离了被害人自由意志的实现。

其二，实现危险阶段被害人支配的是危险，而非法益侵害结果。被害人危险接受中在危险实现之前，即法益侵害结果出现之前，危险的走向一直处于不确定的状态，危险能否出现，其将以何种形态出现皆不确定，被害人对危险的实现持有排斥态度，最终出现的法益侵害结果背离了被害人的预期。被害人基于冒险心理选择进入危险、对危险进行支配，但其并不期望危险实现，实现危险阶段由被害人支配危险与被害人排斥法益侵害结果二者并不矛盾。因为被害人并未支配法益侵害结果，其支配的内容是危险，危险具有不确定性，被害人支配危险并非意味着其希望危险转化为现实，相反，被害人期待危险不要实现。

其三，危险支配的行使以被害人具备危险支配权并具备危险支配可能性为前提。支配行为不同于执行行为，执行行为是一种履行性行为，缺乏主导性，而支配行为具有主导性，是一种实现权利的行为，权利和义务相对应，主体只有充分行使支配权，才能对其行使支配权产生的法益侵害结果担责。

被害人危险接受中，如果被害人不具备对危险的支配权，就不能要求被害人对法益侵害结果自我答责。在实现危险阶段，如果由行为人掌握危险支配权，不论该支配权由行为人主动掌握还是来源于被害人的让渡，一旦由行为人实质掌握危险支配权，则对最终出现的法益侵害结果应归咎于行为人，不能再适用被害人危险接受理论。此外，主体是否拥有危险支配权与主体是否可以行使危险支配权并非同一概念，想让主体对最终的法益侵害结果担责，不仅要求主体具备危险支配权，还要求主体必须具备危险支配可能性。

二、危险支配作为阻却归责准据的理论优势

根据危险接受阻却归责理论，实现危险阶段将危险支配作为归责判定依据既是对被害人自我决定权的贯彻，更是判断弱刑法家长主义是否要求被害人担责，以及对被害人刑事需保护性与保护可能性进行判断的客观指标。将危险支配作为实现危险阶段的阻却归责准据依据如下。

其一，危险支配契合被害人危险接受的内容构造。被害人危险接受之所以由被害人对法益侵害结果自我答责，是因为被害人在认识危险、接受危险以及实现危险的全流程一直处于充分意志自由和行为主导状态。在认识危险和接受危险

阶段,被害人在充分认知危险的前提下,基于自由意志对危险作出接受,在前两个阶段被害人一直掌握行为主动权,进入实现危险阶段,最核心要素就是对危险的支配,谁实质支配了危险,谁就应对最终的法益侵害结果担责。作为被害人危险接受的最后一个阶段,被害人的行为主导性应在实现危险阶段获得延续,前两个阶段为被害人提供了支配危险的权源,实现危险阶段被害人对危险的支配是前两个阶段的权利延续,因此,在危险实现阶段,危险支配权应掌握在被害人手中。

被害人危险接受中,被害人认识并接受危险后,并非意味着其权利的终结,而是代表其对危险支配权的开始。对危险的支配应进行实质考察,支配权的享有不要求由被害人亲自实施危险行为,依据实施危险行为的主体来认定危险支配的主体,是混淆了危险支配权利与危险实现之间的关系。危险支配行为是一种掌控性行为,其不同于具体的操作或实施行为,对最终出现的法益侵害结果需要承担责任的是危险支配行为。被害人不享有危险支配权的,不能要求被害人对法益侵害结果自我答责。行为人实质掌握危险支配权的,并不是对被害人自由意志的实践,在此情形下被害人的保护可能性被削弱,其刑事需保护性相应提升,应由行为人对法益侵害结果担责。此外,行为人根据被害人的授意实施相应危险行为的,应视为对被害人危险支配权的履行,危险支配权仍由被害人掌握。

其二,以危险支配作为归责判定依据,有利于确定责任主体,合理划定行为人与被害人的责任承担。在被害人危险接受阻却归责认定上,曾有学者提出其他理论作为危险实现阶段判定阻却归责的依据,但这些理论多将危险实施行为与危险支配权相对应,将危险实施行为作为危险支配权的产物,前述论证已经否定了实施危险行为与危险支配的绝对对应关系。完全可能出现实施危险行为的主体与掌握危险支配权的主体不一致的情况,被害人危险接受以被害人掌握危险支配权为要件。日本学者盐谷毅教授曾提出应以“被害人对事态整体的主动权”为准据,在客观上,对法益侵害结果的发生要求被害人至少要表现出与行为人同等程度的积极态度,只有符合该条件,才能让被害人对法益侵害结果自我答责。① 盐谷毅教授的这一主张虽然避开了将危险实施行为与危险支配权相等同的理论误区,但其判断依据仍存在较大的理论问题。以“主动权”“积极态度”等主观性要素作为归责的判定标准,易导致归责认定的主观化和充满不确定性。此外,被害人危险接受中被害人排斥法益侵害结果的出现,因此,将被害人对

① 参见[日]盐谷毅:《被害人的承诺与自己答责性》,法律文化社 2004 年版,第 371 页。

法益侵害结果发生的"主动权""积极态度"作为归责依据,偏离了被害人危险接受的理论结构,容易导致理论适用陷入自我矛盾。

与上述理论相比,危险支配理论为实现危险阶段的归责判定提供了更为科学的依据。危险支配理论首先厘清了实施危险行为与危险支配权的逻辑关系,并发现了在实现危险阶段对归责认定具有决定性意义的应是危险支配权,谁从实质上掌握了危险支配权谁就应为法益侵害结果担责。基于此,在实现危险阶段,归责判断的核心任务就是发掘危险支配权的实质掌握者,真正掌握危险支配权并实质支配危险实现的主体就要对法益侵害结果承担责任,该理论内容为确定责任承担主体提供了清晰指引。

其三,以危险支配为归责判定依据有利于解决当行为人、被害人共同行为导致危险实现,而难以判定究竟是谁的行为对结果发生原因力更大时的责任承担问题。传统理论并未提供理想的解决路径,德国学界和实务领域认为当自己危险化的参与和基于合意的他者危险化在所有要件都一致时,应当按照自己危险化的参与对待。我国学者张明楷教授提出,由于被害人不同于行为人,因此不能适用部分实行全部责任原理,然而单独考察行为人行为,又无法认定行为人行为与法益侵害结果的因果关系,因此只能否定行为人行为的构成要件符合性,[①]参考自己危险化的参与的解决路径予以适用。但是,对该问题,日本学者盐谷毅教授提出了相反的结论,他认为对该情形中的行为人不能免责,当被害人的行为可以被认定为间接正犯时,才可考虑对行为人的免责。

面对同一情境不同学者得出了截然不同的适用结论,究其根源,传统的被害人危险接受阻却归责问题解决路径并未将被害人危险接受中危险支配的主体限定为被害人,即在一定情形下承认行为人可以成为被害人危险接受的危险支配主体。这样的理论适用思路在面对由行为人、被害人共同行为导致危险实现且难以判断双方对结果发生的原因力时,就会陷入责任划分的困境。确立被害人危险接受由被害人掌握危险支配权,可以有效解决由行为人、被害人共同行为导致危险实现时的责任判断,有利于清晰划定行为人与被害人的责任承担。具体而言,当行为人、被害人共同行为导致危险实现,若行为人完全执行被害人作出的行为指令,由被害人实质掌握危险支配权的,则应成立被害人危险接受,由被害人自我答责;当行为人掌握行为指令或行为人超越被害人的指令内容实施危险行为的,尽管无法排除被害人对法益侵害结果的原因力,但此时被害人并未掌握危险支配权,不能成

① 参见张明楷:《刑法学中危险接受的法理》,载《法学研究》2012年第5期。

立被害人危险接受。综上,适用危险支配理论有利于清晰划定被害人与行为人之间的责任承担,特别在面对由行为人、被害人共同行为导致危险实现的复杂情境中,该理论具有较高的优越性。

三、危险实现阶段危险支配的判定

实现危险阶段对归责判定的核心要素是危险支配,对危险的支配情况决定着对危险发展走向的控制,决定了法益的最终形态。对归责的判定以支配为核心,对危险的支配决定了归责走向,主体仅需对其可支配的行为担责。[①] 实现危险阶段被害人对危险的支配形式不同,相应地,对危险支配的判断标准也有所差异。

其一,实现危险阶段由被害人亲自实施危险行为的,被害人的行为即表征了其对危险的支配,例如被害人使用行为人提供的注射毒品器具,由被害人亲自对自己完成毒品注射的,在此情形下,当然由被害人掌握危险支配权。其二,行为人根据被害人作出的危险接受内容实施危险行为的,是对被害人

① 参见蔡圣伟:《重新检视因果关系偏离之难题》,载《东吴法律学报》2008 年第 1 期。

指令的贯彻,尽管由行为人实施危险行为,但这一行为基于被害人的指令,体现的是被害人的意志。此种情境下,行为人并未实质支配危险,仅是对被害人指令的执行,行为人实施的危险行为并未超出被害人的授权范围,因此,实现危险阶段行为人根据被害人作出的危险接受内容实施危险行为的,对危险支配权的判断主要是看行为人实施的危险行为是否在被害人作出的危险接受范围内,未超出被害人危险接受范围的,危险支配权由被害人掌握,可以成立被害人危险接受。其三,由行为人和被害人共同实施危险行为,且难以辨别是哪方行为导致了法益侵害结果发生的。若行为人和被害人实施的行为体现的是被害人的意志,且未超出被害人作出的危险接受范围的,仍应认为由被害人实质掌握危险支配权,成立被害人危险接受;若该行为超出了被害人作出的危险接受的范围,违背了被害人意志的,应排除被害人危险接受的成立。

被害人危险接受中被害人始终处于主导地位,被害人认识、接受危险后,被害人就实质获得了对危险的支配权。不论是由被害人亲自完成危险行为的,还是由行为人根据被害人指令实施危险行为的,对危险的支配权均由被害人掌握。对危险的支配权由其他主体掌握的不能成立被害人危险接受,不能由被害人对法益侵害结果自我答责。根据危险实现的不同形态，要注意实质判定被害人是否掌握危险支配权。当被害人亲自实施危险行为时，由于被害人对危险的支配权直接通过其行为予以反映，此种情形下对危险支配权的判定比较简单。由行为人实施危险行为并导致危险实现的，要实质判定对危险的支配权由哪方主体掌握，其一，如果行为人对危险的支配是根据被害人的指令，法益侵害结果的出现是践行被害人指令的结果，则对危险的支配权仍由被害人实质掌握，行为人只是在形式上完成了危险行为，对该行为的实质支配主体为被害人。其二，当行为人超越被害人对危险的支配内容，支配危险实现的，此时由行为人实质掌握对危险的支配权，不能充足被害人危险接受的成立要件。

有学者认为，由行为人实施危险行为时，危险的支配权由行为人掌握，[①]此种情形下法益侵害结果的出现由行为人的行为所支配，被害人只是听任摆布，[②]这一理解并不准确。对危险支配权的主体应坚持实质判断的立场，不能仅进行形式观察，上文已经证成，实施危险行为的主体并不等同于掌握了危险支配权的主体。实施危险行为与危险行为背后的

① 参见喻浩东：《“基于合意的他者危险化”与被害人自我答责——兼论中国语境下的归责问题》，载《交大法学》2016 年第 1 期。

② 参见李波：《过失犯中的规范保护目的理论研究》，法律出版社 2018 年版，第 256 页。

支配权是两个层面的理论问题。此外,需要分辨危险支配与犯罪事实支配理论的差异性,尽管表述上具有一定的相似性,但是这两个理论的内涵与外延并不一样。被害人危险接受中的危险支配理论旨在解决实现危险阶段的归责认定问题,而犯罪事实支配理论是共同犯罪场域下的理论,是解决正犯与共犯区分标准的理论。[①] 因此,危险支配理论与犯罪事实支配理论是隶属于两个不同理论体系下的理论,不能混淆。

综上,被害人危险接受中实现危险阶段的危险支配权由被害人掌握,对危险支配权应坚持实质判定的立场,不能将实施危险行为等同于危险支配权。被害人行使危险支配权导致法益侵害结果出现的,由被害人自我答责。

第三节　实现危险阶段危险支配的具体形态

被害人危险接受的成立以被害人享有危险支配权为条件,实现危险阶段如果行为人将危险支配权转移至自己范围的,不能适用被害人危险接受理论排除行为人责任。

---

① 参见廖北海:《德国刑法学中的犯罪事实支配理论研究》,中国人民公安大学出版社 2011 年版,第 26 页。

一、被害人危险支配权的行使

被害人危险接受中被害人要么通过本人亲自实施危险行为来实现危险支配权，要么通过行为人实施危险行来实现危险支配权。[①] 不论是哪一种形态，均由被害人掌握危险支配权，对被害人的危险支配权需要从以下两个层面作出限定。

其一，对被害人的危险支配权要进行实质判断。被害人支配危险的过程是将其内心意志转化为行为指令的过程，换言之，对危险的支配权不能仅存在于被害人内心，其内心意志必须通过发布指令或亲自实施危险行为等方式表达出来，必须对危险的走向产生实质性决定与控制效果。被害人对危险的支配权既可以通过其本人亲自实施危险行为予以实现，也可以通过指令行为人实施危险行为予以实现，这些实施方式都是被害人支配危险意志的现实化和客观化。当行为人实质掌握对危险的支配权时，因实现危险阶段对危险的支配权不再由被害人掌握，而不能适用被害人危险接受理论排除行为人责任，如以下案例中所涉情节。被告人马某与被害人焦某

① 被害人与行为人共同实施危险行为导致危险实现的情形，根据掌握危险支配权的主体，最终仍可归结为被害人亲自实施危险行为导致危险实现或者行为人实施危险行为导致危险实现，因此没有必要对其予以单独强调。

系男女朋友关系，某日凌晨焦某饮酒后（案发后经检测，其血液中酒精含量为70.96毫克/100毫升）与马某发生争执并发生撕扯，后马某趁焦某在路边小便之际上车并锁住车门。焦某小便完准备上车时发现车门已锁，要求马某打开车门，马某拒绝后欲驾车离开，焦某便跳到车辆引擎盖上踩踏车前挡风玻璃。后焦某跳下车再次拉车门要求马某打开车门，遭拒绝后焦某用拳头击打副驾驶车窗玻璃，马某直接驾车强行离开现场并将趴在车外的焦某拖离现场，焦某附着在车辆副驾驶一侧不久后从车上掉落。后马某停车并拨打"120"急救电话将焦某送入医院救治，焦某经医院抢救无效于当日死亡。一审判决书中指出，考虑到被害人焦某自身存在过错，对被告人马某酌情可从轻处罚。判决被告人马某犯过失致人死亡罪，判处有期徒刑六年。[①] 二审法院驳回抗诉、上诉，维持原判。[②]在该案件中尽管被害人充分认识并接受了危险，但对危险的支配权由行为人掌握，这不符合被害人危险接受的成立条件，因此无法适用被害人危险接受理论排除行为人责任。

客观行为是主观意志的外在表现，危险支配以主体掌握

① 参见陕西省西安市雁塔区人民法院刑事附带民事判决书，(2017)陕0113刑初1395号。

② 参见陕西省西安市中级人民法院刑事附带民事裁定书，(2019)陕01刑终188号。

危险支配权为前提。主观意志具有抽象性和不明确性，主观意志不能直接对危险发展走向产生控制，必须诉诸客观行为，但这绝非意味着掌握危险支配权的主体必须亲自实施危险行为，掌握危险支配权的主体完全可以通过将其主观意志客观外化为行为指令的方式实现对危险的支配。被害人通过授权或指令行为人实施危险行为的，是通过将其内心主观意志外化为客观行为指令进而实现对危险的支配。需要注意的是，当行为人具备对被害人的法定监督、监管义务时，被害人作出的行为选择服从于行为人，此时被害人并没有充分的意志自由，此种情形下对危险的支配权由行为人掌握，不能适用被害人危险接受理论。

其二，对被害人的危险支配权要进行规范判断。被害人危险接受以被害人掌握、行使危险支配权为要件，行为人是被害人行使危险支配权的辅助者，如果行为人获得了对危险的实质支配权，则应排除被害人危险接受的成立。对危险支配权不能仅从事实层面进行观察，要进行规范判断。实施危险行为的主体并非一定是掌握危险支配权的主体，对掌握危险支配权的主体的判断要透过危险行为发掘其背后的真正支配主体。掌握危险支配权的主体即使不亲自实施危险行为也能对危险走向形成控制，相反，不掌握危险支配权的主体即使实施危险行为也无法实质控制危险的走向。

二、行为人对危险支配权的移转

被害人危险接受中对危险的支配权由被害人掌握，当行为人获得了对危险的支配权时，就不能再适用被害人危险接受理论排除行为人责任。行为人很可能通过各种公开或非公开的手段将危险支配权转移至自己管辖范围，此时，行为人实质获得了对危险的支配权。对行为人是否实现了将危险支配权转移至自己管辖范围的判断，可从以下两个方面认定。

其一，行为人实施的危险行为是否超越或偏离了被害人作出的危险接受的内容。被害人危险接受中被害人基于对危险的充分认知作出危险接受，危险实现的内容取决于被害人作出的危险接受的内容，换言之，实现危险阶段与接受危险阶段紧密衔接，实现危险的内容只能基于被害人作出的接受危险的内容。如果实现危险阶段行为人实施的危险行为超越或偏离了被害人接受危险的范畴，则行为人实施的危险行为并未获得被害人的授意，此时行为人实质掌握了危险支配权，危险的实现是基于行为人的主观意志，对由此产生的法益侵害结果应由行为人承担刑事责任。

对行为人实施的危险行为是否超越或偏离了被害人作出的危险接受的内容的判断要进行实质性判定，并非只要行为人实施的危险行为与被害人作出的危险接受内容存在任何差异就否定被害人掌握危险支配权。对行为人实施的危险行为与被害人作出的危险接受的内容仅存在形式性、非本质性差异的,不会对危险发展走向产生实质影响的情形,不能认为行为人实施的危险行为超越或偏离了被害人作出的危险接受内容。相反,如果行为人实施的危险行为与被害人作出的危险接受内容具有本质性、实质性差异的,则此时行为人的行为超越或偏离了被害人作出的危险接受的内容,即使最终行为人的行为并未对被害人法益造成侵害,无须追究行为人责任,也不能适用被害人危险接受理论排除行为人责任,只能适用其他理论,因为对行为人实施的危险行为被害人从未作出接受。

对行为人实施的危险行为是否超越或偏离了被害人作出的危险接受的判断,与被害人作出的危险接受的内容、程度等因素也存在密切关联。第一,假如被害人作出的危险接受的内容是概括性的,并未包含实施危险的具体形式等细节问题,那么此时行为人实施危险行为的主观能动性较大,只要行为人实施的危险行为并未偏离被害人的主观意志和被害人对危险作出的概括性接受,就不能认为行为人背离了被害人作出的危险接受的内容。当然,此时仍需要行为人实施的危险行为从实质上符合被害人作出的危险接受内容。第二,假如被害人对危险实现内容有着非常具体、明确的要求的,则行为人必须根据被害人的要求实施危险行为。行为人未遵守被害人对危险实现的具体要求，导致行为人实施的危险行为实质超越或偏离了被害人的主观意志，背离了被害人作出的危险接受内容的，则应认为行为人的行为超越或偏离了被害人作出的危险接受的内容，不能适用被害人危险接受理论排除行为人责任。

其二，行为人实施的危险行为是否构成犯罪。当被害人作出的危险接受的内容具有非法性时，行为人应当拒绝，如果行为人执行被害人的非法行为指令实施危险行为的，行为人应对该法益侵害结果承担相应的责任，不能适用被害人危险接受理论排除行为人责任。被害人对危险作出接受并对行为人作出实施危险行为指令的，被害人的行为不能被认定为教唆犯，因为法益受损主体是被害人，不能要求被害人对侵害自己法益的行为承担刑事责任。如果法益受损主体不是被害人或不仅仅是被害人的，则不能免除被害人的刑事责任。此外，如果行为人实施的危险行为超越或偏离了被害人作出的危险接受内容，则此时的危险支配权已经实质由行为人掌握，对由此导致的法益侵害结果应由行为人负责。

行为人根据被害人作出的危险接受内容实施危险行为的仍需谨慎遵守注意义务，如果行为人因违反注意义务而符合过失犯罪构成要件的，不能适用被害人危险接受理论排除行为人责任。被害人对危险作出接受并非意味着行为人可以恣意行事,行为人必须履行相应的注意义务。例如,乘客催促出租车司机要尽快到达目的地,因此出租车司机采取违规并线、超速、闯红灯等违反交通运输管理法规的方式驾驶车辆并发生严重交通事故的,对此不能适用被害人危险接受理论排除行为人责任。被害人(乘客)尽管要求行为人(出租车司机)快速驾驶,但司机仍需要谨慎遵守注意义务,对该过失行为导致的法益侵害结果应由行为人承担相应的刑事责任。同样值得讨论的是酒后好意同乘类案件,2015 年 11 月 30 日,被告人马某、杨某乙受到杨某甲、汪某邀请吃饭、喝酒、唱歌,2015 年 12 月 1 日凌晨,杨某甲、汪某、杨某乙自愿搭乘马某醉酒后驾驶的正三轮摩托车,该车行驶至某路段时越过道路中心分道线,与对向行驶由罗某驾驶的汽车相撞,造成马某受伤,乘客杨某甲死亡,汪某和杨某乙受伤,两车不同程度受损的道路交通事故。经鉴定,马某的血液中乙醇含量为 289. 10 毫克/100 毫升,罗某的血液中乙醇含量为 272. 87 毫克/100 毫升;马某驾驶的正三轮摩托车,超载且事故发生时转向系不合格、照明信号装置不合格。在该起事故中马某承担主要责任,罗某承担次要责任。判决认为,杨某甲、汪某邀请被告人马某吃饭,之后自愿搭乘马某驾驶的三轮摩托车,马某未收取乘车费,该行为性质属于友情搭乘。杨某甲、汪某知道或者应当知道马某喝了酒且超载,仍搭乘其醉酒驾驶的摩托车,应当预见到会导致人身安全、生命安全发生危险而没有预见到或者轻信能够避免,所以,杨某甲、汪某二人对此存在一定的过失,在人身损害赔偿和死亡赔偿中应自行承担相应责任(各自承担10%的责任)……被告人马某犯交通肇事罪,判处有期徒刑一年,缓刑一年零六个月。[①] 在该案件中,被害人在意志清醒、充分认识危险,即认识到行为人酒后驾车的情况下(如果被害人因醉酒等原因丧失认识危险能力的则当然不具备适用被害人危险接受理论的可能性),在具备危险接受能力、具有自由意志的情况下自愿选择接受危险,符合被害人危险接受中认识危险与接受危险阶段的成立条件,但在实现危险阶段,行为人实施危险行为时仍需谨慎遵守注意义务,而本案行为人显然突破了注意义务的要求,对由此产生的法益侵害结果应追究行为人刑事责任。

---

① 参见云南省漾濞彝族自治县人民法院刑事附带民事判决书,(2017)云2922刑初49号。

参考文献

一、中文著作类

1. 蔡颖:《被害人自陷风险研究》,中国社会科学出版社2023年版。

2. 陈家林:《外国刑法通论》,中国人民公安大学出版社2009年版。

3. 陈家林:《外国刑法:基础理论与研究动向》,华中科技大学出版社2017年版。

4. 陈家林:《外国刑法理论的思潮与流变》,中国人民公安大学出版社2017年版。

5. 陈兴良:《本体刑法学》,商务印书馆2001年版。

6. 陈兴良:《刑法的人性基础》,中国人民大学出版社2006年版。

7. 陈兴良:《规范刑法学》,中国人民大学出版社 2017 年版。

8. 陈璇:《刑法中社会相当性理论研究》,法律出版社 2010 年版。

9. 陈子平:《刑法总论》(2008 年增修版),中国人民大学出版社 2009 年版。

10. 储槐植、江溯:《美国刑法》,北京大学出版社 2012 年版。

11. 房保国:《被害人的刑事程序保护》,法律出版社 2007 年版。

12. 付立庆:《犯罪构成理论:比较研究与路径选择》,法律出版社 2010 年版。

13. 方泉:《犯罪论体系的演变——自“科学技术世纪”至“风险技术社会”的一种叙述和解读》,中国人民公安大学出版社 2008 年版。

14. 冯军:《刑法问题的规范理解》,北京大学出版社 2009 年版。

15. 甘雨沛:《比较刑法学大全》,北京大学出版社 1997 年版。

16. 高铭暄、马克昌主编:《刑法学》,北京大学出版社、高等教育出版社 2016 年版。

17. 高兆明:《黑格尔〈法哲学原理〉导读》,商务印书馆 2010 年版。

18. 郭建安主编:《犯罪被害人学》,北京大学出版社 1997 年版。

19. 韩忠谟:《刑法原理》,北京大学出版社 2009 年版。

20. 何荣功:《自由秩序与自由刑法理论》,北京大学出版社 2013 年版。

21. 黄荣坚:《基础刑法学》(上),中国人民大学出版社 2009 年版。

22. 焦旭鹏:《风险刑法的基本立场》,法律出版社 2014 年版。

23. 康均心:《生命刑法原理》,台北,元照出版有限公司 2009 年版。

24. 柯耀程:《变动中的刑法思想》,中国政法大学出版社 2003 年版。

25. 廖北海:《德国刑法学中的犯罪事实支配理论研究》,中国人民公安大学出版社 2011 年版。

26. 劳东燕:《风险社会中的刑法:社会转型与刑法理论的变迁》,北京大学出版社 2015 年版。

27. 黎宏:《日本刑法精义》,法律出版社 2008 年版。

28. 黎宏:《刑法学总论》,法律出版社 2016 年版。

29. 黎宏:《刑法总论问题思考》,中国人民大学出版社 2016 年版。

30. 李波:《过失犯中的规范保护目的理论研究》,法律出版社 2018 年版。

31. 李海东:《刑法原理入门:犯罪论基础》,法律出版社 1998 年版。

32. 梁根林、[德]埃里克·希尔根多夫主编:《刑法体系与客观归责:中德刑法学者的对话(二)》,北京大学出版社 2015 年版。

33. 梁根林:《刑事制裁:方式与选择》,法律出版社 2006 年版。

34. 梁根林主编:《当代刑法思潮论坛:刑法体系与犯罪构造》(第 1 卷),北京大学出版社 2016 年版。

35. 梁根林主编:《当代刑法思潮论坛:刑法教义与价值判断》(第 2 卷),北京大学出版社 2016 年版。

36. 林东茂:《刑法综览》,中国人民大学出版社 2009 年版。

37. 林东茂:《一个知识论上的刑法学思考》,中国人民大学出版社 2009 年版。

38. 林山田:《刑法通论》(下册),北京大学出版社2012年版。

39. 林亚刚:《刑法学教义》(总论),北京大学出版社2017年版。

40. 刘明祥主编:《过失犯研究:以交通过失和医疗过失为中心》,北京大学出版社2010年版。

41. 刘期湘:《过失犯中的违反注意义务研究》,经济科学出版社2009年版。

42. 马克昌主编:《犯罪通论》,武汉大学出版社1999年版。

43. 马克昌主编:《外国刑法学总论(大陆法系)》,中国人民大学出版社2009年版。

44. 曲新久:《刑法的精神与范畴》,中国政法大学出版社2000年版。

45. 申柳华:《德国刑法被害人信条学研究》,中国人民公安大学出版社2011年版。

46. 田宏杰:《刑法中的正当化行为》,中国检察出版社2004年版。

47. 王钢:《德国判例刑法:分则》,北京大学出版社2016年版。

48. 王政勋:《正当行为论》,法律出版社2000年版。

49. 许永安:《客观归责理论研究》,中国人民公安大学出版社2008年版。

50. 许玉秀:《当代刑法思潮》,中国民主法治出版社2005年版。

51. 许玉秀:《主观与客观之间——主观理论与客观归责》,法律出版社2008年版。

52. 张明楷:《刑法学》(上),法律出版社2016年版。

53. 张明楷:《法益初论》,中国政法大学出版社2000年版。

54. 张明楷:《外国刑法纲要》,清华大学出版社2007年版。

55. 张明楷:《责任刑与预防刑》,北京大学出版社2015年版。

56. 周光权:《刑法总论》,中国人民大学出版社2007年版。

57. 周光权:《注意义务研究》,中国政法大学出版社1998年版。

58. 周光权:《犯罪论体系的改造》,中国法制出版社2009年版。

59. [德]阿图尔·考夫曼:《法律哲学》(第2版),刘幸义等译,法律出版社2011年版。

60. [德]埃里克·希尔根多夫:《德国刑法学:从传统到现代》,江溯等译,北京大学出版社 2015 年版。

61. [德]弗兰茨·冯·李斯特、埃贝哈德·施密特:《德国刑法教科书》,徐久生译,法律出版社 2000 年版。

62. [德]汉斯·海因里希·耶塞克、托马斯·魏根特:《德国刑法教科书》(上),徐久生译,中国法制出版社 2017 年版。

63. [德]汉斯·海因里希·耶塞克、托马斯·魏根特:《德国刑法教科书》(下),徐久生译,中国法制出版社 2017 年版。

64. [德]汉斯·韦尔策尔:《目的行为论导论:刑法理论的新图景》(增补第 4 版),陈璇译,中国人民大学出版社 2015 年版。

65. [德]黑格尔:《法哲学原理》,范扬、张企泰译,商务印书馆 1996 年版。

66. [德]克劳斯·罗克辛:《德国刑法学总论》(第 1 卷),王世洲译,法律出版社 2005 年版。

67. [德]克劳斯·罗克辛:《德国最高法院判例:刑法总论》,何庆仁、蔡桂生译,中国人民大学出版社 2012 年版。

68. [德]乌尔斯·金德霍伊泽尔:《刑法总论教科书》,蔡桂生译,北京大学出版社 2015 年版。

69. [德]约翰内斯·韦塞尔斯:《德国刑法总论》,李昌珂译,法律出版社 2008 年版。

70. [日]大谷实:《刑法总论》,黎宏译,中国人民大学出版社2008年版。

71. [日]大塚仁:《刑法概说》(各论),冯军译,中国人民大学出版社2003年版。

72. [日]高桥则夫:《规范论和刑法解释论》,戴波、李世阳译,中国人民大学出版社2011年版。

73. [日]高桥则夫:《刑法总论》,李世阳译,中国政法大学出版社2020年版。

74. [日]甲斐克则:《责任原理与过失犯论》,谢佳君译,中国政法大学出版社2016年版。

75. [日]井田良:《刑法总论的理论构造》,秦一禾译,中国政法大学出版社2021年版。

76. [日]平野龙一:《刑法的基础》,黎宏译,中国政法大学出版社2016年版。

77. [日]山口厚:《刑法总论》(第3版),付立庆译,中国人民大学出版社2018年版。

78. [日]山口厚:《从新判例看刑法》(第2版),付立庆、刘隽译,中国人民大学出版社2009年版。

79. [日]松宫孝明:《刑法总论讲义》(第4版补正版),钱叶六译,中国人民大学出版社2013年版。

80. [日]西田典之:《日本刑法总论》,刘明祥、王昭武译,中国人民大学出版社 2007 年版。

81. [日]曾根威彦:《刑法学基础》,黎宏译,法律出版社 2005 年版。

82. [日]诸泽英道:《被害人学》,张凌、于秀峰译,法律出版社 2023 年版。

83. [日]佐伯仁志:《刑法总论的思之道·乐之道》,于佳佳译,中国政法大学出版社 2017 年版。

84. [意]杜里奥·帕多瓦尼:《意大利刑法学原理》(注评版),陈忠林译评,中国人民大学出版社 2004 年版。

85. [法]卢梭:《社会契约论》,何兆武译,商务印书馆 2008 年版。

86. [美]安德鲁·卡曼:《犯罪被害人学导论》,李伟等译,北京大学出版社 2010 年版。

87. [美]道格拉斯·胡萨克:《过罪化及刑法的限制》,姜敏译,中国法制出版社 2015 年版。

88. [美]E. 博登海默:《法理学:法律哲学与法律方法》,邓正来译,中国政法大学出版社 1999 年版。

89. [美]罗纳德·德沃金:《身披法袍的正义》,周林刚、翟志勇译,北京大学出版社 2010 年版。

90. [美]霍姆斯:《法律的生命在于经验——霍姆斯法学文集》,明辉译,清华大学出版社 2007 年版。

91.［美］乔尔·范伯格：《刑法的道德界限：对自己的损害》（第3卷），方泉译，商务印书馆2015年版。

92.［美］乔治·弗莱彻：《反思刑法》，邓子滨译，华夏出版社2008年版。

93.［美］约书亚·德雷斯勒：《美国刑法精解》，王秀梅等译，北京大学出版社2009年版。

94.［英］H. L. A. 哈特：《法律、自由与道德》，支振锋译，法律出版社2006年版。

95.［英］J. W. 赛西尔·特纳：《肯尼刑法原理》，王国庆等译，华夏出版社1989年版。

96.［英］威廉姆·威尔逊：《刑法理论的核心问题》，谢望原等译，中国人民大学出版社2014年版。

97.［英］约翰·密尔：《论自由》，许宝骙译，商务印书馆1998年版。

二、中文论文类

1. 白建军：《金融骗局的被害现象和要因分析》，载《华东政法学院学报》2001年第3期。

2. 蔡桂生：《医疗刑法中的假设被害人承诺》，载《法律科学》2017年第4期。

3. 蔡圣伟:《重新检视因果关系偏离之难题》,载《东吴法律学报》2008 年第 1 期。

4. 车浩:《论被害人同意的体系性地位——一个中国语境下的"德国问题"》,载《中国法学》2008 年第 4 期。

5. 车浩:《复数法益下的被害人同意——"优势法益说"之提倡》,载《中国刑事法杂志》2008 年第 5 期。

6. 车浩:《自我决定权与刑法家长主义》,载《中国法学》2012 年第 1 期。

7. 车浩:《过失犯中的被害人同意与被害人自陷风险》,载《政治与法律》2014 年第 5 期。

8. 车浩:《被害人教义学的发展:刑事责任的分配与被害人自我保护》,载《政治与法律》2017 年第 10 期。

9. 陈家林:《论刑法中的危险概念》,载《云南大学学报(法学版)》2007 年第 2 期。

10. 陈兴良:《正当化事由研究》,载《法商研究》2000 年第 3 期。

11. 陈兴良:《从归因到归责:客观归责理论研究》,载《法学研究》2006 年第 2 期。

12. 陈兴良:《犯罪构成论:从四要件到三阶层一个学术史的考察》,载《中外法学》2010 年第 1 期。

13. 陈兴良:《风险刑法理论的法教义学批判》,载《中外法学》2014 年第 1 期。

14. 陈毅坚:《被害人目的落空与诈骗罪基于客观归责理论的教义学展开》,载《中外法学》2018 年第 2 期。

15. 邓毅丞、申敏:《被害人承诺中的法益处分权限研究》,载《法律科学》2014 年第 4 期。

16. 冯军:《刑法中的自我答责》,载《中国法学》2006 年第 3 期。

17. 高铭暄、张杰:《刑法学视野中被害人问题探讨》,载《中国刑事法杂志》2006 年第 1 期。

18. 郭研:《德国被害人教义学理论阐释及其在我国的应用》,载《中德法学论坛》2017 年第 2 期。

19. 何立荣、蔡家华:《论刑法中被害人自我答责理论的模糊性》,载《广西民族大学学报(哲学社会科学版)》2014 年第 6 期。

20. 何立荣:《论刑法中被害人自我答责理论的不科学性》,载《社会科学家》2015 年第 8 期。

21. 何庆仁:《犯罪人、被害人与守法者——兼论刑法归属原理中的人类形象》,载《当代法学》2010 年第 6 期。

22. 何庆仁:《溯责禁止理论的源流与发展》,载《环球法律评论》2012 年第 2 期。

23. 何庆仁:《特别认知者的刑法归责》,载《中外法学》

2015 年第 4 期。

24. 江溯:《英美刑法上的被害人共同责任》,载《北方法学》2012 年第 6 期。

25. 江溯:《日本刑法上的被害人危险接受理论及其借鉴》,载《甘肃政法学院学报》2012 年第 6 期。

26. 江溯:《过失犯中被害人自陷风险的体系性位置——以德国刑法判例为线索的考察》,载《北大法律评论》2013 年第 1 期。

27. 靳宁:《被害人危险接受理论研究》,载《刑法论丛》2015 年第 3 期。

28. 劳东燕:《被害人视角与刑法理论的重构》,载《政法论坛》2006 年第 5 期。

29. 雷续:《论危险接受的处理模式》,载《河北法学》2017 年第 8 期。

30. 黎宏:《过失犯若干问题探讨》,载《法学论坛》2010 年第 3 期。

31. 李洁:《中国通论犯罪构成理论体系评判》,载《法律科学》2008 年第 2 期。

32. 李兰英、郭浩:《被害人自我答责在刑事责任分配中的运用》,载《厦门大学学报(哲学社会科学版)》2015 年第 2 期。

33. 林东茂:《医疗上病患同意或承诺的刑法问题》,载《中外法学》2008 年第5 期。

34. 林东茂:《客观归责理论》,载《北方法学》2009 年第5 期。

35. 马卫军:《刑法中自我答责的基本原理》,载《云南大学学报(法学版)》2016 年第2 期。

36. 欧阳本祺:《论特别认知的刑法意义》,载《法律科学》2016 年第6 期。

37. 彭新林:《被害人过错与死刑的限制适用》,载《法学杂志》2017 年第11 期。

38. 钱叶六:《参与自杀的可罚性研究》,载《中国法学》2012 年第4 期。

39. 孙笑侠、郭春镇:《法律父爱主义在中国的适用》,载《中国社会科学》2006 年第1 期。

40. 王刚:《营救者的损害与自我答责原则》,载《法学研究》2010 年第3 期。

41. 王钢:《自杀的认定及其相关行为的刑法评价》,载《法学研究》2012 年第4 期。

42. 王钢:《自杀行为违法性之否定——与钱叶六博士商榷》,载《清华法学》2013 年第3 期。

43. 王海桥、马渊杰:《被害人自冒风险的刑事归责——论自我负责原则》,载《中国刑事法杂志》2011 年第1 期。

44. 王焕婷:《Vera Bergelson 的比较责任理论及批判》,载《中国刑事法杂志》2016 年第 2 期。

45. 王焕婷、卢勤忠:《试析合意型被害人自陷风险的刑法归责》,载《刑法论丛》2017 年第 3 期。

46. 王俊:《危险接受理论的法理思考》,载《刑事法评论》2009 年第 1 期。

47. 王骏:《论被害人的自陷风险——以诈骗罪为中心》,载《中国法学》2014 年第 5 期。

48. 王新清、袁小刚:《论刑事案件中的被害人过错》,载《中国刑事法杂志》2008 年第 2 期。

49. 肖中华、陈洪兵:《"危险概念是一个危险的概念"——关于狭义危险犯的理论及立法检讨》,载《中国刑事法杂志》2005 年第 6 期。

50. 熊琦:《从"戏言逼死人命"案看客观归责的"规范之维"》,载《刑事法判解》2012 年第 1 期。

51. 徐岱、凌萍萍:《被害人承诺之刑法评价》,载《吉林大学社会科学学报》2004 年第 6 期。

52. 徐思秋、王焕婷:《对被害人自我答责理论的反思与检讨》,载《江西警察学院学报》2017 年第 1 期。

53. 杨春然:《论被伤害权对同意效力范围的限制——兼论被害人同意在三阶层犯罪论体系中的位置》,载《清华法学》

2013年第3期。

54. 喻浩东:《“基于合意的他者危险化”与被害人自我答责——兼论中国语境下的归责问题》,载《交大法学》2016年第1期。

55. 张宝义:《暴力犯罪中犯罪人与被害人的关系特征及过错责任分析》,载《河南公安高等专科学校学报》1999年第2期。

56. 张明楷:《刑法学中危险接受的法理》,载《法学研究》2012年第5期。

57. 张婷、杨辉忠:《被害人自我答责原则探究——以危险接受为视角》,载《广西警察学院学报》2018年第1期。

58. 张忆然:《被害人教义学理论的正当性透视——风险社会的自由主义与家长主义》,载《研究生法学》2016年第4期。

59. 赵西巨:《英美刑法中的“同意”抗辩》,载《刑事法评论》2008年第1期。

60. 周维明:《雅各布斯的客观归责理论研究》,载《环球法律评论》2015年第1期。

61. 周子实:《危险接受理论的历史考察与概念界分——以德国为镜评我国的研究现状》,载《东南法学》2016年第2期。

62. 周子实:《受害人承诺与受害人自冒风险中的刑民关系研究——基于英美法系与德国的比较视角》,载《刑法论丛》2018 年第 1 期。

63. 庄劲:《被害人危险接受理论之反思》,载《法商研究》2017 年第 2 期。

64. [德]伯恩特·许乃曼:《刑事制度中之被害人角色研究》,王秀梅、杜澎译,载《中国刑事法杂志》2001 年第 2 期。

65. [德]赫尔穆特·萨茨格:《作为客观归责问题的所谓"救援者案件"》,梁奉壮译,载《中德法学论坛》2017 年第 2 期。

66. [德]托马斯·希伦坎普:《被害人教义学今何在?——对于作为立法、解释、归责和量刑原则之"被害人学准则"的一个小结》,陈璇译,载《比较法研究》2018 年第 5 期。

67. [德]沃尔夫冈·弗里希:《客观之结果归责——结果归责理论的发展、基本路线与未决之问题》,蔡圣伟译,载《刑事法评论》2012 年第 1 期。

68. [德]英格伯格·普珀:《客观归责的体系》,徐凌波、曹斐译,载《刑事法评论》2016 年第 2 期。

69. [日]岛田聪一郎:《被害人的危险接受》,王若思译,载《刑事法评论》2013 年第 1 期。

70. [英]安德鲁·冯·赫尔希:《法益概念与"损害原

则"》,樊文译,载《刑事法评论》2009 年第 1 期。

三、学位论文类

1. 马卫军:《被害人自我答责研究》,清华大学 2012 年博士学位论文。

2. 吴荣富:《危险接受中行为人刑事责任研究》,中南财经政法大学 2017 年硕士学位论文。

四、外文文献类

1. Arnold Toynbee, *An Historian's Approach to Religion*, Oxford University Press, 1956.

2. Alon Harel, *Efficiency and Fairness in Criminal Law: The Case for a Criminal Law Principle of Comparative Fault*, 82 California Law Review (1994).

3. B. Schünemann, Moderne Tendenzen in der Dogmatik der Fahrlässigkeits-und Gefährdungsdelikte, JA 1975.

4. Capron, *Informed Consent in Catastrophic Disease Research and Treatment*, 123 University of Pennsylvania Law Review(1974).

5. Claus Roxin, Gedanken zur Problematik der Zurechnung im Strafrecht, in: Festschrift für Richard M. Honing, Göttingen, 1970.

6. Dennis J. Baker, *Mutual Combat Complicity, Transferred Intention/Defenses and the Exempt Party Defense*, University of La Verne Law Review (2015).

7. Dennis J. Baker, *Should Unnecessary Harmful Nontherapeutic Cosmetic Surgery Be Criminalized?*, 17 New Criminal Law Review (2014).

8. Dworkinetal, *Assisted Suicide: The Philosopher's Brief*, New York Review of Books (1997).

9. D. Price, *What Shape to Euthanasia after Bland? Historical, Contemporary and Futuristic Paradigms*, Aerospace & Electronic Systems IEEE Transactions (2009).

10. Ellen Wright, Kate Harker, *Misusing Drugs and Misapplying Paternalism: Injecting Portuguese Decriminalisation into the UK Justice System*, 4 Legal Issues (2016).

11. Gerald Dworkin, *The Theory and Practice of Autonomy*, Cambridge University Press, 1988.

12. Richard A. Wasserstrom, *Morality and the Law*, Belmont: Wadsworth Publishing Company, 1971.

13. Gregory C. Sisk, *Comparative Fault and Common Sense*,

30 Gonzaga Law Review (1994).

14. George P. II Smith, *All's Well That Ends Well: Toward a Policy of Assisted Rational Suicide or Merely Enlightened Self-Determination*, 22 University of California, Davis Law Review (1989).

15. Heidi M. Hurd, *Blaming the Victim: A Response to the Proposal that Criminal Law Recognize a General Defense of Contributory Responsibility*, 8 Buffalo Criminal Law Review (2005).

16. Hilary Young, *Cuthbertson v. Rasouli: Continued Confession over Consent-Based Entitlements to Life Support*, 52 Alberta Law Review (2015).

17. Reinhard Zimmermann, *Self-Determination, Paternalism or Human Care? Suicide and Criminal Responsibility in South African and German Law*, Tydskrif vir die Suid-Afrikaanse Reg, 1979.

18. Ingeborg Puppe, Die Selbstgefährdung des Verletzten beim Fahrlässigkeitsdelikt, ZIS 6/2007.

19. Irving Ladimer, *Self-Determination for Life and Death*, 15 Medicine & Law (1996).

20. J. G. Castel, *Nature and Effects of Consent with Respect*

to the Right to Life and the Right to Physical and Mental Inegrity in the Medical Field: Criminal and Private Law Aspects, 16 Alberta Law Review(1978).

21. James M. Hankins, *The Common Law Right of Bodily Self-Determination in Connecticut: Life and Death after Stamford Hospital v. Vega*, 29 Connecticut Law Review(1997).

22. Joel Feinberg, *Harm to Self: The Moral Limits of the Criminal Law*, Volume 3, Oxford University Press, 1986.

23. Joshua P. Gilmore, *Murder Felony is Felony Murder: How the Nevada Supreme Court's Decision in Nay v. State Reflects the Growing Misconception Surrounding "Afterthought" Robbery*, Nevada Law Journal(2009).

24. Jo Samanta, Ash Samanta, *Holistic Determination for Oneself: A New Paradigm for Self-Determination at End of Life*, 72 Cambridge Law Review(2013).

25. Mendelsohn, B., *Victimology and Contemporary Society's Trends*, Victimology, 1976.

26. Manuel Cancio Meliá, *Victims and Self-Liability in Criminal Law: Beyond Contributive Negligence and Foreseeability (without Blaming the Victim)*, 28 Pace Law Review(2008).

27. Manuel Cancio Meliá, *Victim Behavior and Offender*

Liability: A European Perspective, 7 Buffalo Criminal Law Review(2004).

28. Markus Dirk Dubber, *The Victim in American Penal Law: A Systematic Overview*, Buffalo Criminal Law Review, Vol. 3(1999).

29. Michael A. Salatka, *The Patient Self-Determination Act of 1990: Issues Regarding the Facilitation of Advance Directives, Patient Autonomy, Assisted Suicide, and Euthanasia*, Journal of Pharmacy & Law(1992).

30. Murmann, Grundkurs Strafrecht, 2011, § 23, Rn. 93.

31. Robert Elias, *The Law of Personhood: A Review of Markus Dirk Dubber's Victims in the War on Crime: The Use and Abuse of Victims' Rights*, Buffalo Law Review(2004).

32. Russell L. Christopher, *Deterring Retributivism: The Injustice of "Just" Punishment*, Northwestern University Law Review(2002).

33. R. Faden, T. L. Beauchamp, *A History and Theory of Informed Consent*, Oxford University Press, 1986.

34. R. George Wright, *Legal Paternalism and the Eclipse of Principle*, 71 University of Miami Law Review(2016).

35. Rosemary Carter, *Justifying Paternalism*, Canadia Journal

of Philosophy(1977).

36. R. E. Schulman, *Suicide and Suicide Prevention: A Legal Analysis*, American and Bar Association Journal(1968).

37. Schünemann, *The Role of the Victim within the Criminal Justice System*, Buffalo Criminal Law(1999).

38. Terence Ingman, *A History of the Defense of Volenti Non Fit Injuria*, Juridical Review(1981).

39. Tom L. Beauchamp, *Pernalism and Biobehavioral Control*, The Monist, 1977.

40. Vera Bergelson, *Victims and Perpetrators: An Argument for Comparative Liability in Criminal Law*, Buffalo Criminal Law Review(2005).

41. Wex S. Malone, *Ruminations on the Role of Fault in the History of the Common Law of Torts*, Louisiana Law Review (1970).